복 있는 사람

오직 여호와의 율법을 즐거워하여 그 율법을 주야로 묵상하는 자로다.
저는 시냇가에 심은 나무가 시절을 좇아 과실을 맺으며 그 잎사귀가 마르지 아니함 같으니
그 행사가 다 형통하리로다. (시편 1:2-3)

개신교의 위기에 대한 이야기는 이제 새삼스러울 것도 없다. 종교사회학자들과 선교학자들이 그 원인을 다양하게 분석하고 있지만, 결정적인 문제는 신학의 부재이다. 신학함의 현장인 교회에서 신학은 오히려 소외되고 있는 형편이니 말이다. 신학을 버려야 목회에 성공할 수 있다는 말이 부끄러움 없이 회자되고 있다. 교회의 위기는 곧 신학의 위기이다. 우리는 대체 무엇을 믿는가? 우리는 어떤 세상을 지향하는가? 교회에게 주어진 소명은 무엇인가? 20세기 초, 자연과학적 세계관의 세례를 받은 많은 이들이 무의미와 공허의 심연 앞에서 가톨릭으로 개종하는 현실을 바라보면서, 칼 하임은 가톨릭신학의 아름다움을 통찰하는 동시에 종교개혁 신학에 비추어 그 한계가 무엇인지도 밝히려 한다. 저자는 그 과정을 통해 개신교신학의 알짬을 드러내고 있다. 공동번역자인 김희권의 정교한 해설은 변증신학의 논리에 익숙하지 않은 독자들을 신학의 아름다움 속으로 안내하기에 충분하다.

김기석 청파교회 담임목사

'아는 만큼 즐길 수 있다'는 말은 모든 여행자의 금언이다. 하지만 이 책을 읽는 독자에게도 들려주고픈 말이다. 칼 하임은 완숙한 여행 가이드처럼 개신교신앙의 본질이 무엇인지 역사와 신학을 꿰뚫어 가며 독자를 인도한다. 때로는 격정적으로, 때로는 조용한 어조로 종교개혁의 사건을 손에 쥐고 말을 걸어온다. 틀에 박힌 언어나 개념이 아니라 양심, 명료한 정신, 저항, 의심, 영적 고투처럼 참신하고 예리한 용어들이 종이 위로 뛰어다닌다. 이 책에서 칼 하임의 목소리가 끝나는 순간, 누구도 빼앗을 수 없는 신앙과 역사의 유산, 그리고 더 넓고 깊은 사유의 세계 가운데 '내가 그리고 우리가' 서 있다는 것을 깨닫게 된다. 이 책은 모든 프로테스탄트의 잠언이다.

최주훈 중앙루터교회 담임목사

오늘 한국 개신교회에는 물신物神이 그리스도를 대신하고, 기업 경영자나 영험한 제사장 같은 이들이 성직 권력을 행사하며, 신자 역시 하나님과 직접 대면하는 실존으로 자라가길 주저하는 모습이 곳곳에서 보인다. 으리으리한 건물과 화려한 장식, 신비를 꾸며 내는 문화 속에 숨은 채, 지극히 낮은 자리로 내려가 소금과 빛이 되길 잊어버린 한국 개신교회의 모습이 연일 세상을 놀라게 한다. 이런 때 한국 개신교회가 새겨들었으면 하는 책이 나왔다. 비록 1차 세계대전 뒤에 사람들이 개신교를 떠나 가톨릭으로 개종하거나 자연과학을 내세워 신앙을 부인하던 독일의 혼돈 상황을 염두에 둔 책이긴 하지만, 저자가 결연하게 들려주는 개신교신앙의 정수는 다시 한 번 개혁이 일어나야 한다는 외침이 사방에서 들려오는 한국 개신교회가 곱씹으며 들어야 할 내용이다. 이 책이 한국 개신교회가 신앙의 본질을 회복하는 데 조금이라도 기여하는 자양분이 되었으면 한다.

박규태 「성경의 세계상」(칼 하임 지음) 역자

개신교의 본질

Das Wesen des evangelischen Christentums

Karl Heim

개신교의 본질

루터의 영혼에서 시작된
종교개혁의 핵심

칼 하임 지음 | 정선희 · 김회권 옮김

개신교의 본질

2018년 3월 15일 초판 1쇄 인쇄
2018년 3월 22일 초판 1쇄 발행

지은이 칼 하임
옮긴이 정선희 · 김회권
펴낸이 박종현

도서출판 복 있는 사람
주소 서울특별시 마포구 연남동 246-21(성미산로23길 26-6)
전화 02-723-7183, 7734(영업·마케팅)
팩스 02-723-7184
이메일 blesspjh@hanmail.net
등록 1998년 1월 19일 제1-2280호

ISBN 978-89-6360-245-5 03230

이 도서의 국립중앙도서관 출판예정도서목록(CIP)은
서지정보유통지원시스템 홈페이지(http://seoji.nl.go.kr)와 국가자료공동목록시스템
(http://www.nl.go.kr/kolisnet)에서 이용하실 수 있습니다. (CIP 제어번호: 2018006488)

Das Wesen des evangelischen Christentums
by Karl Heim

Originally published in 1929 in German under the title
Das Wesen des evangelischen Christentums by Quelle & Meyer
All rights reserved.

This Korean translation edition © 2018 by The Blessed People Publishing Co.,
Seoul, Republic of Korea.

이 한국어판의 저작권은 도서출판 복 있는 사람에 있습니다.
신저작권법에 의하여 한국 내에서 보호받는 저작물이므로 무단 전재와 무단 복제를 금합니다.

| 차례 |

해설의 글 9

서문 55

I 가톨릭교회의 매력 57

II 교회 분열의 원인 75

III "너는 베드로라. 내가 이 반석 위에 내 교회를 세우리라" 95

IV 가톨릭교회의 그리스도 이해와 프로테스탄트 교회의 그리스도 이해 111

V 하나님을 향한 두 개의 대립된 길 131

VI 신령과 진리로 드리는 예배 151

VII 양심의 종교 165

VIII 제사장직의 종말 183

IX 개신교 윤리 203

X 개신교 교회 219

주 243

역자 후기 264

일러두기

1 이 책은 『Das Wesen des evangelischen Christentums』(1929)를 완역한 것이다. 고전 독일어로 된 이 책 원서 번역은 정선희가 맡았고, 김회권은 독일어 원서와 정선희의 번역을 영어판 『The Nature of Protestantism』(1963)과 대조하면서 중역했다. 이 책의 한국어판 소제목은 영어판에서 일부 가져왔으나 대부분은 김회권이 작성하여 삽입했다. 모든 옮긴이 주와 "해설의 글" 또한 김회권이 덧붙였다.
2 이 책에 인용된 성경 구절은 '개역개정판'을 따랐으나, 이해를 돕기 위해 옮긴이가 번역한 구절은 별도 표시했다.
3 저자 주註 끝에는 ** 표시를 했으며, 별도 표시가 없는 것은 모두 옮긴이 주다.

해설의 글

유럽 복음주의 변증신학의 선구자 칼 하임

19세기 중엽에서 20세기 초중반 서유럽에 득세하던 자연과학적 무신론 사조에 맞서 빗장을 닫아걸고 기독교신앙을 지키기보다 당시의 자연과학적 성취에 대해 열린 대화를 시작했던 칼 하임[Karl Heim]은 계몽주의적 자연과학의 세기에도 납득되는 신학을 정초하려고 분투했다. 또한 당시의 독일 개신교회를 놀라게 한 범(汎)가톨릭신앙 부흥운동의 본류와 직면했던 그는 가톨릭신앙의 대중적 매력의 뿌리를 천착하면서도 개신교신앙의 성경적 정당성을 옹호했다. 이런 점에서 볼 때 칼 하임은 오늘날 영미권의 소위 복음주의 신학자들보다 훨씬 더 정교하게 개신교의 본질을 밝힌 신학자로 평가될 수 있다. 이 글에서는 칼 하임의 주요 생애를 간단히 살펴보고, 그의 신학적 위상과 이 책 『개신교의 본질』에 나타난 그의 신학을 살펴보고자 한다.

칼 하임의 주요 생애[1]

칼 하임은 1874년 독일 경건주의의 본거지인 뷔르템베르크의 목회자 가정에서 출생했다. 아버지는 조부 프리드리히 야콥 필립 하임[Friedrich Jakob Philipp Heim, 1789-1850]의 둘째 아들인 크리스티안 하임[Christian Heim]이었다. 그는 목사로서, 19세기 독일의 성서신학자이자 독일 튀빙엔 등 서남부 슈바벤 지역의 전체적 사유전통을 보지^{保持}했던 토비아스 베크$^{Tobias\ Beck,\ 1804-1878}$ 2와 경건주의자 루드비히 호파커$^{Ludwig\ Hofacker,\ 1798-1828}$에게 깊은 영향을 받았다. 칼 하임도 아버지를 통해 기독교신앙을 이성적으로 종합하려고 했던 독일 슈바벤 지방의 직관적 영성 전통과 경건주의 신앙을 자연스레 체득했다.

아버지의 영향 아래 지적으로나 영적으로 자라던 칼 하임은 1892년 독일 남부의 튀빙엔 대학교에 입학해 1896년 졸업했다. 그는 대학 재학 중에 19세기 말 독일 개신교 주류였던 알브레히트 리츨$^{Albrecht\ Ritschl,\ 1822-1889}$의 신칸트주의 신학과는 어느 정도 거리를 유지하면서, 경건주의 성경공부 모임과 에두아르트 퓌클러$^{Eduard\ Graf\ Pückler,\ 1853-1924}$가 지도하던 선교단체인 독일기독대학생연맹^{DCSV}에 참여했다. 1893년에는 슈바벤의 설교자 수양회에서 엘리아스 쉬렝크$^{Elias\ Schrenk,\ 1831-1913}$의 설교를 듣고 이성과 지적 인식 체계 전체의 중생을 경험했다.³

그는 대학 졸업 후 5년간 교구목회를 한 뒤 독일기독대학생연맹

---

1 '칼 하임의 주요 생애와 신학적 위상' 부분은 세 가지 글에 빚지고 있다. (1) 장국원, "칼 하임의 생애와 사상", 「교회와 한국문제」 1권(기독교한국문제연구회, 1989), 30-43; 장국원, "칼 하임의 '그리스도의 통치'", 같은 책, 44-47; (2) 칼하임학회(편), 『현대문제와 영원의 좌표』(서울: 대학촌, 1998), "1장 칼 하임 신학의 현대적 의미에 대한 공개토론"; (3) 김영한, 『바르트에서 몰트만까지』(개정증보판, 서울: 대한기독교서회, 2003), "4장 칼 하임: 복음주의적 변증신학", 231-281.
2 김영한, 같은 책, 280-281.
3 Karl Heim, *Ich gedenke der vorigen Zeiten* (Brockhaus-Taschenbuch, 1976/1977), 32-33.

실무간사로 활동했다. 1907년에 논문 "미래의 세계상: 철학과 자연과학 그리고 신학의 대립"*Das Weltbild der Zukunft: Eine Auseinandersetzung zwischen Philosophie, Naturwissenschaft und Theologie*을 출간해 교수 자격을 취득했다. 그 후 경건주의 신학의 총본산인 할레 대학교에서 7년간 월급 없는 강사 생활을 했으며, 1차 세계대전 중이던 1914년 뮌스터 대학교 정교수로 취임했다. 1차 세계대전이라는 시련기를 보낸 뒤 스승 테오도르 폰 해링Theodor von Haering, 1848-1928의 뒤를 이어 1920년 튀빙엔 대학교 교수로 취임했다. 이후 1939년 은퇴할 때까지 튀빙엔 대학교 신학부 교수로 재직했으며 1958년 별세했다.

칼 하임의 신학적 위상

칼 하임이 튀빙엔 대학교에서 신학수업을 하던 시기 독일 지성계는 다윈의 진화론을 입증하기 위해 동물들 배아그림을 조작해 무신론적 진화론을 전파하던 에른스트 헤켈Ernst Haeckel, 1834-1919 등이 주도하던 무신론적 유물론과, 자연과학과 정신적 도덕적 가치연구를 분리시켜 자연과학만이 이성적 연구 대상이라고 주장했던 신칸트 학파의 형이상학 배격론에 지배당하고 있었다.[4] 이런 상황에서 칼 하임은 이 두 가지 사상을 돌파하기 위한 전체적인 기독교신학 사유체계를 구축할 결심을 굳히게 된다.

특히 칼 하임은 순수이성의 연구영역에서 기독교신앙과 신학을

---

4   김영한, 같은 책, 232.

제외시킨 칸트 이후의 서구의 지적 풍토를 더욱 문제시했다. 그는 신칸트 철학과 합리주의 전체의 입장을 논파 대상으로 삼아 그것을 창조적으로 파괴한 후에 기독교신앙의 이성적 정당성과 영적 필연성을 확보하고자 했다. 또한 성령으로 거듭난 이성은 계시적인 관점에서 자연세계와 영적 세계를 관통하는 하나님의 통치를 직관할 수 있다고 믿었다. 그는 자연과학을 부정하고 파괴하기보다는 자연과학자들이 빠져 있는 인식론적 자폐증을 치유하고자 했다. 자연과학의 궁극에서 만나는 예수 그리스도를 전파하려고 했던 것이다. 이런 점에서 그의 자연과학 천착은 선교적 사명을 수행하려는 행동이었다. 칼 하임은 토마스 아퀴나스처럼 신학의 고전적 사명을 예리하게 의식했다. "신학은 하나님을 가르치고, 하나님께 가르침을 받고, 하나님께로 인도하는 학문이다." 자연과학은 그것이 진정 학문이라면 하나님과 관련되는 학문이며 궁극적으로 그리스도를 가리키고 요청하는 학문일 수밖에 없다는 것이다. 이런 점에서 칼 하임의 신학은 선교적이고 봉사적인 신학이었다. 그는 순수이성의 세계에만 매몰되어 형이상학과 정신영역의 실재성을 부정하는 자연과학자들 앞에 놓인 신앙의 장애물들을 제거하고 현대정신에 사로잡힌 모든 사람을 그리스도에게 대면시키려 했던 것이다. 학자적 관심과 선교적·목회적 관심의 양극성을 잘 조화시킨 그의 모든 저작은 이러한 믿음의 체계적 표명이었다.

그는 하나님 없는 자연주의 세계관이 자연과학의 여러 연구 성과들에 의해 확산될 것을 우려하고 자연과학 자체의 정당한 토대를 하나님의 창조신앙 위에 정초하려고 분투했다. 그뿐만 아니라 하나님의 계시와 그 절정인 예수 그리스도의 왕권은 단지 도덕과 정신의 영역에만 관련된 것이 아니라 이 세상의 모든 활동과 모든 학문 영역과 관련된다는 점을 일관되게 주장했다. 그가 상속한 기독교신학의 사유체계는 자연과학 연구의 정당한 토대를 정초하지만 동시에 자연과학 연구의 한계도 설정하는 학문적 수위권首位權을 행사했다. 이러한 칼 하임의 필생의 학문적 분투는 총 6권으로 된 대작『개신교신앙과 현대사상』Der evangelische Glaube und das Denken der Gegenwart 5에 잘 나타나 있다.

전 생애에 걸쳐서 이성에 기초한 자연과학의 세계관에 맞서 신앙의 확실성을 변호했던 칼 하임은 이후 신앙의 순수성을 지키려고 애썼다. 나치가 지배하던 시절(1933-1945) 칼 하임은 기독교신앙을 변질시키려는 나치에 맞서 소극적으로 저항했다. 일설에 따르면 그는 수업 시간에 "하일 히틀러"를 외쳤고 이것이 그에게 양심의 부담이 되었다고 한다. 그러나 이것이 얼마나 확실한지는 모른다. 한 가지 분명한 것은 그가 사상과 사유의 훼절을 범하지는 않았다는 것이다. 그는 마르틴 니묄러Martin Niemöller, 1892-1984와 디트리히 본회퍼Dietrich

---

5   한국 독자들에게 더 친숙한 영문 번역판은 아래와 같다. Volume 1: *Faith and Thinking. Philosophical Foundation of a Christian View of Life*(1931; 7th ed., 1957); Volume 2: *Jesus the Lord: The Führer Authority [Ruler Power] of Jesus and the Divine Revelation in Christ*(1935; 4th ed., 1955); Volume 3: *Jesus the Enforcer: Faith in Reconciliation and World Transformation*(1937; 3rd ed., 1952); Volume 4: *The Christian Faith and Science. Founding of the Conversation between Christianity and the Natural Sciences*(1949; 2nd ed., 1953); Volume 5: *The Transformation in the Natural Science Worldview. Modern Science before the Question of God*(1951); Volume 6: *World Creation and End of the World. The Emergence of the World in the Scientific Sense-world Creation and World Future in the Light of the Biblical Easter Faith*(1952; 2nd ed., 1958). 한국어로는 한 출판사에서 총서 모두 출간되지 않고 산발적으로 번역 출판되었다.

Bonhoeffer, 1906-1945 등이 주도한 고백교회Bekennende Kirche에는 참여하지 않았지만, 이 지도자들의 신앙과 신학에 큰 영향을 끼쳤다.[6]

칼 하임 신학의 현대적 의미는 그가 주창한 두 가지 중심 테제로 요약된다. 첫째, 무의미와 절망의 현대 상황에서 인간에게 남겨진 유일한 삶은 하나님을 믿는 길이다. 그는 무의미한 물질세계와의 대결이 인간을 오히려 하나님 쪽으로 가차 없이 내몬다는 점을 주목하고 강조한다. 그는 인간의 존재론적 위상을, 하나님 앞에 서 있든지 허무 앞에vor dem Nichts 서 있든지, 신앙 앞에 서 있든지 절망 앞에 서 있든지 둘 중 하나에 잡혀 있다고 분석했다. 칼 하임은 영혼과 삶 전체를 잠식하는 허무 앞에서 기독교신앙은 삶을 가능케 하는 유일한 방호벽임을 주장했다. 결국 그는 기독교신앙은 계몽주의와 무신론적 자연과학의 전제적 영향력을 상대화시키는 유일한 인간옹호학이며 문명생존학이라고 본다. 둘째, 신학은 하나님을 배제하려고 하고 이데올로기화하려는 자연과학과 부단히 대화해야 하며, 자연과학은 더 큰 맥락 가운데서 성찰되고 기독교신앙의 인도를 받아야 한다는 것이다.

칼 하임이 인간을 옹호하는 근거는 인간이 하나님의 형상을 따라 지음 받은 영적 존재라는 사실이다. 영적 존재라는 말은 하나님 앞

---

[6] 칼 하임은 자서전에서 고백교회에 대한 자신의 입장을 부분적으로 드러낸다. "나의 영적 고향은 슈바벤 경건주의와 독일 기독대학생연맹이었다. 이 단체의 회원들로서 우리는 그리스도에 대한 우리의 개인적 인격적 헌신과 그것에 입각한 개인적 결단에 관심을 갖고 있었다. 돌이켜 보면 고백교회는 오로지 독일 기독교인들과 나치 체제에 대한 투쟁 하나로 뭉쳐진 다소 치우친 입장이었다고 생각한다. 당시의 내 견해로는 고백교회는 모든 서로 다른 정치적 견해들을 가졌지만 히틀러 체제에 저항했던 모든 사람의 집합체였다"(*Ich gedenke der vorigen Zeiten*, Furche-Verl., 1957, 274).

에 책임을 의식하는 존재, 하나님의 창조언약에 묶여 있는 존재라는 뜻이다. 하나님은 자신의 형상을 따라 지음 받은 인간에게 그분과 소통할 수 있도록 하기 위해 영^靈을 창조해 주셨다. 영은 인간으로 하여금 하나님과 소통하도록 추동하고 그 소통이 교착상태에 빠지면 양심의 성찰을 통해 인간의 마음과 생각을 항상 초기화시킨다. 결국 인간이 인간일 수 있는 이유는 하나님 앞에 자기를 성찰하는 양심을 갖고 있기 때문이다. 칼 하임은 이 '양심'에 대한 이해를 루터와 키에르케고르에게서 배운다. 『개신교의 본질』에서 극명히 드러나듯이, 칼 하임은 키에르케고르적인 실존적 사유에 친숙했다. 6장에 속한 '양심과 하나님 앞에 선 단독자' 논의는 칼 하임이 키에르케고르의 사유 모형인 실존주의와 인격주의 철학을 깊이 받아들이고 있음을 보여준다. 자연과학적 사유가 양심의 성찰을 받지 않는다면 그것은 인간을 파괴하고 비인간화시키는 괴물이 될 것을 예감한 것이다. 인격적 영역에 들어오려 하지 않는 이 자연과학의 무신론적 자율화를 막아야 인간옹호의 근거가 마련된다. 『개신교의 본질』은 칼 하임의 초기 저서이지만 그가 일생 동안 천착한 거의 모든 신학적 주제를 망라하고 있다.

『개신교의 본질』이 직면했던 유럽의 종교적 상황

이 책 『개신교의 본질』은 19세기 중엽부터 20세기 초 서유럽에서 유행하던 개신교도들의 가톨릭으로의 개종 열풍에 자극을 받아 루터의 종교개혁의 본질을 심층적으로 파헤친 칼 하임의 역작이다. 그는 기독교변증가임을 넘어 기독교회의 선교적 봉사를 앙양^{昂揚}했던 조직

신학자이며 자연과학과 신학의 종합을 추구한 통섭적인 신학자로서, 자연과학적 인과율의 세계 속에 갇힌 무신론의 덫에 걸려 있던 서구 유럽인들에게 기독교신앙의 정당성과 긴급성을 논증하는 데 투신했다. 무신론적 세속주의와 자율적 자연주의 세계관에 맞서 기독교신앙의 정당성을 호소했던 칼 하임의 신학 중심에서 이 책은 약간 비켜간 듯 보이지만, 루터의 종교개혁의 내면풍경을 천착한 특수 분야의 저작으로 칼 하임의 신학적 진수를 압축적으로 표현한다.

저자가 서문에서도 밝혔듯이 이 책을 집필할 당시 유럽에는 범가톨릭 회귀 열풍이 불고 있었다. 그중에서도 영국 사제이자 유명한 문인이었던 존 헨리 뉴먼John Henry Newman, 1801-1890 신부의 1845년 가톨릭으로의 개종과 알베르트 폰 루빌Albert von Ruville, 1855-1934의 1909년 가톨릭으로의 개종은 서구유럽 개신교도들 마음속에 잠재되어 있던 가톨릭교회에 대한 향수를 폭발시킨 기폭제였다. 이 유명한 개종자들의 가톨릭으로의 개종 여파인지 당시 독일에서도 가톨릭교회로 넘어가는 루터교 신자들이 늘기 시작했다. 이러한 문제를 직시한 칼 하임은 이 책에서 가톨릭교회로 빨려 들어가는 루터교도들을 염두에 두고 루터의 종교개혁의 본질을 간결하고도 심오하게 설명했다. 그는 가톨릭교회에 향수를 느껴 역(逆)개종하는 독일 개신교도들의 마음을 이해하고 16세기 이래 독일의 정신적 통일을 저해했다는 오해를 받아 온 루터의 종교개혁의 본질을 천착하되, 다른 어떤 종교개혁 서적도 다루지 못한 깊이로 종교개혁가 루터의 정신사를 추적한다.

한국 가톨릭교회의 경우, 지난 반세기 동안 300퍼센트 이상 양적 성장을 이루었다. 한국 가톨릭교회의 성장을 뒷받침하는 요인은 다양하다. 김수환 추기경이라는 걸출한 영적 지도자가 발휘했던 지도력, 교황들의 빈번한 방한으로 조성된 친親가톨릭적 사회분위기, 해방신학자들과 천주교정의구현사제단을 위시한 가톨릭교회의 사회정의를 추구한 예언자적 관여, 현대문화에 대한 너그러운 수용, 이성과 계시·교회와 세속 사이의 건강한 중개를 촉진한 제2차 바티칸 공의회(1962-1965) 이후의 가톨릭신학, 가난한 자들에 대한 저인망식 복지선교 등 여러 가지 요인이 있다. 그런데 이러한 가톨릭 내부의 요인 외에도, 파편화되고 자본주의적 물신숭배에 물들어 가는 개신교에 대한 좌절감과 실망감이 개신교도들의 가톨릭으로의 개종을 추동했다. 이런 상황을 염두에 둘 때, 가톨릭교회의 매력과 그것의 한계를 심층적으로 분석한 이 책은 개신교 독자들의 자아성찰을 도울 뿐만 아니라 개신교 신앙전통에 대한 자부심을 증대시켜 준다. 전체적으로 이 책은 가톨릭교회와 견주어 볼 때 개신교회가 보유하고 있는 특장特長과 매력, 그리고 개신교신학의 신학적 장엄미를 섬세하고 정치한 논리로 옹호한다.

20세기 초 교세가 신장되고 있던 서유럽 가톨릭교회의 종교적 흡인력을 분석하고 개신교도들의 공통적 신조를 일목요연하게 정리하고 있는 이 책에서, 칼 하임은 당시 루터 연구의 르네상스를 주도하던 칼 홀Karl Holl, 1866-1926의 루터 연구, 가톨릭교회의 종교적 매력에 대한 프리드리히 하일러Friedrich Heiler, 1892-1967의 종교사적 분석, 그리고 개신교의 교리와 매력을 새롭게 각성시켜 준 프리드리히 고가르텐Friedrich Gogarten, 1887-1967과 에밀 브루너Emil Brunner, 1889-1966의 연구를 빈번하게 참조하고 있다. 모두 열 장으로 구성된 이 책 각 장의 중심 주장은 다음과 같다.

『개신교의 본질』의 중심 주장

I. 가톨릭교회의 매력

칼 하임이 『개신교의 본질』을 착상하던 20세기 초 유럽은 1차 세계대전과 그 전후 폐허 상황 때문에 계몽주의와 자유주의적 낙관주의에 대한 비관적 전망이 득세했다. 1차 세계대전 후 서구유럽 문명의 지리멸렬한 쇠락 상황은 삶의 모든 분야의 토대가 흔들리고 있다는 인상을 풍겼다. 그래서 황무한 현실세계 너머의 피안에 존재하는 어떤 초월적인 '구원자'와 영원한 실재들에 대한 원초적인 동경 및 종교적 갈망이 공공연히 표출되었다. 재점화된 종교에 대한 관심이 비등해지고 있었던 것이다. 그런데 이러한 종교적 관심을 시의적절하게 흡수해 교세를 증가시킨 쪽은 가톨릭교회였다. 당시 가톨릭으로의 개종자들 중 한 사람인 알베르트 폰 루빌의 선동적 책은 『거룩한 교회로 돌아오라!』 Zurück zur heiligen Kirche 였다. "'우리 모두가 다시 가톨릭이 된다면!'이라고 절규하는 격렬한 감정"이 당시의 독일 사람들 모두의 마음을 관류하고 있었다.

독일 내의 이런 낭만주의적 친가톨릭 분위기를 가속화한 요인들이 여러 가지 있지만, 그중 가장 큰 요인은 독일의 1차 세계대전 패전이었다. 전쟁에 패함으로써 영육이 피폐케 된 독일 개신교도들은 '우리의 내적 공허는 피안의 세계를 열 수 있는 신비한 매개물을 소유한 사제 중심의 거대한 가톨릭교회로부터 분리되었기 때문이 아닐까?

가톨릭교회로 돌아가는 것이 차라리 더 낫지 않을까? 왜 우리 독일인들은 고통스러운 분열 상태를 유지해야만 할까?'라는 의문에 직면해 있었다.

이에 칼 하임은 '도대체 프로테스탄트적 경건성과 인생관의 본질은 무엇이며, 이것은 실제생활과 문화의 모든 영역에서 어떤 영향력을 발휘하는가?'라는 질문을 제기하고 답변하려고 시도한다. 무엇보다도 하임은 가톨릭교회의 흡인력을 명료하게 느끼면서도 이 이끌림에 내적 저항감을 갖는 자만이 프로테스탄티즘이 무엇인지 아는 사람이라고 정의한다. 더 나아가 프로테스탄트 교회의 경건성이란, 제사장 중심 교회라는 모체에서 생장했으나 이후 어떤 특정한 이유들 때문에 고향을 떠나지 않으면 안 되었던 운동임을 선언하며 이 질문에 대한 답변을 제시한다.

그는 가톨릭교회에 대한 올바른 이해가 있어야만 개신교의 경건성을 이해할 수 있다고 생각하여 1장에서 먼저 가톨릭교회의 매력을 논한다. 20세기 초 가톨릭교회에 대한 현대의 향수들이 분출된 것은 네 가지 매력 때문임이 밝혀진다.

첫째, 절대주의에 대한 복고주의적인 향수가 가톨릭 부흥운동을 촉발시켰다. 19세기 말과 20세기 초는 계몽주의적 객관성과 세속주의가 상대주의적 도덕적 무정부주의와 허무주의로 낙착되던 시기였다. 도덕과 종교의 중심 영역까지도 장악해 버린 상대주의와 모든 객관적인 진리마저도 역사적으로 설명하고 그 진리성을 해소시켜 버리는 역사주의는 반동적으로 역사 저편 초월의 세계에 대한 향수를 자극했다.

둘째, 신비주의적 초월에 대한 향수가 가톨릭 부흥운동을 주도했다. 18세기 이후 유럽을 휩쓴 계몽주의가 강조하는 객관성에 대한 갈망이 오히려 신비적 체험에 대한 뜨거운 열망을 촉발시켰다. 자연과학 세계의 발굴과 탐사 성취로 인류문명을 향도(嚮導)한다고 자부하던 '순수이성'의 사도들도 기진맥진해 이 모든 '현상' 세계 너머의 원시적인 생명력에 대한 갈망에 사로잡혔다. 가톨릭신앙의 신비주의적 영성은 어떤 실증주의 철학이나 엄밀한 과학적 탐구도 가져다줄 수 없었던 초월적 세계와의 접촉을 체험하고자 하는 현대인들의 갈망에 응답했다. 가톨릭교회는 이 차안적 세계탐구에 지쳐 버린 영혼들에게 천상적인 황홀경과 성스러운 단순함으로 경험되는 아늑한 신일합일적 예배 분위기를 연출했다.

셋째, 가톨릭교회의 중세적 예배형식이 현대인들의 미학적이고 예술적인 갈망을 일부분 충족시켰다. 삶의 모든 가치가 상대화되는 상황이 절대적인 것에 대한 갈망을 자극했던 것처럼, 로코코 양식과 나폴레옹 1세 제정시대 양식이 끝난 1870/71년 이래로 최악에 처한 서양예술의 무형식성은 유럽인들의 파편화된 삶을 더욱 공허하게 만들었다. 그 결과 모든 인간이 출생과 더불어 전통적인 예술양식과 생활양식 속으로 자연스럽게 들어갔던 이전 시대에는 알지 못했던 '형식과 양식에 대한 향수'가 서구유럽인들에게 촉발되었다.

넷째, 가톨릭교회의 총체적인 보편주의가 현대인의 근원적 영적 갈망을 충족시켜 주었다. 모든 도덕적-종교적 사상들을 두세 가지 이성적 진리로 환원시킨 계몽주의적 합리주의에 맞서서 가톨릭교회는 모든 단계의 영적 종교적 층위를 다 제시하며 현대인들의 다양한 종교적 욕구에 응답한다. 가톨릭교회에는 자연종교의 원시적인 마술에서부터 엄격한 유대교적 율법종교 및 신비가의 섬세한 영혼의 서약에 이르기까지 종교사의 모든 단계가 잔존해 있다. 가톨릭교회는 인간 속에 있는 모든 종교적 상향추구 열정을 긍정한다.

칼 하임은 이러한 가톨릭의 다면적이고 다층적인 매력을 충분히 느낄 때만이, 루터와 같이 가톨릭교회의 완전한 영향력 밑에 있던 사람들이 가톨릭교회로부터 탈출을 감행한 사건의 중차대성을 제대로 음미할 수 있다고 단언한다. 이 서론적 논의는, 루터는 가톨릭교회의 영적 자장력보다 훨씬 더 강력한 이신칭의以信稱義 복음의 자장력에 이끌렸다는 중심 주장을 극적으로 부각시키는 무대조명 역할을 한다.

II. 교회 분열의 원인

2장은 루터를 종교개혁으로 몰아간 우발적이면서도 필연적 요인들을 추적하고, 루터가 어쩔 수 없이 종교개혁자로 나서게 된 역사적·신학적 이유를 해명한다. 칼 하임은 면죄부 남용 폐해에 대한 루터의 질문을 몰지각하게 매도하고 루터의 진정성을 배척한 가톨릭교회 당국자들의 누적적이고 연속적인 악행이 개신교 탄생의 가장 직접적인 계기였다고 분석한다. 면죄부 남용 폐단에 대한 루터의 질문은 독일 농민들과 독일 그리스도인들의 고난과 신음을 대변했기 때문에 루터의 문제제기에 대한 가톨릭 당국자들의 묵살은 독일(특히 북독일) 제후들과 독일 민중의 민족주의 감정을 격발시켰으며, 이 과정에서 제도적 개신교회가 파생되었다.

III. "너는 베드로라. 내가 이 반석 위에 내 교회를 세우리라"

3장은 신구교 분열을 확정 짓는 교리적 대립의 가장 중심이 되는 요소를 분석한다. 이 대립은 베드로에게 주어진 사도적 특권과 사명이 로마 가톨릭교회의 교황권을 보증한다고 여기는 마태복음 16:18에 대한 해석 차이에서 기인한다. "너는 베드로라. 내가 이 반석 위에 내 교회를 세우리라"라는 말씀의 진의가 무엇인가? 1870년에 열린 제1차 바티칸 공의회는, 이 말씀과 누가복음 22:31-32("시몬아, 시몬아, 보라. 사탄이 너희를 밀 까부르듯 하려고 요구하였으나 그러나 내가 너를 위하여 네 믿음이 떨어지지 않기를 기도하였노니 너는 돌이킨 후에 네 형제를 굳게 하라")에 근거해 하나님의 교회 전체에 대한 최고 관할권이 주 예수 그리스도로부터 베드로에게 직접 위임되었다는 것을 교리로 선포했다. 3장에서는 이 교리에 대해 철저한 주석적 비판을 가한다. 칼 하임은 먼저 마태복음 16:18을, 베드로를 초대교황으로 하며 계승되는 세습적 교황 제도의 근거 구절로 보는 가톨릭교회의 해석과 이에 맞선 개신교 진영의 여러 해석을 검토한 후 자신의 입장을 제시한다.

칼 하임은 마태복음 16:16-21 전체 단락을 삽입 구절로 설명하거나 처음부터 반대되는 의미로 해석함으로써 예수의 말씀을 완화시키려는 프로테스탄트 진영의 해석 시도들(아돌프 폰 하르낙 등)을 받아들이지 않는다. 그는 이 말씀을 신약성경 전체 문맥에 집어넣어 보아야 한다고 주장한다. 베드로전서 2장은 시편 118:22("건축자가 버린 돌이 집 모퉁이의 머릿돌이 되었나니")을 근거로 해 하나님이 세우시는 영적 건축물에 대한 마태복음 16장 비유를 한층 더 확장시켜 진술한다. 베드로전서 2장의 "머릿돌"은 그리스도를 가리킨다. 에베소서

2:20 이하는 "모퉁잇돌"을 집합적이고 유기적 의미로 파악한다. 요한계시록 21:14은 열두 사도를 "기초석"이라고 말한다. 이 모든 구절을 함께 고려해 보면, 교회공동체 안에는 그리스도 외에도 전체 교회를 위해 독특한 중요성을 지니며 그 때문에 하나님으로부터 특별한 전권, 즉 미래의 세계에까지 미치는 전권을 위임받은 인물들이 존재한다는 사실이 분명해진다. 그래서 하임은 마태복음 16:18의 "반석"을 궁극적으로는 그리스도, 그리고 2차적으로는 사도들과 선지자 집합체라고 본다. 그러면서 마태복음 16:18의 반석 말씀의 효력은 어디까지나 베드로에게 국한된다고 본다.

그렇기에 칼 하임은 마태복음 16:18-21을 근거로 베드로의 교황권 상속교리를 도출하는 가톨릭 교리는 성서적으로 지지될 수 없다고 확언한다. 그는 이 말씀이 교황들의 베드로 계승 교리가 아니라 정반대의 가르침을 담고 있다고 본다. 즉 베드로가 사도로서 하나의 사명, 즉 전체 교회공동체에 대해 상속될 수도 없고 바로 다음 세대에게도 양도될 수 없는 존엄한 직분을 얻는다는 사실을 가르친다는 것이다. 베드로에게 약속된 지위는 절대적으로 유일회적이며, 따라서 가톨릭교회가 주장하는 소위 '사도직 계승'이라는 전체 이념 자체가 모순이라는 것이다.

IV. 가톨릭교회의 그리스도 이해와 프로테스탄트 교회의 그리스도 이해

4장은 베드로의 사도권 이해와 밀접하게 관련된 문제가 그리스도 이해에서 기인한다는 사실을 논증한다. 가톨릭교회는 부활승천해 세상을 권력적으로 통치하는 승리한 군주로서의 그리스도 이해에 집중하

고, 프로테스탄트 교회는 부활승천해 하나님 보좌에 앉아 성령을 통해 인간의 양심을 다스림으로써 세계를 통치하는 영적 통치자로서의 그리스도 이해에 초점을 맞춘다. 영적 통치는 인간의 자발적인 순종과 신앙에 근거해 이뤄지는 통치를 의미한다. 이는 정신과 영의 영역과 관련된 일에서만 통치한다는 말이 아니다. 그리스도의 영적 통치의 시작과 마지막은 그리스도의 신실한 대속적 죽음과 부활을 통해 죄인을 의롭게 하시는 사죄대권赦罪大權이다. 가톨릭교회는 예수님의 신적 사죄대권이 교황과 사제들에게 전유專有되었다고 믿는 반면, 모든 프로테스탄트 예배는 그리스도의 배타적 사죄대권만을 고백한다. 예수의 사죄대권은 오로지 유일하게 인간의 마음과 양심 속에 일어나는 내적인 사건을 통해 작동된다.

그럼에도 불구하고 로마 가톨릭교회는 예수를 천하만국을 다스리는 영광으로 유혹하다가 패퇴당했던 저 강력한 영이 여러 세기 후에 다시금 무저갱으로부터 올라와 예수의 모습을 왜곡시키는 과정에 참여했다. 가톨릭교회는 세상질서를 요동시키는 이 고독한 인물 예수에게서 세상을 놀라게 하는 모든 요소를 제거함으로써 예수 자신이 거부했던 바로 그 권력통치적 보좌를 차지한 것처럼 왜곡했다. 그의 영향력을 제거하려는 이러한 세계사적인 변조에도 불구하고, 예수는 되풀이하여 특이한 이방인처럼 과거의 심연으로부터 떠올라 와서는 사람들을 양심의 불안과 떨림의 길 위에 서도록 한다. 이것이 아마도 인간의 영혼에 대한 예수 통치의 가장 큰 증거일 것이다. 지금도 하나님의 우편 보좌에서 세상을 통치하시는 주님이 보내는 성령의 능력으로 인간 영혼은 십자가에 달린 주主, 우리를 부요케 하기 위하여 스스로 가난케 된 만왕의 왕, 만주의 주께 복종한다. 루터가 와서 복원시킨 십자가에 달린 가난한 그리스도는 권력장치를 통해 인간의 외적 행동만 지배하는 세속적 군주가 아니라 인간의 양심과 내면을 설득시키고 감화감동시켜 마침내 정치 및 사회 체제 전체를 바꾸도록 격동하시는 영적 통치자다. 영적 통치자인 그리스도는 권력과 무력 대신에 인간양심의 자발성을 추동시켜 그분의 통치를 관철시키신다.

V. 하나님을 향한 두 개의 대립된 길

5장은 가톨릭과 개신교는 하나님께 나아가는 두 개의 대립된 길이라는 사실을 심층적으로 분석한다. 5-6장은 이 책 전체에서 가장 깊이가 있으므로 철저하게 반복해서 읽어야 한다. 칼 하임 사상의 정련된 논리와 언어가 이 두 장을 촘촘하게 교직하고 있다.

앞서 살펴본 것처럼 가톨릭과 개신교 두 종파의 대립은 그리스도 이해에서 비롯된다. 신구교 모두에게 세계사는 죽었다가 부활한 그리스도의 역사이며, 결국에는 그리스도가 주역으로 활약하는 한 편의 드라마다. 그러나 두 종파가 나뉘는 지점이 있다. 가톨릭의 그리스도 이해에 따르면, 반전은 이미 예수의 부활과 함께 시작되었다. 그 이래로 우리는 예수의 권력통치 시대에 있다는 것이다. 반면 프로테스탄트의 그리스도 이해에 따르면, 세계정세의 긴장 해소는 세상의 종말 때에야 이뤄진다. 그 결과 두 개의 대립된 그리스도상(像)이 나타난다. 개신교의 그리스도 이해는 중세적 '현역군주형 그리스도' 이해와 대립된다. '개신교의 그리스도'는 십자가에 달려 죽으시고 부활 승천해 하나님의 우편 보좌에 앉아 세상을 통치하지만 재림할 때까지는 십자가에 달린 주±의 자격으로 세상을 통치하신다. 예수 그리스도를 주로 영접한 사람들에게 그들의 양심 영역에서부터 통치권을 행사하신다. 그리스도는 공권력에 의존하거나 사법기관의 감시와 처벌제도를 통해 사람들의 외적 행동을 통제하는 방식으로 다스리시지 않는다. 그는 행동주의 심리학적 행동교정을 강제하지 않으며, 사람들을 설복시키고 사람들의 신뢰와 사랑과 믿음을 통해 그들의 마음속에 들어가 감화감동시키는 방식으로 통치하신다. 예수의 권력포기적인 종의 섬김을 통한 통치방식과 승리한 개선장군으로 절대통치권을 획득한 군주적 통치 사이에 있는 긴장은 해소되지 않았다. 예수께서 "아버지께서 자기의 권한에 두셨다"(행 1:7)라고 말한 그 시간은 아직 오지 않았다. 개신교적 신념에 따르면, 세계사가 향하여 돌진해 가는 이러한 대전환적 '이제', 즉 그리스도의 세상 지배가 실현되는 시점은 아직 시작되지 않았다. 그러므로 세계사의 드라마는 아직도 여전히, 예수께서 세상 권력의 대리자인 빌라도와 마주서서 그에게 "내 나라는 이 세상에 속한 것이 아니니라. 만일 내 나라가 이 세상에 속한 것이었더라면 내 종들이 싸워 나로 유대인들에게 넘겨지지 않게 하였으리라. 이제 내 나라는 여기에 속한 것이 아니니라"(요 18:36)라고 말했던 그 상황의 연장선상에 있다. 따라서 개신교의 그리스도는 양심의 평화를 가져다주는 영적 통치자이며 가톨릭교회의 그리스도는 권력을 강제하여 자신의 통치권을 관철시키는 지상적 군주의 페르소나를 갖는다는 것이다.

바로 여기에서 가톨릭교회 예배의 이상한 매력이 발견된다. 가톨릭교회가 강조하는 예배는 권력통치자로서의 그리스도에게 복종을 격동시키는 예배다. 가톨릭 예배에는 모든 권력과시에 대한 인간의 존경과 찬탄을 자아내며 인간을 도취시키고 매혹시키는 마성적 흡인력이 있다. 이 권력의 미학적인 신비감에 사로잡혀 사람들은 가톨릭 예배 중에 하나님을 받아들일 수 있다. 그러나 예수의 지상통치가 완전히 실현되는 저 순간을 끌어오는 것은 우리 능력 밖의 일이다. 개신교는 하나님께 이르는 길은 단지 양심을 거쳐서만 갈 수 있다고 시종일관 주장한다. 개신교의 본질은 권력 인상의 경험 속에서가 아니라 단지 양심의 경험을 통해서만 하나님을 발견한다는 것이다. 권력 인상이란 신비적 도취가 덮치고 격류처럼 감동시켜서 행복한 도취감 속에서 이성적 판단력을 일시적으로 흐리게 만드는 보다 높은 종류의 권력 체험이다. 이러한 신비적 도취는 개별적 인격을 말살시키며 그럼으로써 총체적 책임감을 없애고 무한함 속에 잠기게 한다.

이와 달리 프로테스탄트적인 하나님 체험은 고독한 양심의 체험이다. 양심은 모든 인간을 하나님께 대면시키는 고도의 자아성찰 역능役能이다. 누구도 대신할 수 없이 혼자 하나님과 대면하는 영적 감응역능이 바로 양심이다. 양심은 인간을 철저하게 독립적으로 만드는 무서운 정신적 개별화의 추동력이다. 집단적 황홀경이나 자아소멸적 신비 체험과는 전혀 다른 하나님 경험이 양심에서 만나는 하나님 현존이다. 하나님께 이르는 길이 정신과 양심을 거쳐 가는 것이라면, 이러한 하나님 발견은 항상 완전히 고독한 정신의 행위이며 하나님과 내 양심 사이에 일어나는 그 어떤 일이다. 루터는 자신의 양심이 자신을 철저한 단독자로 세우는 경험을 했다. 루터는 우리가 참다운 의미로 하나님 앞에 서는 그때, 즉 죽을 때에는 어떠한 높은 권위도 소용 없게 되며 그리하여 우리는 완전히 혼자가 된다고 되풀이하여 역설한다. 그래서 하나님과 이 양심 사이의 영적 감응 작용에는 인간 사제가 중재할 역할이 전혀 없다는 것이다.

결국 루터는 저급한 정신의 도취 상태를 통해서가 아니라 명료한 정신활동, 곧 완전한 고독 속에서 100퍼센트 정직하고 벌거벗은 양심의 자아성찰과 사고를 통해서만 하나님께 갈 수 있음을 깨달았다. 이 자아성찰과 사유는 말씀을 통해서만 가능하다. 말씀과 낯선 영원무한한 것에 대한 신비주의적 체험이나 도취 상태를 통해서가 아니라, 말씀과 그 말씀에 대한 지각을 통해서만 하나님을 발견한다. 하나님은 단지 소스라쳐 놀라 일깨워진 양심에 의해서만 발견될 수 있으며, 도덕적으로 무관심한 권위에 대한 복종을 통해서 발견되지 않는다.

VI. 신령과 진리로 드리는 예배

6장은 5장의 양심 이해에 근거해 개신교 예배 경험의 정수를 천착한다. 도취 상태에서 하나님을 발견하려고 하는 가톨릭교회와는 달리 개신교의 첫 번째 특징은 신령과 진리로 하나님께 드리는 예배다. 칼하임은 루터의 견해를 받아들여 인간이 도취된 상태에 있는 한 그는 하나님과 함께 있는 것이 아니고, 단지 자기 자신에게 머물러 있는 것이라고 단언한다. 인간은 깊은 고독과 완전한 정신적인 명료함 가운데 일어나는 영적인 활동 속에서만 하나님을 발견할 수 있으며, 그 때문에 하나님의 발견에서 말씀은 결정적인 역할을 한다. 왜냐하면 말씀이 정신의 창조자이기 때문이다. "태초에 말씀이 계시니라. 이 말씀이 하나님과 함께 계셨으니 이 말씀은 곧 하나님이시니라"(요 1:1). 모든 영적인 활동은 말씀들로 표현될 수 있어야만 하며 말씀으로부터 태어난다. 그런데 도취 상태가 되자마자 말씀은 사라진다. 이럴 때 영혼은 가톨릭적 도취음악 속에서 용해되며 정신의 명료성을 잃고 황홀경 상태에 빠진다. 단지 영적 감응과 말씀의 체득을 통해서만 하나님을 예배할 수 있다는 신념은, 모든 전형적인 프로테스탄트에게 공통적이다.

칼 하임은 이런 개신교 예배와 달리 가톨릭교회의 신자들이 신령과 진리로 예배드리는 것을 막는 세 가지 걸림돌을 지적한다. 말씀에 대한 전반적 멸시, 막연한 신성참여 조장 분위기, 그리고 일반 평신도들에게 명료한 이해 없이도 하나님을 예배할 수 있다고 가르치는 몰지성적 '함축적 신앙'이 그것이다. 가톨릭신앙의 경건과 개신교신앙의 경건 형식 사이에 최초이면서 결정적인 차이는 하나님의 말씀에 대한 두 종파의 상이한 태도다. 말씀 존중과 말씀에 대한 정신적인 멸시에서 두 종파는 처음부터 나뉘었다. 개신교운동은 독일어로 번역된 성경이 모든 평신도의 손에 주어짐으로써 시작되었다. 그것은 성서운동이었다. "하나님의 말씀은 나에게 모든 것 위에 있으며, 하나님의 권능이 나와 함께합니다." "하나님의 말씀은 세상 전체보다 더 중요합니다." 이것이 루터를 사로잡은 확신이었다.

이와 반대로 트리엔트 공의회(1545-1563)는 제4회 정경 성서의 법령에서 "그리스도의 입에 의해서 혹은 사도들에 의해서 연속적으로 계승되어 현재까지 전달된 전승은 성서와 대등한 위치에 놓여야 한다"라고 천명했다. 성서해석은 교회 교부들이 합의한 견해와 교회의 권위에 종속되었다. 처음부터 성서말씀에 대한 평신도의 영적인 관계가 저지되었다.

이 차이에서 하나님의 말씀에 대한 개신교적 견해와 가톨릭적 견해 사이의 더 결정적인 대립점이 파생된다. 두 진영에서 말씀과 그 말씀의 영적인 이해가 경건성에 대해서 갖는 의미가 신구교 각각에서 전혀 다른 위상을 차지한다.

가톨릭교회는 예리한 개념정의들로 매우 강력한 스콜라 체계들을 산출해 냈지만, 그럼에도 가톨릭 경건의 가장 깊은 본질이며 가톨릭 예배의 지향점인 신비주의는 말씀이나 인식의 정신적인 활동과는 아무런 관계도 없는 그 무엇이다. 가톨릭의 신비주의 영성가들은 하나님의 말씀을 영적 신인합일의 황홀경 체험 아래 종속시켰다. 칼 하임은 그들의 천상적 도취가 실제로 하나님과의 접촉일 수 있다는 가능성마저 전적으로 부정하지는 않는다. 그럼에도 불구하고 그들에게 진리들의 표상, 파악, 이해와 말씀 습득이 부차적인 차원을 대표한다는 점을 비판한다. 하임은 가톨릭 신비가들의 신비적 상태들이 인간이 탐닉하는 다른 예술적 향유물이나 우리가 사용할 수 있는 다른 진정제 이상으로 하나님과의 접촉을 매개할 수는 없다는 점을 분명히 밝힌다.

마지막으로 칼 하임은 가톨릭교회의 지성(교리) 경시에 대한 한 예를 가톨릭교회의 '함축적 신앙' 개념에서 찾는다. 소위 '함축적 신앙'은 가톨릭교회의 모든 평신도가 교리를 다 이해하지 않고도 사제의 설명에 의해 중재되는 비인지적 신앙을 가리킨다. 불합리한 일들도 사제가 믿으라고 하면 믿는 신앙이 함축적 신앙이다. 가톨릭교회의 함축적 신앙을 가진 평신도들에게는 "결국 모든 것은 신비이며, 또한 모든 것은 해석될 수 있다"라는 사제의 설명이면 충분하다. 그러므로 가톨릭 교육을 받은 인간은 프로테스탄트적 인간보다 교리적 의심을 쉽게 극복한다. 그에게는 영혼의 중심이 결코 교리적 사고 속에 놓여 있지 않기 때문이다. 그들에게는 이러한 사고가 매 순간 희생당할 수 있는 상급법정이 있는 것이다.

이에 대해 우리 개신교도들은 스스로 눈멀게 하여 우리 자신의 고유한 판단을 포기한다면, 우리는 바로 그 속에서 우리가 유일하게 하나님을 볼 수 있고 파악할 수 있는 그 빛, 즉 우리의 영적인 생명을 꺼 버리는 것이라고 주장한다. 왜냐하면 모든 정신적 활동 속에는 엄격한 진리감지력이 발현되기 때문이다. 판단행위는 거의 항상 깊은 의심을 통과해 지나간다. 이러한 의심이 강제로 억압되고 억제된다면 정신은 죽임을 당한다. 그와 동시에 우리는 하나님께 가까이 가는 것이 아니라, 하나님께 가까이 갈 수 있는 그 지점으로부터 멀어진다. 우리는 완전한 정신의 명징함 속에서만, 즉 우리의 판단력과 진실한 양심을 온전히 지녔을 때에만 하나님이 우리에게 당신 자신을 계시하시는 말씀을 습득할 수 있기 때문이다.

의식의 지평에 떠오르는 의심을 억압하고 독자적 사고를 약화시키는 가톨릭교회의 시도에 맞서 개신교도들은 정신의 명징함과 의식의 명료함이라는 빛 속에서 유일하게 하나님을 볼 수 있고 그와의 교제로 들어갈 수 있다고 말한다. 인간은 신령과 진리 속에서만 하나님을 예배할 수 있기 때문이다.

Ⅶ. 양심의 종교

7장은 개신교가 어떤 점에서 명료한 정신의 종교이며 고독한 양심의 종교인지를 자세히 논한다. 루터에 따르면 신구교의 진정한 대결은 양심영역에서 이루어진다. 루터는 "하늘로 가는 그 길은 나뉠 수 없는 한 점, 즉 양심의 선(線)이다"라고 확언했다. 프로테스탄티즘의 기본사상인 '오직 믿음으로 말미암은 칭의'를 이해하려면 루터의 영적 고투 역정으로부터 출발해야만 한다. 그는 교회의 성사와 수도원 훈련을 통해서는 더 이상 평화를 발견하지 못한 '양심가책자'였으며, 옛날부터 수도원들의 가장 진지한 수도사들에게 빈번했던 '도덕적 쇄심증'이라고 불리던 정신병을 앓고 있었다. 수도원에서 중단 없이 하나님의 임재 속에서 살고자 시도했던 루터는 그의 기쁨을 빼앗아 가는 내적 불안, 즉 영혼의 구원을 못 받을 죄악을 범했다는 불안과, 그의 참회는 불완전하고 무가치하며 자격을 갖추지 않고 성사에 참여했다는 두려움에 빈번하게 사로잡혔다. 그 병을 앓고 있는 양심가책자가 보이는 증상은, 되풀이하여 참회하고자 하는 욕구의 표현이다.

　루터가 양심가책으로 고통을 당한 이유는 하나님의 무제한적 전체요구 의식, 즉 하나님께 전부를 드리지 않으면 아무것도 드린 것이 아니라는 가혹한 자기검열 의식 때문이었다. 루터는 하나님은 실재하시며, 모든 것을 보시는 편재하는 심판관이며, 우리는 한순간도 그에게서 벗어날 수 없다는 사실을 깨닫고 갑자기 양심가책증에 사로잡혔다. 최후의 심판에서는 어느 누구도 자신 곁에 있지 않을 것이라는 사실을 루터는 알았다. 그러나 만일 하나님이 최후의 심판 날에 우리가 느끼게 될 정도로 그렇게 실재하신다면, 하나님은 우리의 온 마음과 온 영혼과 온 의지와 온 힘을 다해 그를 사랑하도록 요구하시지 않을 수 없다. 모든 선한 것의 수여자이신 하나님은 우리가 그를 온 영혼으로 사랑하도록 요구하실 수 있다. 반쪽 마음으로 하는 하나님 사랑, 가령 지옥에 대한 두려움 때문에 하는 사랑은 단지 용서받을 수 있는 연약함이나 불완전함이 아니라, 무서운 죄악이며 반항이다. 그분께는 두려운 원칙이 통용된다. 전부이거나 아니면 전무이다. 온전하지 않은 모든 것은 가치가 없을 뿐만 아니라, 그것보다 더 나쁜 것이며 죄이며 반항이다.

하나님에 대해서는 이 '전부 아니면 전무'만이 존재한다는 것이 루터의 수도원 투쟁들의 근원이다. 기도를 할 때면 그 문제가 그를 괴롭혔다. '너는 기도할 때 참으로 온전한 하나님사랑에 의해 하였느냐? 그것이 없다면 기도란 단지 죄에 불과하다.' 그는 제단의 성단소에 서서 예배를 드리기 위하여 모일 때면 깨달았다. 의도적으로 모이는 것이 강요되면 될수록 생각들은 그만큼 더 쉽게 산만해진다. 예배를 드리도록 강요하는 것, 이것이 이미 죄다. 이러한 상태에서는 교회의 성사도, 고해성사나 고해석도 그에게 아무런 평안을 마련해 줄 수 없었다. "그는 날마다 고해하며 가장 작은 일도 참회하며 과거의 일도 되풀이하여 참회"했다. 그러나 "실제로는 이전과 동일한 인간이었음을" 깨달았다.

이러한 양심의 각성이 개인들이나 전 민족 공동체에 임하면 항상 두려운 발견이 일어난다. 즉 우리 인간들은 하나님의 현존 앞에 있으면서도, 우리가 당연히 그래야 하듯이 하나님을 온전한 마음으로 사랑할 수가 없다는 것이다. 우리의 가장 선한 행위들 속에도, 우리의 예배 속에도, 우리의 금욕 속에도, 항상 동일하며 극복할 수 없는 은밀한 자기애가 있는 것이다. 그러나 하나님은 그 어떤 강요된 헌신도 원하지 않으신다. 이것은 온전한 마음과 온전한 영혼으로의 사랑이 아니기 때문이다. 의무와 당위적 강제와 강압의 모든 불순물이 사라진 마음의 가장 깊숙한 열망으로부터 탄생한 의지만이, 완전히 자유롭고 온전한 의지만이 하나님의 마음에 들 수 있을 것이다. "억지로 강요된 것은 어떤 것도 보존되지 못한다." 하나님 앞에서는 단지 온전한 마음의 자발적인 헌신만이 유효하다. 전부이거나 아니면 전무인 것이다.

그러므로 우리가 하나님을 참으로 알게 되자마자 하나님 앞에서는 단지 절망할 수 있을 뿐이다. 어떠한 인간도 우리를 이러한 절망으로부터 구원할 수 없다. 이 상태를 타개할 수 있는 분은 우리에게 고도의 자발성을 선사해 주실 하나님 외에 다른 존재가 있을 수 없다. 그러므로 하나님은 세상의 구원을 위해서 어떠한 인간적인 생각도 미칠 수 없는 한 방법을 택하셨다. 하나님은 여러 백성 중에서 한 백성을 제사장 백성으로 선택하여 이 백성으로부터 나온 한 사람에게 영원히 전권을 부여하며, 그의 이름으로 구원과 '화해의 말'을 하며, 이 구원의 메시지를 그의 수난과 죽음을 통해서 확증하는 방식으로 구원의 방법을 정하셨다. 하나님은 그리스도 안에 계셨으며, 세상을 그 자신과 화해시키셨다(고후 5:18-19).

자기 자신에 대해 절망한 인간 내부에서 그리스도의 권위 있는 말씀으로 용서의 확신이 빛나게 되는 이러한 기적은 단지 믿음 안에서만 이해될 수 있다. "오직 믿음으로만 의롭게 된다." 여기에서 사용되는 '믿음'이라는 말은 우리가 그것을 통해서 은혜를 받는 일에 협조하게 될 어떤 종류의 정신적 업적을 의미할 수 없다. 그 때문에 종교개혁자들은 항상 정신적 공로에 대한 생각이 완전히 배제되도록 '믿음'을 묘사했던 것이다. 루터는 "그리스도가 나의 의로움이며, 그분 자신이 그 의로움의 본질이요 형체다"라고 말한다. 믿음은 아무것도 보이지 않는 어두컴컴한 성전에 좌정하신 하나님을 포착한다. 믿음은 인간 마음의 어둠 속에 있는 그리스도의 현존이기 때문이다. 절망한 마음속에 그리스도의 현존이 나타나는 것이 하나님의 선물인 믿음이다.

만일 절망한 마음속에 그리스도의 현존이 나타난다면, 그때 영혼은 그리스도와 완전히 홀로 있게 된다. 그리스도가 요한복음 8장에서 간음하다 붙잡혀 돌 맞아 죽을 위기에 처한 그 여자에게 "나도 너를 정죄하지 아니하노라!"라고 말했을 때처럼, 영혼은 그리스도 앞에 철저히 홀로 남아 죄 사함을 경험한다. 그리스도가 오심으로 모든 인간 제사장 직분은 영 단번에 폐지되었기 때문이다. 그리스도가 오셔서 그의 백성들 가운데 눈에 보이지 않게 현존하신 이래로, 더 이상 어떠한 제사장도 존재하지 않는다. 어떠한 인간도 하나님과 어떤 다른 인간 사이에 진행 중인 재판 절차에 개입할 수 없다.

VIII. 제사장직의 종말

8장은 가톨릭의 사제중재주의를 논파하고 개신교적 의미의 제사장직의 종말을 다룬다. 7장은 종교개혁의 '오직 믿음으로만'에 대해, 즉 하나님 앞에서 자기 자신에 대해 절망한 인간들이 놀라운 확신을 선물로 얻는 기적에 대해 말했다. "나는 하나님에 의해 영접되었으며 내 아래에는 영원하신 팔이 펼쳐져 있다." 이러한 기적이 일어난다는 것, 교회사 속에서 그것이 항상 되풀이되어 왔다는 것, 이것이 하나님의 위대한 긍정이며 종교개혁의 신앙고백이 증언하는 바이다. 그러나 우리는 이러한 긍정 속에 포함되어 있는 부정을 동시에 말하지 않고는 이러한 긍정에 대해서 말할 수 없다. '오직 믿음으로만'을 통해서 무엇인가가 배제되었다. '오직 믿음으로만'이 의미하는 것은, 인간의 행위를 통해서가 아니라, 즉 제사장의 중재를 통해서가 아니라, 성사 중심 교회의 신비적인 매개물을 통해서가 아니라, 오직 믿음을 통해서라는 뜻이다. 이 점에서 두 종파의 대립은 모든 상호 이해와 존중에도 불구하고 오늘날에도 여전히 해소될 수 없다. 이 점은 우리 프로테스탄트들이 양보할 수 없다. 우리는 교회를 위해서가 아니라, 용서할 전권을 오직 자기 수중에 남겨 놓으신 하나님의 절대주권을 위해서 투쟁하는 것이기 때문이다.

  칼 하임은 여기서 신구교 대립의 전 역사前歷史를 구약성경의 예언자적 영성과 제사장적 영성의 대립에서 찾는다. 기독교의 전 역사인 이스라엘 역사 속에 이미 처음부터 사제적 중재를 통해 인간의 양심을 장악하려고 했던 제사장들과, 양심을 해방시키려고 했던 예언자들 사이의 투쟁이 있었다. 제사장들은 거대한 공적 제사제도와 속죄제도를 만들어 한층 더 풍부한 예배와 결합시켰다. 제사장 계급에 대한 양심의 해방전쟁인 이런 프로테스탄티즘은 루터에게서 비로소 시작된 것이 아니었다. 목자 아모스가 벧엘의 대제사장 아마샤에게 대항했을 당시 이미 시작되었던 것이다. 이사야와 예루살렘 성전의 제사장들의 갈등은 아모스와 아마샤의 갈등의 연장이었다. 이 두 예언자는 화려한 종교의식이 아니라, 야웨를 알고 공의와 정의를 실천하며 고아와 과부를 돌보는 것이 하나님께 이르는 길이라고 가르쳤다. 그들은 예배나 제사 그 자체를 공격한 것이 아니라, 제사드리는 의식이 제사장 계급의 손에서 양심을 마비시키며 하나님의 궁극적인 그 단순한 요구들을 사람들에게 말하지 못하게 하기 위한 수단이 된 상황을 겨냥했다.

루터는 제사장 계급이 양심을 지배하기 위해서 사용하는 두 가지 방법—종교재판과 면죄선언— 중 면죄부 제도가 한층 더 위험하고 해악하다고 판단했다. 면죄부 제도의 본질은 한 인간이 감히 하나님의 이름으로 다른 사람의 양심의 짐을 면죄해 준다는 주장에 있다. 루터의 교황제도에 대한 반대는, "그 불행한 사람들이 속아서 면죄부를 사면 그들은 확실하고 안전하게 축복받게 될 것이라고 믿는다"는 것을 알게 됨으로써 생겨났다. 즉각 루터는 그것이 영혼을 위탁받은 교회가 할 수 있는 최악의 일이라고 느꼈다. 그것은 죽음을 맞이한 사람들을 속여서 그들이 영원과 관련하여 처해 있는 위험을 간과하도록 하는 일이었다.

우리는 종교재판이라는 강제 수단을 통해서든 면죄부라는 매혹적인 은혜의 보증에 의해서든 양심을 예속상태에 두기 위해서 제사장 계급이 사용하는 이 모든 수단에 복음의 이름으로 저항해야만 한다. 하나님은 사죄대권을 오로지 자기 자신에게만 남겨 놓으셨다.

양심이 깨어나기 시작한 모든 인간에게는 어느 교회에 속해 있든 마찬가지로, 거대한 정화작용의 도구를 가진 제사장이야말로 그리스도와 이야기할 수 있는 저 고독으로 들어가는 것을 방해하는 마지막 유혹이다. 그런데 그리스도는 단 한 번의 제사로 그리스도 이전 시대의 희생제도 전체를 '완성'하셨다. 그 이후로는 더 이상 어떠한 제사장도 없으며, 하나님과 우리의 영혼 사이에 다리를 놓아 주는 교황도 없다. "그리스도는 죄인들을 위해서 영원히 효력 있는 한 제물을 바쳤으며, 이제 하나님의 우편에 앉아 있다." "그리스도만이 '내가 너를 용서하노라'라고 선포할 수 있다." 프로테스탄티즘은 더 이상 인간 제사장을 필요로 하지 않는 세계 역사 속의 유일한 종교 형태다.

이러한 점에서 두 종파를 분리시키는 깊은 대립은, 가톨릭의 토마스 아퀴나스와 프로테스탄티즘의 임마누엘 칸트에 의해 각각 대표된다. 아퀴나스와 그를 계승하는 대부분의 현대적 가톨릭교회 철학자들은, 우리 인간들이 신神존재 논증의 도움으로 하나님을 전유할 수 있다고 믿는다. 신존재 논증이란 소위 인간 정신의 제단 위에서의 '신의 현현'으로, 사제가 하나님의 권능을 미사 제단으로 끌어 내려오는 행위에 상응하는 것이다. 사제가 주문을 외워 신을 제단 위로 불러낼 수 있듯이, 철학자는 신존재 논증의 마법지팡이를 가지고 본성으로부터, 세계의 합목적적 제도로부터, 사고하는 정신으로부터의 논증들을 통해서 하나님의 현존을 모든 사고하는 인간들에게 증명할 수 있다는 것이다. 그렇기에 우리는 마음대로 하나님을 확신할 수 있다는 것이다. 그러나 바로 이 점에서 칸트는 이의를 제기한다. 칸트는 경험으로부터 나온 우리의 모든 논증과 추론으로는 결코 유한성의 한계를 넘을 수 없으며 본성으로부터, 역사 혹은 인간 정신으로부터의 모든 하나님 존재증명 논증은 하나님의 현존을 인식영역이나 감각경험의 영역 안으로 확보해 줄 수 없다고 단언한다. 칸트는 인간으로 하여금 자신의 한계 내로 돌아가도록 명하는 인간 정신의 경계에 서 있는 파수꾼이다. 칸트가 설파했듯이, 하나님은 인간에게 자신의 은총을 증명하는 일뿐만 아니라 자신의 현존을 증명하는 일까지도 오로지 자신의 권능 안에 남겨 두셨다. 하나님은 하나님이 원하는 곳에서 원하는 때에 스스로를 계시하시기 때문이다.

IX. 개신교 윤리

9장은 이신칭의의 복음이 결실하는 기독교윤리를 다룬다. 9장의 논지는 이신칭의는 이웃사랑의 디아코니아에서 그 진리성이 입증된다는 것이다. 이신칭의의 복음은 인간이 절망의 심연 속으로 추락한다고 믿는 동안에 그는 영원한 팔에 붙들려 하늘로 옮겨진다는 진리다. 전혀 강제 없이 가장 깊은 자발성과 기쁨으로 하나님을 맞이하는 사랑, 전 영혼 가장 깊은 중심으로부터 우러나오는 이웃사랑이 공적 생활에 작동하는 곳에 개신교 윤리가 구현된다. 이 고도의 자발적 하나님사랑은 율법이 지시할 수 있는 것 이상의 어떤 비범한 것을 준행하려는 갈망으로 드러난다. 루터가 말하듯이, "신자는 선한 행위를 행해야 하는지 아닌지를 전혀 묻지 않고 그 일을 이미 해버린다." 이 현상이 모든 개신교 윤리를 발생시키는 기본 정서다.

가톨릭교회는 "너희는 세상의 빛이다"라는 예수의 계명을 실현하려는 세계사적 시도, 즉 세상 삶의 모든 영역에 기독교신앙이라는 소금의 힘을 침투시키려는 시도였다. 세상에 하나님의 영을 침투시키려는 가톨릭교회의 사명은 토마스 아퀴나스적 이층세계관을 통해 성취된다. 기독교신앙과 은총의 세계는 상층부요 자연적 이성은 하층부를 구성한다. 아래층은 자연적 기초로서 생존경쟁, 법, 강제, 세계국가, 전쟁이라는 옛 인간성이다. 이제 이 아래층 위에는 하늘 쪽으로 솟아 있는 둥근 지붕처럼 위층이 놓여 있다. 이것은 새로운 인간성, 새로운 규범, 순수한 천상적 사랑의 관리자인 가톨릭교회라는 국제적인 하나님나라다. 여기에서는 제사장 계급이 지배한다. 이러한 상부 구조로부터 이제 인류의 영적 문화적 생활 전체가 경영된다. 여기가 보다 높은 모든 고상한 것들을 관리하는 세상의 정신적인 중심이다.

그러나 지상의 하나님나라인 교회가 숭고한 사명을 다해야만 한다면, 먼저 하나의 조건이 성취되어야 한다. 교회는 '자유', 즉 '행동능력'을 가져야만 하는 것이다. 여기서 '자유'란 모든 세속적인 것에 대한 처리권, 결정권을 의미한다. 세속국가들은 로마 교황청으로부터 그들의 권력을 할당받고, 왕들은 그곳으로부터 그들의 왕관을 받으며, 학자들은 그곳으로부터 그들의 정신적 생산물들에 대한 '인쇄 허가'를 받거나 금지당한다. 예술가와 시인들은 그곳으로부터 그들의 영감을 받거나 검열을 받는다.

하지만 근대의 시작, 르네상스와 함께 나타난 새로운 세계문화의 시작과 더불어 이것은 서서히 변화되었다. 인류를 관통하는 거대한 정신의 흐름들을 하나의 중심 지점에서 조정하며 감독하는 것은 자연과학의 새로운 시작과 더불어, 데카르트 이래 철학적 사고의 새로운 각성과 경험과학들의 개선행렬과 더불어 확실히 불가능하게 되었다. 철학과 정밀한 자연과학은 조금도 감독받지 않고 완전히 무전제적으로 대상에 접근할 때만 기능할 수 있다는 것을 오늘날에는 모든 사람이 알고 있다. 따라서 진리문제에서 가톨릭교회의 최고 행정 재판소 역할은 사라졌다.

이처럼 중세철학의 종교적 표현에 불과한 가톨릭교회의 제사장 제도가 쇠퇴한 것은 가톨릭 세계관의 몰락과 관련이 있다. 중세의 통합된 문화 속에서 모든 정치적이고 문화적인 문제들에 대한 교회의 지배는 그리스도로부터 세움을 받은 제사장만이 은혜 주입 능력을 가지고 있다고 믿는 신앙 때문에 가능했다. 그러나 일단 제사장 계급의 전권이 추락했을 때, 사람들은 인류의 가장 중요한 전환점들 중의 하나에 서게 되었다. 중세의 문화생활을 총괄했던 '거룩한' 상부 구조 전체가 허물어졌다. 단지 하부 구조만이, 삶을 창조하고 규정하는 세속적 질서들을 지닌 불경건한 인류만이 살아남았다.

여기서 성聖과 속俗이라는 이원론적 구분에 대한 프로테스탄트적인 이해가 생겨났다. 토마스 아퀴나스가 말한 그 상층부가 붕괴되자 예수의 복음 속에 포함되어 있는 가장 값비싼 보배, 즉 세속적 직업노동이 참다운 예배라는 진리를 발견하기 위한 길이 열렸다. 거룩을 독점한다고 여겨지던 성전이 붕괴되자 세상 전체가 하나님의 성전이 되었다. 인간의 삶을 건축하는 데 공헌하는 모든 사람은 이러한 위대한 하나님의 성전에서 거룩한 제사장으로서 봉사하는 것이다. 이것이 루터의 새로운 사상이었으며 예배로서의 세상 직업에 대한 이해였다. 하나님은 단지 세속적 삶의 한가운데서만 예배될 수 있다. 세상 사람들의 눈에 보이지 않게 현존하시는 그리스도의 은혜의 보좌는, 하나님이 우리에게 다가오시는 비공간적인 장소로서, 이 세상의 모든 곳으로부터 다가갈 수 있으며 어디에서든 완전히 동일한 거리에 있다.

제사장 문화의 종말과 더불어, 하나님의 세계와 우리가 살고 있는 권력투쟁적 세계 간의 관계에 대한 새로운 이해가 시작되었다. 수도원 담들이 붕괴된 이후 두 세계는 다시금 힘껏 서로 충돌한다. 모든 그리스도인은 두 세계 사이에서 방랑하고 있다. 하나님의 자녀로서 그는 보이지 않는 사랑의 나라 속에서 모든 실존적인 투쟁의 바깥에 서 있지만, 다른 한편 세속적인 직업인으로 투쟁의 한가운데서 세속적 수단들을 사용하여 그 투쟁을 끝내야만 하는 것이다. 이런 이유 때문에 그리스도인의 삶에는 전기 작용 시에 음극과 양극이 만날 때처럼 고도의 긴장이 생겨난다. 바로 이러한 긴장을 통해서 신앙과 사랑의 능력들이 위력을 드러낸다.

X. 개신교 교회

10장은 모든 권력적 통치수단을 포기한 개신교회의 자발적 무력화와 그것에 입각한 무한봉사능력 발출을 다룬다. 9장에서 보았듯이 종교개혁과 더불어 세속적 직업생활이 성스러운 예배가 되고 이웃사랑의 현장이 될 수 있다. 그렇다면 성스러운 교회는 별다른 의미를 갖지 못하는가? 굳이 모든 직업인이 제사장이며 모든 세상이 하나님의 은혜의 처소라면 교회는 도대체 어떤 곳인가? 10장은 두 질문에 대한 답변이다.

콘스탄티누스의 칙령으로 소급되는 중세 국가는 진리문제에 대한 특정한 해결에 토대를 두고 있다. 그 국가는 어떤 특정한 종교가 진리이며 그 때문에 그것이 국가종교로서 인정되어야만 한다는 전제 위에 세워져 있었다. 진리문제의 어떤 특정한 판단을 국가법으로 만들려는 최후의 시도는 러시아의 차르 제국에 의해 이루어졌다. 제국의 거룩한 주교회의의 정교일치적 판결에 의하여 이단자들은 시베리아로 보내졌고 톨스토이는 파문당했던 것이다.

그러나 진리에 대한 신앙을 이런 방식으로 헌법에 수용하려는 시도가 포기되자마자, 새로운 국가이념, 프리드리히 대제의 눈앞에 떠올랐던 현대의 프로테스탄트 국가이념이 탄생했다. 이러한 국가는 사상의 자유와 신앙의 자유라는 원칙에 근거한다. 이러한 새로운 국가사상에 따르면 "국가는 국민의 보편적인 문화자산을 보호하기 위한 기관이다." 국가의 영역에 속하는 것은, 의무교육법으로 운영되는 사회자치제, 노동 보장, 모든 이상적인 시민적 가치의 자유로운 발전, 진리탐구를 위한 무제한적인 자유를 지닌 대학 학문이다. 교회의 지배로부터 벗어난 국가생활과 세계문화의 주체적 각성이라는 이 새로운 상황에서 교회는 무슨 의미가 있을까? 칼 하임은 중세 시대 전체에 걸쳐 교회가 가졌던 매력과 대중성의 근거였던 두 가지, 즉 성별된 제사장직과 거룩한 공간, 거룩한 행위, 거룩한 대상의 붕괴에 직면해 교회는 자신의 사명을 새롭게 정위(定位)하고 사제 또한 자신의 사역을 새롭게 정위하여야 한다고 말한다.

칼 하임은 개신교회의 목사직이 특권보다는 자발적 희생의 직분임을 강조한다. 개신교 목사는 구원과 사죄를 중개할 수 있는 종교적 중재권이 없다. 루터는 "목사직은 모든 제사장, 즉 모든 그리스도인에게 공통된 공적인 직분일 뿐이다"라고 말한다. 목사가 교구 일을 관리하고 설교하고 영혼을 보살피는 것은 단지 한 기관의 모든 조직화된 공동 작업에 필요한 일의 분담 차원에서 그 의미가 있다. 또한 기독교는 현재의 교회공동체가 그 연관성을 결코 잃어버려서는 안 되는 오랜 역사를 지니고 있고, 기독교의 가장 오래된 원전들이 외국어로 쓰였기 때문에 교회공동체에는 기독교 역사를 연구하며 원어로 된 원서들을 읽고 역사적인 이해를 가지고 설명해 줄 수 있는 사람들이 항상 있어야 한다. 마지막으로 모든 부모의 모범이며 그들을 대표해 후세대에 대한 신앙교육 책임을 목사가 맡는다. 이러한 노동 분담의 이유 때문에 목사직이 요청되지만, 이는 아무런 초월적인 후광이 없는 평범한 제사장직이다. 그래서 목사직은 가장 희생적인 소명이며, 특히 현대 대도시에서는 영적으로 정신적으로 가장 힘든 직분이며, 동료 시민들에게 감사를 가장 적게 받는 직분이 되었다.

목사직에 대한 새로운 이해는 교회에 대한 새로운 이해와 연동되어 있다. 개신교에서 교회란 더 이상 하나님의 현존을 배타적으로 소유하거나 매개하는 어떤 성스러운 장소나 공간이 아니다. 교회는 공간적인 의미에서 초월적이지 않고, 단지 소스라쳐 놀라 각성한 영혼에게만 나타나는 보다 깊은 의미에서의 피안이다. 교회는 어떤 다른 장소보다 하나님이 더욱 충만히 현존하실지도 모르는 어떠한 장소도 아니며 신자들에게 은혜의 능력들을 유출하는 성물들을 보유한 성스러운 저장고도 아니다. 더 나아가 거룩한 물건들을 통해 성취될 수 있을 거룩한 행위들, 즉 단순한 실행만으로 '객관적인 은혜의 효력'을 매개해 줄 수 있을 성례전들도 더 이상 존재하지 않는다. 루터는 세례와 성만찬 두 가지 성례만 인정하고 존치시켰다. 이 두 가지 성례에 대한 루터의 해석도 가톨릭교회의 해석과 달랐다.

루터는 세례 시 사용되는 물 자체의 신적 효력을 강조하지 않고 그 물을 고귀하게 만드는 하나님의 말씀을 강조했다. 물을 의미 있게 만드는 것은 하나님의 말씀과 계명과 하나님의 이름이다. 이에 반해 칼 하임은 루터의 성찬식 이해에 대해서는 비판적이다. 칼 하임은 츠빙글리와 칼슈타트, 그리고 칼빈에 비해 루터가 성찬을 이해하는 데는 중세적 잔재를 보지하고 있다고 본다. 하임이 보기에도 루터는 지나치게 빵과 잔 자체의 성례전적 효능을 강조했다. 이 루터의 견해는 오직 믿음을 통해서 그리고 말씀의 감명을 받아 오직 양심 속에서 하나님과 가까워질 수 있는 개신교의 신앙과 충돌한다. 그는 성체를 먹음으로써 천상의 힘들과 가까워질 수 있다고 보았기 때문이다. 칼 하임은 프로테스탄트적 입장을 견지하기를 원한다면 루터의 성찬 교리를 그의 세례 교리에 맞추어 수정해야만 한다고 본다.

종교개혁교회는 이러한 성례전에 대한 새로운 이해를 바탕으로 그것을 온전히 실행하자마자 중세교회에 초월적인 광채를 부여했던 두 번째 신비, 즉 중세적 의미에서의 거룩한 성물과 성사적^{聖事的} 중재행위를 포기했다. 교회가 이 두 가지 것, 성별된 인간과 성별된 대상물, 성별된 성직자와 성별된 성체를 완전히 의식적으로 포기함으로써 교회는 강력한 기득권을 포기한 것이다. 개신교회는 스스로 모든 종교적인 구원의 원천들을 원칙적으로 해체시킴으로써 자신을 쓸데없는 것으로 만드는 듯 보인다. 이처럼 프로테스탄트 교회는 자연인을 매혹할 수 있는 마지막 통치수단을 포기한 것이다.

그러나 교회가 눈에 보이는 모든 권력수단을 의식적으로 포기하게 되면, 바로 그리스도 교회의 참다운 본질이 나타난다. 하나님께서 몰락하는 세상의 한가운데로 옮겨 심어 놓으신 가장 놀라운 생명체인 새로운 피조물이 나타난다. 이 새로운 피조물은 모든 피조물이 학수고대하는 새로운 인류공동체의 전범이다. 그리스도에 의해 포획된 모든 인간은, 그가 비록 아무런 인간적인 중재 없이 가장 깊은 고독 속에서 믿음에 이르렀다 할지라도 믿음의 각성과 더불어 모든 시대 사람들이 속하는 교회공동체의 지체로서 존재한다. 그들은 인종, 국적, 계층과 계급에 무관하게 형제자매들의 친밀한 친교공동체를 구성한다. 이러한 형제자매적 결속력은 인간 사회의 인종, 계층과 계급 간에 세워져 있는 담들을 허물어 뜨린다. 개신교회는 세상의 국가와 민족들처럼 분명히 실재하지만, 모든 세속적인 조직과는 완전히 다른 방식으로 움직이는 하나님의 가족이다. 이 가족공동체에 입회하는 것은 자유의지만의 소산이 아니다. 온전히 하나님의 자유로운 결정 덕분이다. 하나님 자신만이 오로지 하나님 자신의 권능에 속한 방식으로 사람들을 이러한 가족 속에 받아들일 수 있다. 그 때문에 이 놀라운 가족의 구성원들이 서로 맺고 있는 관계들, 그들 사이의 상호연결성은 세상의 다른 곳에 존재하는 그 어떤 관계들과도 다르다.

그러므로 교회는 이 세상의 한가운데에 있는 특별한 종류의 공동체적 구조물, 즉 상위와 하위의 여러 관계들로 얽힌 무수한 지체를 지닌 가족이자, 본질과 유기적 응집성 면에서 모든 세속적인 단체와 전혀 다른 공동체다. 하지만 이 공동체에 속한 사람들 사이의 교제도 모든 인간의 교제와 마찬가지로 가시적 수단인 행위와 말을 통해서 이루어질 수밖에 없다. 그래서 성도들의 교제인 이 교회도 어떻게든 조직화될 운명을 피할 수 없다. 그 결과 초창기 루터의 개신교회는 교회조직 문제에 직면하게 되었다. 그런데 모든 세속적인 단체들과 전혀 다른 신약적 신앙공동체의 본질에 너무 큰 감동을 받은 루터는 놀랍게도 처음부터 교회의 정치와 조직문제에 대하여 무관심했다. 그는 이제까지의 주교들이 그들의 부수입을 위한 직무를 관리하는 대신 참다운 사명을 자각하여 교구에서 복음전파를 위해 힘쓰기를 원했다. 독일의 교회들에서 주교들은 이 루터의 복음열정을 추종하기보다 여전히 구태에 머물렀고, 그러는 사이 교회치리와 감찰 역할을 할 마땅한 직분자들이 모자랐다. 교회치리와 감찰은 주교의 의무였지만 루터의 영향을 받은 교구에도 복음의 확신을 갖고 이 고유한 주교 일을 감당할 인물들이 거의 없었다. 그렇다고 루터 자신이 스스로 선두에 나설 수도 없었다. 더군다나 그는 스스로 그러한 권한이 있다고 느끼지 않았다. 그래서 루터는 아직 존재하고 있던 유일한 권위인 선제후에게 본능적으로 도움을 요청했고 선제후가 그의 세속적 직무에 의해서가 아니라 기독교적인 사랑으로 감찰관을 임명해야만 했다. 그리하여 영주들이 임시주교 혹은 대리주교가 되었다. 이것이 바로 루터의 종교개혁을 철저히 밀고나가는 데 어려움을 초래한 엉성한 교회정치체다. 실망스럽게도 루터는 교회정치와 행정문제의 중요성을 알아차리지 못했던 것이다. 루터는 새롭게 발견한 복음의 보화에 대한 기쁨에 넘쳐 교회의 외적 제도들, 그 영원한 보화를 지닌 이 점토 그릇을 부차적인 것으로 취급했던 '사도적 이상주의'에 머물렀다. 루터가 영주들을 임시 주교들로 만듦으로써 지방 영주들을 이롭게 하는 정책들이 교회로 방향을 돌렸기 때문이다. 곧 영주들의 종교회의와 영주 중심의 교회질서들이 생겨났다. 종교개혁 반세기 후에 이미 루터교 국가에서 교회는 영주 중심적 국가행정의 한 부문이 되었으며, 그 결과 교회는 이 세상 권력체제의 일부로 편입됨으로써 또 한 번 자유를 상실했다. 칼 하임이 루터에 대해 가장 비판하는 점은 루터의 사도적 이상주의다. 하임은 그리스도 교회공동체가 세상의 소금으로 남으려면, 무엇보다도 외부에 대하여 교회의 완전한 독립성을 보장해 주는 제도를 가져야만 한다고 주장한다. 교회가 교회의 외적인 조직에서부터 국가와 국가의 통치기관들로부터 완전히 독립적일 때만, 교회는 국가와 민족의 양심이 될 수 있기 때문이다. 하임은 "어떠한 국가교회도 존재하지 않는다"라는 바이마르 헌법(1919)이 루터의 종교개혁을 잘 살리는 교회정치의 초석이라고 본다.

칼 하임은 루터의 교회 이해가 사도적 이상주의에 머문 점을 비판적으로 지적하면서 교회의 독특성은 교회공동체가 통치되고 관리되는 방식에서도 나타나야 한다고 말한다. 그리스도의 교회공동체는 그 자체 안에 상위와 하위, 지도자와 추종자로 나뉘지만 교회지도자들은 외적인 권력수단들로 무장하지 않는다. 개신교회는 양심을 감시하고 강압하는 어떤 압제적 칙령도 선포하지 않고 교리를 위반했다고 징벌을 가하는 형벌권도 행사하지 않는다. 개신교회가 보유한 유일한 권력수단은 영적 감화감동과 그로 인한 삶의 총체적 변화를 촉진시키는 하나님의 말씀이다. 말씀은 그 자체로 사람의 지위에 상관없이 그 마음을 만족시키며 우리 주 예수 그리스도의 성령통치에 순복시켜 하나님사랑과 이웃사랑의 이중계명을 준행할 능력을 부여한다.

전체 세상과 그것의 생활양식으로부터 독립적인 교회는 오로지 살아 계신 그리스도가 있기 때문에 존재한다. 그리스도는 성령을 통해서 믿음의 선한 싸움을 싸우는 그의 교회공동체를 최후의 승리 때까지 끝까지 인도하신다. 그리스도는 자칭 자신을 대리한다는 명분으로 감히 자신의 보좌에 앉으려 하는 어느 누구에 의해서도 교회공동체의 지도권을 빼앗기지 않는다. 칼 하임은 그리스도의 영적 통치 현존이 지탱시키는 교회는 모든 세속국가의 양심이라고 말한다. 세상의 모든 기관에 대하여 독자적이고 독립적으로 존재하는 교회는 국가와 민족의 양심이 되어, 모든 새로운 상황 속에서 하나님의 요구들이 현실의 공적 생활에 혁명적인 영향력을 끼치도록 지도력을 발휘할 수 있다는 것이다.

국가권력으로부터 독립적인 교회는 단지 민족의 양심일 뿐만 아니라, 오늘날의 생존경쟁에서 생겨나는 상처들을 치유하는 선한 사마리아인이며 거룩한 부조扶助 능력이다. 현재의 공공생활에서 복지를 위한 거의 모든 노력은 원래 개신교회로부터 나왔다. 교회는 수많은 사회봉사활동의 개척자들을 배출한다. 칼 하임은 성직자 계급의 권력 요구를 포기한 교회에서 오히려 세상까지도 알아챌 정도로 생명력이 활발해질 수 있다는 사실을 예증하기 위해 사회복지적 투신자들을 예거한다. 하지만 하임은 교회 기관들의 이러한 모든 사회복지적 업적들이 아무리 가치 있다 할지라도 교회의 본질은 아님을 강조한다. 교회는 그 본질상 세상에 대한 모든 영향으로부터 독립적이며, 그 자체로 존재하는 기관이기 때문이다. 교회는 그리스도의 영이 거하는 몸이며, 놀랍도록 많은 지체를 가진 유기체다. 교회는 죄를 용서하고 사람들을 그의 왕국으로 초청하는 그리스도의 전권에 의해서만 산다. 이러한 의미에서 오늘날에도 여전히 사도신경의 신앙고백은 가치가 있다. "나는 거룩한 공교회와 성도의 교제를 믿습니다."

총평과 결론

『개신교의 본질』은 가톨릭의 대중적인 호소력을 예리하게 분석하고 개신교의 심오한 매력을 충분히 부각시킨 작품이다. 그러나 이 책에서 칼 하임은 신구교로 분열된 그리스도의 몸 된 교회의 일치와 연합을 장려하거나 그것이 가능하다고 전망하지는 않는다. 루터의 종교개혁은 '개인의 양심'에 일어난 구원사건으로부터 출발하기 때문에 그리스도의 우주적 공교회의 하나됨을 실현하는 데는 그다지 관심을 쏟지 못했다. 루터의 종교개혁은 사도적 복음의 원음을 재생하는 데는 어느 정도 성공했지만 사도적 교회의 단일성과 통일성을 손상시키는 결과를 가져왔다. 알리스터 맥그래스가 『기독교, 그 위험한 사상의 역사』Christianity's Dangerous Idea에서 잘 설파했듯이, 루터의 '오직 성경으로'라는 모토와 만인제사장설은 그리스도의 몸 된 교회의 하나됨을 손상시킬 수 있는 '위험성'을 내포하고 있었다. 개신교회는 루터적 양심에서 일어난 구원에 집착하느라, 또한 통속적으로 오해된 이신칭의 교리의 과도한 은혜를 강조하느라 교회의 하나됨과 기독교적 실천의 위력을 마땅히 언급해야 할 만큼 강조하지 못했다. 종교개혁교회는 핵분열적 다종파, 다교단 현상을 낳았고 그 최악의 사례 중 하나가 한국 개신교다. 특히 한국 개신교는 개인적이고 내세적인 구원론에 집착한 나머지 세상 전체를 그리스도의 통치 대상으로 삼는 중세적인 이상을 거의 내팽개치다시피 했다. 그래서 그런지 루터의 종교개혁과 그 이후의 후속 종교개혁이 로마 가톨릭교회를 세찬 신학적 반성으로 몰아가지 못했다.

루터의 종교개혁이나 그 이후에 이어진 유럽의 후속적 종교개혁 운동이 로마 가톨릭교회를 근본적으로 바꾸는 데 실패했다는 것은 널리 알려져 있다. 로마 가톨릭교회의 직접적인 응답은 트리엔트 반종교개혁 공의회와 이그나티우스 로욜라Ignatius de Loyola, 1491-1556를 중심으로 한 예수회가 주도한 로마 가톨릭의 세계선교화운동이었다. 단 한 번도 로마 가톨릭교회는 루터와 그의 후계자들이 일으킨 유럽 종교개혁과 개신교 탄생에 대해 진지한 신학적 성찰이나 응답을 내놓지 않았다. 요한 바오로 2세 시절의 포괄적인 죄책선언(2000년 3월 12일 미사, "2,000년간의 과오에 대한 참회의 기도")에 나오는 고백에서 종교개혁 이후 탄생한 개신교에 대한 가톨릭의 무자비한 불관용을 지나가는 말로 언급한다. 교황과 다섯 명의 추기경, 그리고 두 명의 대주교들이 용서를 구한 로마 가톨릭의 죄들은 "신앙과 도덕이라는 이름으로, 진리를 추구한다는 명목으로…… 관용을 지키지 못하고, 사랑의 율법에 충실하지 못했음"과, "기독교도들의 단결을 해치고 형제에게 상처를 준 죄", "기독교인들이 유대인에게 저지른 죄", "권력욕에 사로잡혀 타 종교를 가진 그룹이나 민족의 권리를 짓밟고, 그들의 문화와 종교적인 전통을 멸시했던" 죄, '인종차별'과 '여성차별'에 대한 죄, "굶주리고 목마르고 헐벗은 이를 무시한" 죄였다. 제2차 바티칸 공의회가 개신교도를 형제라고 말한 점에 비추어 볼 때, "기독교도들의 단결을 해치고 형제에게 상처를 준 죄"가 아마도 종교개혁 시기의 가톨릭교회가 범한 허물을 가리키는 말일 것이다. 이 외에는 루터와 16세기 유럽 종교개혁을 촉발시킨 로마 가톨릭의 죄와 허물에 대해서 로마 가톨릭의 최고위 성직자단에서 나온 진지하고 체계적인 반성과 성찰은 없었다.

종교개혁 500주년을 맞은 2017년에도 한국 가톨릭교회는 물론이요 로마 교황청도 마르틴 루터의 종교개혁의 태동과 그 성과에 대한 의미 깊은 분석과 반성을 내놓지 않았다. 오히려 독일의 경우에는 독일 가톨릭과 루터교회의 교회통합이나 일치가 화급한 화두로 떠오른 상황이다. 로마 가톨릭교회는 끈질긴 생명력을 갖고 온 세상의 가장 밑바닥부터 가장 상층부까지 교회적 현존을 드러낸다. 오늘날 로마 가톨릭교회는 영국성공회와 루터교회를 필두로 군소 개신교 종파들을 다시 흡수통합할 듯한 기세로 교회일치적인 정치력을 발휘하고 있는 듯 보인다. 이런 상황에 비추어 우리 개신교도들 또한 종교개혁의 빛과 그림자를 동시에 성찰할 필요가 있다.[7] 오늘날은 로마 가톨릭은 어둠이요 개신교는 빛인 시대가 아니다. 신구교 각각이 엄청 변했다. 그중에서 로마 가톨릭교회가 더 많이 변화되었다. 그에 비해 개신교는 16세기 종교개혁자들의 주장을 원론적으로 되풀이하며 그들의 가르침을 교리로 경직화시켜 현대 세계가 주는 여러 도전에 대해 응전하는 데 다소 굼떴다. 개신교는 마르크스 이데올로기, 다윈의 진화론과 무신론, 물신숭배적 소비사회, 인간존엄에 대한 파괴적 과학기술, 그리고 무법천지로 가는 국가들의 국가주의를 제어하는 데 결정

---

[7] 가톨릭 평신도 신학자 김근수와, 김회권의 2017년 1월 16일 자 「경향신문」 대담기사 ("가난한 이들에 대한 사랑의 연대 통해 교회의 분열 회개해야")는 이런 시도였다. 두 사람은 가난한 자들에 대한 사랑의 연대를 통해 신구교가 하나 되어야 하며 신구교는 공히 이 사명을 수행하지 못한 점을 회개해야 한다고 주장한다. 두 사람은 종교개혁은 개신교의 승리축일이 아니라 그리스도의 몸 된 교회의 분열사건으로 볼 수 있다는 의견을 공유했다.

적으로 취약함을 드러냈다. 이 모든 쟁점에 대한 로마 가톨릭교회의 교황칙령이나 사목헌장은 정교하고 체계적이며 탄탄한 신학적 사유로 구축되어 있다. 그런데 개신교회는 이 로마 가톨릭교회의 대^對 사회적 응전을 전혀 따라가지 못하고 있다. 개신교는 국가주의적 대혼돈의 시대에 길을 잃고 국가 내 기관으로 전락하고 있다. 국가의 경계를 넘어 유효한 가르침을 부단히 반포하는 로마 가톨릭교회의 신학적 기상과 기풍은 이 세상문제에 대한 가톨릭교회의 사목적 참여가 얼마나 투철한지 여실히 보여준다. 오히려 개신교가 대 사회적 응전력에서는 한참 뒤떨어져 있는 형국이다. 부단히 스스로 변화됨으로써 세상을 변화시키는 종교개혁교회의 정체성 자체가 의심의 대상이 되고 있을 정도다.

 이 소중한 책이 저술된 지 거의 100년이 되어서야 우리나라에 알려지는 점은 심히 안타깝다. 이런 점에서 『개신교의 본질』은 철이 지난 상품 같은 면이 있다. 왜냐하면 로마 가톨릭의 제2차 바티칸 공의회의 여러 성찰과 문헌들, 그 이후에 등장한 사회적 지향성이 강한 교황들의 여러 사목헌장들, 특히 가난한 자들에 대한 사회정치적 관심과 사랑을 주창한 교황칙령들과 그것의 열매인 남미 해방신학의 태동을 보지 못한 때에 쓰였기 때문이다. 이 책은 오히려 1869년부터 1870년까지 교황 비오 9세에 의해 주최된 제1차 바티칸 공의회의 자신감 넘치는 가톨릭 분위기가 반세기 이상 유럽을 지배할 때 쓰여졌다. 그래서 그런지 로마 가톨릭 확산에 대한 경계심을 여러 군데서 드러낸다. 반면에 칼 하임은 그 이후에 발생된 신구교의 각각 다른 발전과 변화상을 추적할 기회를 갖지 못했기에 당연히 개신교의 약점을 예리하게 의식하는 어떤 문단도 추가할 수 없었다. 그래서 이 책이 교회의 통일성을 손상시키고 구원론으로 경직화된 개신교회의 신학적 약점을 반성적으로 고찰하지 않는 것은 당연하다.

역자는 이 책을 번역하고 난 후 개신교의 장점과, 제휴 가능한 로마 가톨릭교회의 장점이 무엇일까 하는 아주 역설적인 착상에 빠졌다. 개신교가 제2차 바티칸 공의회 이후의 로마 가톨릭교회로부터 지금 배울 것은 무엇일까? 그것은 아마도 이 세상을 그리스도의 통치 아래 수렴시키고 복속시키려는 스콜라 신학적 전체성일 것이다. 온 세상 모두를 다 통치하시는 주 예수 그리스도의 교회답게 개신교는 개교회주의, 타계주의적 개인구원론, 예정설 등에만 집착하지 말고 온 세상 만유를 다 품고 통치하고 구원하시려는 삼위일체 하나님의 마음에 공감하는 복음의 교회가 되어야 하지 않을까? 가난한 자들, 죽어 가는 생태계, 불의와 탐욕으로 망가진 인류애적 국제친교를 회복하는 일, 곧 하나님나라의 대의에 복무하는 것이 개신교의 종교개혁의 원목적이 아니었을까? 성령의 권능에 사로잡혀 계급과 계층, 민족과 인종, 성의 경계를 무너뜨리며 파죽지세로 하나님나라를 증거했던 사도행전의 교회로 되돌아가는 것이 16세기 종교개혁의 목적이었을 것이다. 『개신교의 본질』은 복음의 원음을 재생시켜 줌으로써 신구교 분열시대를 넘어 초대교회의 총체적 역동성을 되살릴 수 있는 길이 무엇인지 생각하도록 영감을 준다.

김회권

서문

이 책은 1924년 여름, 튀빙엔 대학교에서 열린 공개강좌에서 비롯되었다. 그 강좌의 의도는 다른 사람들에 의해 전혀 표명된 적이 없는 어떤 새로운 사상을 강의하려는 것이 아니었다. 그보다는 오히려, 최근 교세가 신장되고 있는 가톨릭과의 지속적인 논쟁 속에서 점점 더 분명하게 드러나는 개신교도들의 공통 신념을 한번 일목요연하게 정리해 보려는 시도였다. 이 책은 특히 칼 홀 Karl Holl에 의해 새롭게 활기를 띠게 된 루터 연구의 결과들, 프리드리히 하일러 Friedrich Heiler의 가톨릭교회의 종교사적 분석, 그리고 개신교의 본질에 대한 새로운 교리적 성찰을 제시한 프리드리히 고가르텐 Friedrich Gogarten과 에밀 브루너 Emil Brunner의 연구를 참조했다.

1925년 3월 튀빙엔에서
칼 하임

I

가톨릭교회의 매력

우리 시대는 로마제국 말기와 비교되곤 한다. 그때처럼 지금도 삶의 모든 분야에서 토대가 흔들리고 있다는 인상을 주기 때문이다. 요즘 들어 피안에 존재하는 어떤 초월적인 '외부자'에 대한 갈망, 그리고 현실세계 너머에 있는 영원한 실재들에 대한 아주 원초적인 갈망이 생겨나고 있다. 아직은 비록 드물고 초보 단계이긴 하지만, 어떤 형태로든 초월적 현실들을 전달하고자 하는 사람들의 욕구가 증대하고 있다. 이전에는 '기적'과 '강신'降神 현상들에 대해 계몽주의적 정신으로 비웃던 사람들이 이제는 매우 진지하게 영매적靈媒的인 증상들과 '유사심리학적' 현상들 및 초감각적인 힘들을 연구하며, 야간 심령술 집회에 참여하여 지시받은 대로 행하는 실습에도 참여한다.

'어떻게 하면 보다 높은 세계의 인식에 도달할까?' 이것이 우리 시대의 강렬한 관심사다. 사람들은 지하의 뜨거운 샘근원과 그 깊은 곳에서 분출하는 격류를 원하고 있다. '영혼의 피안'에 닿기를 갈망하며 사방으로부터 구멍을 뚫어서라도 심연深淵에 이르고자 분투하는 것처럼 보인다.

매우 괴상한 양상을 띠고 있긴 하지만, 어느 때보다 더욱 심하게 신구교新舊教 간의 종파문제가 사람들의 마음을 동요시키는 것도 종교에 대해 이렇듯 새롭게 일깨워진 욕구와 관계가 있다. 최근 가톨릭'에서 개신교로 교적을 옮기는 개종이 많이 일어났다. 다른 한편으로, '우리의 내적 공허는 피안의 세계를 열 수 있는 신비한 매개물을 소유한 사제 중심의 거대한 가톨릭교회로부터 분리되었기 때문이 아닐까?'라는 의문에 직면해 있는 개신교도들도 많다.

앞으로 전개될 논의들의 초점은 가톨릭과 개신교라는 신구교 싸움에 끼어들려는 데 있지 않다. 어느 한쪽의 신앙고백으로 선동하거나, 누군가의 마음을 움직여 어떤 특정한 결정을 하도록 이끌려는 것도 아니다. 단지 모든 진지한 결정에 필요한 사려 분별을 하고, 세계관과 인생관의 궁극적인 대립점들에 대해 깊이 생각해 보도록 자극하려는 것일 뿐이다.

먼저 오늘날 우리 모두를 그토록 진지하게, '가톨릭교회로 돌아가는 것이 차라리 더 낫지 않을까?'라는 질문 앞에 서게 하는 이유들에 대해 솔직하게 말해 보려고 한다. 그런 다음, '우리는 가톨릭교회에 대해 말할 수 없이 매력을 느끼고 있는데 왜 돌아갈 결정을 할 수 없는 것일까?'라는 문제를 제기하려고 한다. '만일 신구교가 다시 합쳐진다면 그것이 얼마나 멋진 일일지 잘 알고 있음에도 불구하고, 왜 우리 독일인들은 고통스러운 분열 상태를 유지해야만 할까?' 이 질문에 답하기 위해서는 무엇보다도 분열 발생의 역사를 먼저 살펴보아야 한다. 이러한 분열이 역사적으로 실제 필요불가결했는지, 피할 수도 있었는지를 물어야 하기 때문이다. 그리고 나서야 그 사실들에 기초하여 '도대체 프로테스탄트적 경건성과 인생관의 본질은 무엇이며, 이것은 실제생활과 문화의 모든 영역에서 어떤 영향력을 발휘하는가?'라는 등의 질문을 할 수 있다.

프로테스탄트 신앙의 경건성은 바로 그 거대한 가톨릭교회를 모체로 하여 성장했다. 그러므로 우선 이 모체를 고찰하여, 무엇이 인간의 마음을 그토록 강력하게 가톨릭교회로 끌어당기는지 해명하는 것은 불가피한 일이다. 가톨릭교회 안에 있는 이러한 흡인력을 명료하게 느끼며 지지할 만한 모든 이유를 알고 있으면서도 이 이끌림에 내적 저항감을 갖는 자만이 프로테스탄티즘이 무엇인지를 아는 사람이다. 프로테스탄트 지도자들은 모두 가톨릭의 매력을 충분하게 느꼈던 사람들이며, 가톨릭교회의 강력한 힘에 영향을 받으면서도 투쟁을 통해 거기서 벗어났다. 그러므로 프로테스탄트 교회의 경건성이란, 제사장 중심 교회라는 모체에서 생장했으나 이후 어떤 특정한 이유들 때문에 고향을 떠나지 않으면 안 되었던 운동이다. 가톨릭교회에 대한 올바른 이해가 있어야만 개신교의 경건성이 이해될 수 있다.

최근 어느 큰 집회에서 다음과 같은 말이 언급되었다. "'아, 우리 모두가 다시 가톨릭이 된다면!'이라고 절규하는 격렬한 감정이 지금 독일 전체에 흐르고 있습니다." 실제로 이러한 생각이 널리 퍼진 분위기다. 독일 내의 종교적 상황은 확실히 가톨릭의 흡인력이 득세하는 것처럼 보인다. 개신교회는 죽어 가고 있으며, 영적으로 가장 활발했던 지역교회들은 인지학적 운동[2]에 의해 쇠락하고 있다. 교회의 종교적 활력의 무게중심이 점점 더 소수종파들에게로 옮겨지고 있다. 그리하여 개신교회는 하나의 밀알이 양쪽 맷돌에 의해 부서지듯이 두 측면에서 가해지는 힘들에 의해 부서진다. 남겨진 나머지도 무수한 신학적 방향들과 교회적 당파들로 분열된다. 왜 우리는 이러한 서

슬픈 분열과 해체 과정을 여전히 바라보아야만 하는가? 이전에 아버지 집을 떠나 지금 이방 땅에서 고향을 잃은 채 방황하고 있는 탕자를 다시 맞아들이기 위해 유일한 거룩한 교회 una sancta ecclesia의 문은 활짝 열려 있는데 말이다. 금세기에 가톨릭으로 개종한 개종자들 중 한 사람인 역사가 알베르트 폰 루빌 Albert von Ruville이 쓴 신앙고백록의 제목은 『거룩한 교회로 돌아오라!』 Zurück zur heiligen Kirche였다.[3]

왜 우리가 이러한 유혹적인 권유를 따를 수 없는지를 먼저 설명하지 않고는, 오늘날 개신교에 대해서 말할 수 없다. 왜 우리는 모^母교회[4]의 열린 품속으로 돌아갈 수 없는가? 정치적으로뿐만 아니라 종교적으로도 다시 통일된 독일에 대해 강렬한 소망을 갖고 있음에도 불구하고, 왜 우리는 그렇게 할 수 없는 것일까? 예를 들면 학교문제와 같이 정치적이고 문화적인 많은 문제들의 경우, 오늘날 독일에서 강력한 대^大교회[5]의 정치적 원조 없이는 해결에 어려움을 겪을 것임에도 불구하고, 왜 우리는 신구교가 연합된 대^大교회를 만들 수 없을까? 왜 우리는 돌아갈 수 없는가? 왜 우리는 우리의 뒤에 놓인 다리들을 불태워 버렸는가? 이것은 설명을 필요로 한다. 그리고 이 설명 자체가 이미 개신교의 본질이 무엇인지에 대한 매우 핵심적인 답변이다. 이 점이 바로 다양한 모습으로 전개된 개신교적 경건성의 공통점이기 때문이다. 우리 프로테스탄트들은 다른 많은 부분에서는 아무리 다를지라도, 하나님께 이르기 위해 가톨릭교회가 제시하는 그 길은 걸을 수 없는 공통의 운명을 지니고 있다. 우리 프로테스탄트들은 현재의 종교적 싸움에서 피고들이다. 오늘날 물질주의적인 시대사조들에 대항하려면 매우 필요한, 교회의 내적 일치를 깨뜨렸다는 정죄를 받고 있다. 우리는 독일 종교의 안정적 발전을 어지럽혔다는 말을 듣고 있다. 교회에 분쟁을 끌어들였다는 것이다. 이것은 불가피했을까? 많은 고귀한 영혼들이 교회의 일치를 해치지 않기 위해 사랑으로 그들의 개인적 신념을 철회했던 것처럼, 우리도 그렇게 굴복할 수는 없었던 것일까?

확실히 오늘날은 낭만주의 시대에 그랬던 것처럼 가톨릭교회의 위대함과 장엄함에 대해 완전히 새로운 자각이 일어나고 있다. 어느 시대든 한 시대를 지배하는 공기, 즉 어느 누구도 그 불가사의한 영향력에서 빠져나올 수 없게 하는 영적 기류들이 있다. 그것은, 그곳을 지나가는 사람이면 누구에게나 그 자기력이 감지되는 자장권과 비슷하다. 모든 사람이 느끼고 있으며 어떤 방식으로든 우리 모두에게 영향을 미치는 그런 기류가 바로 지금은 가톨릭이 대세라는 인상을 웅변한다. '지금은 가톨릭의 시대다'라고 되풀이하여 언급될 때마다 증대되는 가톨릭의 영향력이 감지된다. 이러한 시대 분위기를 특징적으로 보여주는 몇 권의 책을 열거하면 이렇다. 1913년 독일어로 번역 출간된, 위대한 영국인 개종자 뉴먼^{John Henry Newman} 추기경[6]의 『나의 종교적 정신사』,^{Apologia pro Vita Sua} 하일러의 『가톨릭의 본질』,^{Das Wesen des Katholizismus} 로제거^{Peter Rosegger}[7]의 고백록 『나의 천국』,^{Mein Himmelreich} 헤르만 바르^{Hermann Bahr}의 『승천』,^{Himmelfahrt}[8] 푀르스터^{Fr. W. Förster}의 『권위와 자유』,^{Autorität und Freiheit} 게르트루트 폰 쳇슈비츠^{Gertrud von Zezschwitz}의 『왜 가톨릭인가』^{Warum katholisch?} 등. 이러한 책들에 표현되어 있는 가톨릭교회에 대해 새롭게 일깨워진 향수는 무엇이며 사람들이 느끼는 그 향수의 실체는 무엇일까? 여기에는 일련의 이유가 있는데, 이런 가톨릭으로의 개종자들이 스스로 말하는 것에 의거하여 그 이유들을 밝혀야만 한다.

가톨릭교회에 대한 현대의 향수들

첫째, 절대주의에 대한 복고주의적인 향수

오늘날 도덕과 종교의 중심 영역마저 장악해 버린 상대주의, 그리고 이전에는 정신생활의 확고한 근거로 여겨졌던 모든 절대적 기둥들을 한낱 떠도는 빙하로 격하시킨 역사주의가, 아마도 과거에는 알지 못했던 어떤 향수를 낳았다고 할 수 있다. 즉 우리를 꽉 감싸 주는 어떤 객관적인 것에 대한 갈망, '영혼의 고향' 혹은 우리를 지탱해 주는 어떤 것, 우리가 스스로 붙잡지 않아도 우리를 붙들어 주며 그 위에서 긴장 없이 편안히 쉴 수 있는 반석과 같은 어떤 것에 대한 무한한 갈망이 바로 그것이다. 이러한 상황에서 권위에 대한 요구가 다시 일깨워지게 되었다. 오스트리아의 작가 헤르만 바르의 『승천』에 나오는 백작은 현대 지식과 생활의 모든 영역을 섭렵했고, 오스트리아 비인의 프로이트Sigmund Freud 밑에서 공부했으며, 바이힝거Hans Vaihinger의 '무엇이 마치 ······인 것처럼Als...ob 철학'[9]을 연구하고, 런던에서 신지학자들과 함께 수학하였다. 그런데 모든 것이 그에게는 상대주의로 용해되어 버린다. 기차를 타고 가던 그는 밖으로 보이는 들판에서 일하고 있는 농부들을 부러워한다. 어쨌든 그 농부들은 모두 자신들의 일상생활을 통합시키는 하나의 중심을 갖고 있었기 때문이다. 농부들은 그들이 무엇 때문에 존재하는지를 안다. 그러나 백작은 더 이상 어떠한 중심점도 갖고 있지 못하다. 그는 이러한 영혼의 실향감 속에서 안식처를 구하다가, 가톨릭교회의 고해석에 푹 쓰러짐으로써 마침내 안식을 찾는다.

에를랑겐의 유명한 신학자의 딸이자 여러 해 동안 루터교 부목사였다가 뉴먼 추기경의 자서전에 영향을 받아 50세에 가톨릭교도가 된 게르트루트 폰 쳇슈비츠는 다음과 같이 쓰고 있다. "온갖 종류의 종교적 세계관을 포함하고 있는 프로테스탄티즘의 혼란과 모순투성이에 넌더리가 난 사람은 가톨릭교회의 통일성 속에서 쉼을 얻는다. 더 나아가 이 위대한 신앙공동체, 예배 및 기도 공동체는 프로테스탄트 교회의 분열과 결핍을 고통스럽게 회고하게 만든다."[10]

둘째, 신비주의적 초월에 대한 향수

그러나 헤르만 바르의 『승천』에 나오는 백작처럼, 우리 시대의 상대주의로 인해 애늙은이가 되어 버린 청년들만이 지쳐서 모교회의 품에 안기는 것은 아니다. 또한 게르트루트 폰 쳇슈비츠처럼 고통을 겪은 사람들만이 세계의 폭풍으로부터 이러한 고요한 피난처로 돌아가는 것도 아니다. 놀랍게도 젊고 활기차며 낙담할 줄 모르는 사람들도 가톨릭교회의 매력에 굴복한다. 그들에게는 또 다른 이유가 있다. 적어도 객관성에 대한 갈망만큼이나 강렬한 신비적 체험에 대한 뜨거운 열망이 있다. 수십 년간 해온 과학적 관찰과 실험과 측정, 장서들의 먼지 속에 묻혀 있는 역사적 문헌 연구, 더 나아가 과거의 죽은 화석 잔여물의 발굴과 순수인식론 및 칸트 철학에 기쁨을 느끼던 철학적 시대의 발굴 등으로 우리는 기진맥진해 있다. 이 모든 현상적인 세계에 대한 고된 연구로 지쳐 있는 우리 모두는 생명에 대한 원시적 갈망, 즉 우리를 모든 힘겨운 성찰로부터 해방시켜 주는 어떤 원시적인 생명력에 대한 갈망에 사로잡혀 있다. 우리는 낭만주의자들이 갈망했던 저 우주에 대한 직접적 앎을 다시금 갈망하고 있는지도 모른다. 슐라이어마허 Friedrich Schleiermacher는 종교에 대한 강의들에서 그것에 대해 이야기한다. "그러면 여러분은 직접 무한한 세계의 품속에 있게 된다. 여러분은 이 순간 그 무한한 세계의 영혼이다. 여러분 모두 그 세계의 힘들과 무한한 생명을 여러분 자신의 것처럼 느끼고 있기 때문이다. 모든 것이 아직 각자의 자리로 돌아가기 이전의 의식과 대상의 상호 합류와 일치, 이것이 내가 의미하는 바이다. 여러분이 매번 체험하는 바로 그 순간이다. 혹은 여러분은 그 순간을 체험해 보지 못했을 수도 있다. 여러분의 생명현상이란 단지 그 순간의 끊임없는 중지와 회귀의 결과일 뿐이기 때문이다."

만일 초월적인 세계를 직접적으로 체험해 보고자 하는 이런 신비적 갈망을 품고, 향불이 기도의 구름처럼 성체를 향해 피어오르는 가톨릭교회의 어스름 속으로 들어선다면, 우리는 여기에서 우리의 갈망이 채워질 수 있을 것처럼 느낄 것이다. 헤르만 바르의 소설을 보면, 현대철학과 자연과학에 의해 영혼이 지친 백작은, 성당에서 기도하는 사람들을 보고 놀라움과 감동과 함께 질투라는 매우 특이한 감정에 사로잡힌다. 어스름한 불빛 속에서 그는 교회의 내부 공간이 변했음을 발견한다. "모든 부분을 조화시키는 그토록 완벽한 균형 때문에 밝은 대낮에는 보이지 않았던 공간의 크기가 그때에야 처음으로 드러나게 되었다. 또한 다른 때 같으면 군중이 아무리 빽빽하게 들어갔다 하더라도 그곳을 가득 채울 수는 없었을 텐데, 그때에는 빈 공간에서 기도하느라 꼼짝하지 않는 네다섯 사람이 엄청난 인상을 주었다. 그리고 이제 위쪽 창문들에서 들어오는 마지막 광채가 점점 희미해져 모든 것이 밤 속으로 가라앉았을 때는, 성모 마리아를 비추고 있는 빛의 떨리는 숨결 외에는 아무것도 남지 않게 되었다. 성모 마리아 앞에는 높다랗고 굵은 양초가 자욱한 연기를 내면서 안으로 타들어 가고, 솟아올랐다가 곧 다시 가라앉으면서, 마치 목을 그르렁거리며 죽어 가는 듯한 희미한 빛을 내뿜고 있었다." 그는 철학도 엄밀한 과학적 탐구도 그에게 가져다줄 수 없었던 것을 이 신비한 어스름 빛 속에서 체험했던 것이다.

그렇다고 해서 인간의 정신에 대한 가톨릭교회의 지배력이 외관, 즉 화려한 건축물이나 미사의식, 제대祭臺 행렬, 성지, 교황권 등에 의존하고 있는 것은 아니다. 혼란스러울 정도로 수많은 외적 형식을 갖추고, 엄청나게 풍성한 가지를 내뻗고 있는 이 기관은 영혼을 가지고 있다. 모든 다채로운 식물들이 자라고 있는 지구가 저 작열하는 태양의 잔여물인 지구 내부의 끓는 핵을 통해 신비로운 방식으로 자양분을 공급받듯이, 가톨릭교회의 거대한 유기적 조직 또한 불에 녹아 있는 핵이 그 안에 있다. 지구는 그 태양열 덩어리에서 떨어져 나왔으며, 그 핵이 없었다면 우리의 행성은 태양빛이 유입되었다 할지라도 오래전에 소멸되었을 것이다! 하일러[11]가 『가톨릭의 본질』에서 되풀이하여 그것을 지적한 것은 당연한 일이다. 그것은 플로티누스Plotinus[12]가 말한 신비적인 에로스[13]로서, 디오니시우스Dionysius Areopagita[14] 와 아우구스티누스Augustin 이래로 가톨릭교회를 지탱하는 핵심이다. 교회사 전체를 통해 현재에 이르기까지, 버나드 끌레르보Bernhard von Clairvaux[15]로부터 에크하르트Meister Eckhart[16] 수쏘Henry Suso[17] 타울러Johannes

타울러Tauler [18] 토마스 아 켐피스Thomas à Kempis 시에나의 카타리나,Katharina von Siena 그리고 가장 최근의 영성가인 루시 크리스틴Lucie Christine에 이르기까지 일련의 신비주의적 남녀 영성가들이 반짝이는 점들의 체인처럼 이어져 있다. 이미지 언어, 축일, 성사들을 갖춘 그 거대한 교회의 기구가 그들 모두에게는 단지 천국으로 인도하는 긴 사닥다리일 뿐이었다. 즉 하나님을 향한 영혼의 순례로서, 궁극적으로 모든 가시적인 것을 넘어서 모든 것의 피안에 존재하는 저 상태에 도달하려는 하나의 목적을 가지고 있었다. 페레 폴랭Père Augustin-François Poulain은 일반인들의 단순한 신앙생활을 지구를 둘러싸고 있는 공기와 비교한다.[19] 새들은 그 속에서 그들의 비상력에 따라 대기권의 경계선까지 날아오를 수 있다. 그러나 신비가의 영혼이 자신의 목적에 도달했을 때 침잠할 수 있는 그 무한한 공간은, 지구의 대기권 너머에 있다. 세상의 소음으로부터 멀리 떨어져 피조세계가 중단되는 그 영역으로 들어가는 것이다. "천상적인 황홀경과 성스러운 단순함에 잠긴 채, 영혼은 주님이 부어주시는 은총의 물을 들이마신다"라고 테레사Saint Teresa of Avila [20]는 말한다. 정신력들은 모두 잠들어 있지만, 영성의 봉우리apex mentis는 일상적인 정신생활의 어두운 운무로부터 우뚝 솟아오른다. 작은 불꽃scintilla이 불붙어 활활 타오른다.[21] 이러한 황홀경, 이러한 하나님에의 관조적인 몰입은 오늘날에도 여전히 가톨릭 경건성의 핵심이다. 비록 실제로는 신의 지극한 은총을 입은 소수의 신비적 영혼들만이 그것에 도달할 수 있을지라도(수도원 소속 성당의 성단소에 서서 자기 자신과 모든 일을 망각했던 수쏘처럼), 모든 평범하고 경건한 예배자들도 미사의 절정, 즉 초월적인 성체로의 변형이 일어나는 그 신비한 순간에, 음악마저 침묵하고 만인이 무릎을 꿇고, 그 자신 또한 모든 세세한 것에서 비껴나며 우리 실존의 모든 음조가 하나의 강력한 복합음으로 들려지는 바로 그 고매한 영적 변형의 경지에까지 이를 수 있기를 소망하는 것이다.

신비적 연합 unio mystica 이라고 불리는 이 초월적인 하나님 몰입 체험이 로마 가톨릭교회의 비밀이다. 이것이 신비한 매력 mysterium fascinosum 이다. 가톨릭교회의 예배 의식 전체, 또한 수도사들의 완전한 세상 포기와 사랑이, 불타는 중심점을 돌 듯이 그 주위를 돈다. 신비적 연합이라는 이 가톨릭의 매력이 오늘날의 신비주의적 갈망, 즉 장엄하고 강렬한 체험에 대한 갈증을 채워 주는 것이다.

셋째, 가톨릭교회의 예배 형식에 대한 예술적 향수

여기에 세 번째 매력이 첨가된다. 우리 시대 전체에 흐르고 있는 신비주의의 물결은, 우리를 가톨릭교회의 품으로 되돌아가게 하는 것만으로는 아직 만족하지 못하는 듯하다. 동일한 신비주의적 욕구가 있던 100년 전의 낭만주의자들 역시 부분적으로는 노발리스 Novalis [22]의 경우처럼 최소한 내적으로는 가톨릭교회로 돌아갔다. 다른 사람들은 횔덜린 Friedrich Hölderlin [23] 처럼 그리스로 달아났다. 그러나 수천 년의 오랜 전통을 지닌 사도적 계승의 권위와 그 교회의 신비적인 영성에 세 번째 매력이 첨가된다. 이것이 현대인에게는 매우 특별한 감흥을 준다. 가톨릭 정신이 우리에게 호소하는 세 번째 매력은 중세적인 양식이라고 일컬어지는 예술적 형식이다. 삶의 모든 가치의 상대화가 절대적인 것에 대한 갈망을 유례없을 정도로 자극했던 것처럼, 로코코 양식[24]과 나폴레옹 1세 제정시대 양식이 끝난 1870/71년 이래로 최악에 처한 서양문화의 이 늦가을에 특징적으로 나타난 무형식성은, 모든 인간이 출생과 더불어 전통적인 예술양식과 생활양식 속으로 자연스럽게 들어갔던 이전 시대에서는 알지 못했던 형식과 양식에 대한 향수를 불러일으켰던 것이다. 새롭게 일깨워진 이러한 형식에 대한 갈증은 개신교회의 성례전 운동과 인지학자들의 예배 의식, 청년 도보여행 장려회인 반더포겔Wandervogel의 복장에서도 나타난다. 표현주의[25]란 단지 우리 내부에서 물결치고 끓어오르는 것을 표현할 형식과 양식과 언어를 찾기 위해 모든 경계를 부숴 버리려는 이러한 욕구에 대한 병적인 표출이었을 뿐이다.

영혼을 표현하는 데 형식을 확고하게 갈망하는 세대에게 가톨릭 예배 의식은 강력한 매력을 준다. 페터 로제거는 그의 책 『나의 천국』에서 가톨릭교회의 관점에서 볼 때 당연히 이단으로 단죄될, 하나님, 그리스도, 불멸성, 성령에 대한 자유주의적이고 합리주의적인 신앙고백 후에 가톨릭교회의 교회력을 묘사했다. 거기에는 가톨릭 예배 의식의 따뜻한 정서적 가치들에 대한 현대 예술가의 극진한 사랑이 드러나 있다. 심야 미사에 대한 그의 묘사는 감동적이다. 교회 측면 골마루에는 말구유와 성聖 가족 형상물이 붉은 현등의 불빛 속에 있다. 한밤중 모든 종이 울리고, 양초들은 은기구와 금빛 액자와 성상의 예복에 반사되어 제단으로부터 빛을 발한다. 자정예배가 시작된다. 처음에는 사제들의 연모의 노래, 화음을 이루는 부드러운 제단의 작은 종의 울림소리가 밤 속으로 울려 퍼진다. 그다음으로 전체 회중의 노래 "위대하신 하나님, 우리가 당신을 찬양합니다"가 들려온다. 반짝

거리는 불빛과 푸른 향불 구름 속에서 제단 위와 벽에 걸린 모든 형상이 마치 살아나올 것만 같다. "이 기적의 밤에는 굳은 마음조차 부드러워져 구세주의 어린 시절에 대해서는 울 수 없는 사람일지라도, 행복하게도 아직 믿음이 있었던, 사라져 버린 자신의 어린 시절을 기억하며 울게 된다."[26]

혹은 부활절 전 주 예배 의식의 절정인 성금요일의 십자가 경배를 생각해 보라. 십자가는 바닥에 놓여 있고, "보라. 여기 세상의 구주가 달리셨던 십자가 나무가 있도다"라는 외침과 함께, 나무를 덮고 있던 검은 수건이 장엄하게 벗겨지며 회중에게 모습을 드러낸다. 일단의 성직자들이 십자가 앞에 엎드려 상흔에 입 맞춘다. 그다음 숨죽인 정적이 지난 후, 성당의 어두운 홀에 빽빽하게 밀집해 있는 수천 명의 가슴으로부터 더 이상 억제할 수 없는 감사의 격류처럼 회중의 노래가 터져 나온다. "오, 피와 상처가 가득하신 주여."[27]

로마노 구아르디니[Romano Guardini 28]가 『예배 의식의 정신』[Vom Geist der Liturgie]이라는 그의 책에서 다음과 같이 묘사한 것은 사실이다. "교회가 교회력에 따라 5막으로 상연하는 이 '신비적 드라마'는 놀랍고도 성스러운 극이다. 다 자란 어른도 다시 한 번 어린아이가 되어 동작과 윤무와 노래로 그들의 영혼 속에 살아 있는 것을 표현하며, 깊은 환희 속에서 이러한 표현을 즐긴다. 일상에서 벗어난 인간 영혼의 신비스러운 유년의 삶이 여기에서 드러난다."[29]

그러므로 가톨릭교회의 예배 의식은 표현주의 속에서 거침없이 드러났던 현세대의 깊은 욕구를 만족시킨다. 이것은 우리의 청년운동[30] 전체를 관통하고 있는 형식에 대한 욕구, 영혼의 물질적 표현으로서의 예술양식에 대한 욕구다.

넷째, 가톨릭교회의 총체적인 보편주의에 대한 향수

가톨릭교회가 현대인들에게 미치는 영향력을 설명하려면, 마지막으로 한 가지를 더 언급해야 한다. 우리가 소유했던 마지막 거대한 세계관인 100년 전의 계몽주의적 합리주의는 단순화를 통해서, 즉 모든 도덕적-종교적 사상들을 아주 단순하고도 즉각적인 두세 가지 명백한 이성적 진리들(예를 들어 쉴러Friedrich Schiller의 "믿음의 세 가지 말"을 생각해 보라[31])로 환원시킴으로써 진리를 추구했다. 그러는 사이, 저 합리주의적 단순화로 후퇴했던 것처럼 이번에는 대립되는 방식, 즉 역사적·심리적 공감을 통해 정신적인 모든 것을 이해하여 세계비밀에 접근하고자 하는 시대가 도래했다. 카이저링Hermann Keyserling의 여행일기[32]는 그것에 대한 전형적인 기록이다. 여기에서는 인류의 정신적 자산 전체를 보편적으로 탐구하여 모든 문화의 정신적 상태를 공감하고 이해하는 방식으로 진리를 추구한다. 가톨릭교회는 보편주의에 대한 이러한 열망, 정신적인 현존의 다면적 이해에 대한 열망에 최고도로 응답한다. 가톨릭의 본질에 대한 하일러의 책이 이것을 훌륭하게 묘사해 놓았다. 이 책은 그 전체 구상과 관점을 통해 이미 가톨릭교회를 평가할 때 나타나는 특징적인 변화를 보여준다. 가령 이전에 칼 하제Karl Hase[33]가 프로테스탄트 관점으로 로마 가톨릭을 논박한 책자를 썼던 시기에는, 종교사의 모든 단계가 로마 교회에 잔존해 있음을 증명한다면 그것은 가톨릭교회에 치명타가 될 것이라고 믿어졌다. 예를 들어 성인의 그림들을 물에 녹여 알약처럼 복용하는 풍습,

원시적 정령숭배의 마나^{mana} 관념들, 여신 추구 본능, 풍성한 푸른 가운을 두르고 성모의 예배에 나타나는 이시스와 아스다롯 숭배 등은 가톨릭교회의 미신적 요소를 드러내는 치명적 약점들이었다. 종교연구가들이 다음의 사실들을 보여주었을 때 그것은 가톨릭교회에 대한 치명적인 비판으로 보였다. 고대의 수호신들이 성인숭배 속에 잔존해 있다거나(맥주 제조업자들의 수호성인인 밀라노의 베드로, 포병들의 수호성녀인 바바라, 결혼하려는 사람들의 수호성인인 파두아의 성 안토니우스), 헬레니즘의 혼합주의 종교의 밀교 의식과 아티스^{Attis} [34] 미트라스^{Mithras} [35] 세라피스^{Serapis} [36] 숭배가 교회의 성사 의식들에 새로운 형태로 재현되어 있다는 지적은 가톨릭교회를 향한 신랄한 공격이었다. 이전에는 이러한 연관성들이 가톨릭교회에 대한 비판으로 느껴졌다. 하지만 지금은 분위기가 완전히 급변했다. 사람들은 자연종교의 원시적인 마술에서부터 엄격한 유대교적 율법종교 및 신비가의 섬세한 영혼서약에 이르기까지 인간의 총체적인 종교적 추구를 가톨릭교회가 포용하고 있다는 바로 그 점에서 가톨릭교회의 위대함을 발견한다. 가톨릭교회는 신을 찾는 모든 교육 수준의 인간에게 어머니처럼 몸을 구푸려 가시적인 것을 통해 그를 불가시적인 세계로 끌어올린다$^{per\ visibilia\ ad\ invisibilia}$는 것이다. 프로테스탄트가 인간 속에 있는 많은 것을 부정하는 반면, 가톨릭교회는 인간 속에 있는 모든 것을 긍정한다는 것이다. 즉 가톨릭은 인간 전체를 긍정한다는 것이다. 사람들은 옛날 아그리파$^{Marcus\ Vipsanius\ Agrippa}$ [37]가 고대 세계의 모든 신을 수용했던 로마의 만신전을 604년 교황 다마수스^{Damasus}가 성모 마리아와 모든 순교자에게 봉헌했던 것에서[38] 의미 깊은 상징을 본다.

가톨릭의 위대한 현대주의자 조지 티렐George Tyrrell은 다음과 같이 말한다. "가톨릭교회를 그렇게 자주 비난받게 하는 것들, 즉 타 종교들과 유대교와 그리스-로마와 이집트의 이교적 세계 및 그것과 관련된 문화들과의 여러 형태의 접촉, 그것을 우리는 가톨릭교회의 가장 큰 공로와 장점 중 하나로 여긴다. 우리는 거대한 생명나무의 수액이 인류의 숨겨진 뿌리들로부터 어떻게 우리의 혈관 속으로 솟아오르는지 기쁘게 감지한다. 이러한 느낌, 궁극적 의미에서 세계의 모든 종교와 하나임을 아는 것……, 이것이 가톨릭적인 것이다."³⁹

요약

위의 내용을 간단히 다시 살펴보자. 지금까지 우리는 가톨릭이 왜 현세대에게 그토록 저항하기 어려운 매력을 주는지를 설명했다. 그것은 오늘날 우리가 경험하고 있는 상대주의 시대에 모든 사람이 마음으로 가장 깊이 동경하는 객관성에 대한 갈증을 채워 준다. 또한 신비적 연합에 대한 갈망, 체험과 직접성에 대한 갈망을 채워 준다. 이러한 갈망은 몇 세기에 걸친 엄밀한 자연과학과 역사적 연구로 인해 목마르게 된 세대에게는 더 깊이 느껴지는 것이다. 또한 그것은 형식과 양식, 예배 의식에 대한 굶주림을 충족시킨다. 그리고 마지막으로 가톨릭은, 모든 시대의 정신적 자산을 경외심에 가득 차 향유하며 모든 꽃으로부터 꿀을 흡입하려는 현세대의 보편주의 열망과도 일치한다.

가톨릭의 이러한 매력을 충분히 느낄 때, 우리는 루터와 같이 가톨릭교회의 완전한 영향력 밑에 있었던 사람들이 매우 고통스럽게 그 교회로부터 탈출한다는 것이 무슨 의미인지 설명할 수 있다. 이러한 사람들이 그렇게 풍요로운 정신적 고향을 떠나야만 했던 이유들이라면 얼마나 강력했어야 했겠는가!

II

교회 분열의 원인

지금까지의 모든 논의는 다음 질문으로 이어진다. 종교적인 면에서도 신구교가 다시 하나 된다면 얼마나 멋질지 우리 모두 느끼고 있고, 특히 오늘날 가톨릭교회의 매력을 강하게 느끼고 있음에도 우리 독일 국민들은 왜 가톨릭과 개신교의 고통스러운 분열을 유지해야만 할까? 이 질문에 답하려면 맨 먼저 분열의 발생사를 고찰해야 한다. 그것은 필연적이었는가? 피할 수는 없었는가? 그것은 울타리를 헤치고 나온 순전히 인간들에 의해 야기된 일이었는가, 아니면 그 속에 어떤 신적 필연성이 있었는가?

루터의 질문

신구교는 어떻게 분열에 이르게 되었는가? 그 과정은 잘 알려져 있다. 역사연구에 의해 명백히 밝혀진 사실들을 단지 상기시키기만 하면 된다. 교회의 충실한 아들이었던 한 수도사는, 오늘날에도 어떤 가톨릭 신자이든 알게 된다면 매우 고통스러워할 폐단에 대해 교회지도층에게 주의를 환기시키지 않을 수 없었다. 처음에 루터는 교회의 교리를 공격하지 않았다. 또한 교회제도를 개혁하려고도 하지 않았다. 교회법이 정한 참회 형벌을, 일정한 공로적 업적들에 근거하여 면죄해 주는 교회의 면죄부 제도를 완전히 폐지하려고 한 것도 아니었다. 단지 당시에 만연해 있던 끔찍한 면죄부 악용에 저항했던 것이다. 면죄부가 교회의 고해성사 정신을 아주 심각하게 훼손했기 때문이다. 루터가 강령을 써 붙이기에 앞서 마이센, 에르푸르트, 자이츠, 메르제부르크의 주교들과 마인츠의 대주교에게 보낸 편지들을 읽어 보면, 교회지도자들이 이러한 실상을 알기만 하면 즉각 면죄부 설교자들의 행동을 시정케 하리라는 신뢰가 이 모든 편지에 충만히 나타나 있다. 도대체 그 불법의 내용은 무엇이었는가? 루터는 1517년 '모든 성인의 날' 대축일에 마인츠의 대주교에게 이런 편지를 쓴다. "이것이 특별히 나를 슬프게 하고 마음을 상하게 합니다. ……불행한 사람들은 속아서, 그들이 면죄부 서신을 읽는다면 확실히 구원받을 것이라고 믿게 되는 것입니다. ……또한 인간은 이 면죄를 통해 모든 고통과 죄로부터 벗어나게 될 것이라고……. 아, 맙소사. 사랑하는 주교님, 전하의 교구에서 당신의 보살핌하에 있는 가련한 영혼들이 그러한 식으로 생명이 아니라 죽음으로 들어가도록 가르침 받고 있습니다. 그러므로 전하께서는 점차 커지고 있는 이 모든 영혼에 대한 책임을 아주 엄격하고 진지하게 추궁하셔야 합니다. 결코 사제의 직무나 강복降福 청원을 통해 인간의 구원이 보장되지 않기 때문입니다."

그러므로 루터는 이 편지를 발송하기 직전에 게시했던 학술토론을 위한 95개조 논제에서, 고해성사나 교황권 혹은 사제의 면죄권에 대해 공격하려고 했던 것이 아니다. 그에게 교황은 여전히 성령의 입이며 하나님의 대변자였다. 그는 교회의 보배들과 복음의 은총과 성인들의 능력이 위임되어 있는 교황에게 깊은 경외심을 갖고 순복했다. 그가 마지막으로 91조에서 다시 한 번 요약하는 확신, "만일 면죄가 교황의 생각과 정신에 따라 선포된다면, 이 모든 비판은 저절로 해체되거나 아예 존재하지도 않을 것이다"라는 확신이 95개 조항 전체를 지탱하고 있다. 그는 제48조에서, "교황은 면죄부 구매자가 지불하는 돈보다 자신을 위한 경건한 기도를 더욱 높이 평가할 것이다"라고 말한다. 제50조에서는, "만일 교황이 면죄부 설교자들의 착취를 알게 된다면, 그는 자신의 양들의 가죽과 살과 뼈로 성 베드로 대성당을 건축하느니 차라리 그것이 불타서 재로 되는 것을 더 원할 것이다. 이 사실을 그리스도인들에게 가르쳐야만 한다"라고 말한다.

루터는 선택할 수 있었던 가장 온건한 방식을 택했다. 우선 면죄부 악용 상황을 교회지도층이 인지하고 있는지 서면으로 문의하고 나서, 면죄의 효력에 대한 학술적 토론을 요청했던 것이다. 학술토론 제의를 추동했던 것은, 교회제도나 교리에 대한 공격이 아니라 면죄부를 악용함으로써 큰 내적 위험 속으로 끌려들어 가는 인간 영혼에 대한 한 사제의 불안이었다. 루터는 교황과 교회의 의지와는 별개로, 양심 없는 면죄부 설교자들의 죄 때문에 면죄의 의미에 대해 위험한 오해가 발생했다고 확신하여 그에 대항했던 것이다. 그는 교회법에 의하면 면죄부 효력이 이 지상생활에 적용되는 교회의 징계절차와만 관련된다고 주장했다. 공공연하게 죄를 범한 자들에게 교회법에 따라 부과하는 손해배상 면제에만 해당된다는 것이다. 죽음에 직면해서는 인간의 모든 법은 소멸되며, 모든 교회법 또한 그러하다고 보았다. 루터는 마인츠의 대주교 알브레히트[Albrecht von Brandenburg 1]가 교구

민들을 교육하기 위해 발간한 책자 『교리의 요약』Instructio Summaria을 명백한 증거로 내세웠는데, 거기에는 교황이 단지 중재를 통해서per modum suffragii만, 즉 중보기도를 통해서만 연옥에 있는 영혼들의 운명에 영향을 끼칠 수 있다고 설명되어 있다. 그러므로 교황의 법적 강제력은 현세에 있는 영혼들을 인도하는 것에 한정된다. 내세에서 인간 영혼에게 일어나는 일은 하나님만이 결정하신다. 어떠한 인간도 타인의 영원한 운명을 결정할 수 없으며 교황 또한 마찬가지다. "나는 혼자 죽을 것이다."Je mourrai seul 라는 파스칼Blaise Pascal의 말은 모든 사람에게 적용된다. 그러므로 교황 스스로 겸손하게 말하고 있듯이, 그는 단지 목자로서 그에게 맡겨진 양 떼를 위해 기도할 수 있을 뿐이다. 그런데 이제 교회지도층의 견해에 완전히 반하여, 비양심적인 면죄부 상인의 범죄에 편승해 교황이 면죄 헌금을 받고 인간에게 천국 문을 열어 줄 수 있으며, 이로써 인간은 자신과 자신의 죽은 친척들을 위해 영생을 살 수 있다는 오해가 생겨났다. 그러니까 종교 분야에서 발생할 수 있는 최악의 사건이 일어난 것이다. 인간 영혼의 영원한 운명은 결정된 시세대로 소유할 수 있는 상품이 되어 버렸다. 심지어 어떤 기념 축일에는 시세보다 훨씬 싸게 그것을 소유할 수도 있었다. 또한 그것으로 막대한 이익을 남기는 사업을 할 수도 있었다.

    루터는 모든 선량한 가톨릭 신자라면 영혼에 위해한 심히 유감스러운 이런 불법을 적발하여 교회지도층에게 환기만 하면 이러한 일들이 즉시 시정되리라고 믿었다. 거기에서 그의 인격과 지위는 전혀 부차적인 것이었다. 그는 단지 교회라는 집에서 발발한 화재를 맨 처음 우연히 알아채고는 더 늦기 전에 소방대가 오도록 비상고非常鼓

와 비상종을 울리는 것이 자신의 임무라고 생각했던 것이다. 그는 마인츠의 대주교에게 보내는 편지 말미에, 자신은 이러한 알림을 통해 자신의 존엄한 주교님께 사소하지만 충실한 봉사를 했다고 믿는다고 적는다. 루터는 사람들이 자신의 인격을 문제 삼을 것이라고는 예기치 않았다. 인격은 전혀 상관이 없었다. 그는 단지 화재 신고자였을 뿐이다. 그는 이제 대주교가 무엇을 지시할지, 어떤 조처를 취할지 긴장하며 기다렸다. 잠시도 지체할 수 없었다. 그 불법은 날마다 널리 퍼지고 있었기 때문이다.

루터의 편지들이 발송되고 강령들이 게시되어 모든 사람이 긴장한 채 교회의 결정을 기다리던 때는, 독일 역사에서 불안하고 운명적인 순간이었다. 교회에 질문이 던져졌고, 교회는 그것에 답해야만 했다. 엄청난 일이 그 답변에 달려 있었다. 질문이 제기된 이상 그것을 회피할 수 없었다. 그 일을 교리문제라고 하며 밀어낼 수는 없었다. 그 질문은 매우 분명하게 제기되었기 때문에 양자택일만이 가능했다. 그 이전의 후스^{Jan Hus} 2나 위클리프^{John Wycliffe} 3 때와는 경우가 달랐다. 그때는 교리문제가 건드려졌었다. 하지만 이제는 저지되어야만 하는 악습, 공공연히 공인된 교회제도가 영혼에 가한 해로운 악용이 문제였다. 몇백 년 후까지의 독일역사와 교회역사가, 루터의 질문에 대한 교회의 답변에 달려 있었다.

가톨릭교회의 답변

그러나 한 비극적인 상황 때문에 교회는 결정을 내리기가 어려웠다.

교황 중심의 가톨릭교회는 대자본과 세속적 군주의 권력에 심각하게 종속되어 있었던 것이다. 이미 교황 알렉산더 6세[Alexander VI 4] 이래로 푸거은행[5]은 점차 로마 교황청과 독일, 폴란드 그리고 스칸디나비아 국가들과의 모든 통상을 거의 독점해 왔다. 교회 갱신 및 다른 경건한 목적들을 위해 발행되었던 면죄부는 1507년 이래로 그 수입의 3분의 1이 교황의 금고로 흘러들어 갔다. 푸거상사는 1514년 초 공식 면죄부 대리점으로 창립해 거대한 사업을 했다. 그 회사는 로마 교황청으로부터 독일 도처의 구매 요청자들에게 교황의 면죄부를 제공할 수 있는 권리를 획득했는데, 순이익의 반을 교황청에 지급하기로 비밀조약을 맺었다. 교황 레오 10세[Leo X 6]는 상응하는 면제금을 받고 1514년 호엔촐레른가[House of Hohenzollern 7]의 23세 젊은 후작 알브레히트 폰 브란덴부르크를 마인츠와 마그데부르크의 대주교로 그리고 할버슈타트 교구의 행정관으로 승인해 주었다. 세 개의 교구를 이렇게 한 손에 장악하는 것은 특별면제를 필요로 한다. 교황은 돈을 얻기 위해 1515년 3월 31일에 이러한 지역들, 즉 마인츠와 마그데부르크의 교구와 브란덴부르크의 땅들에 대해 완전한 면제를 선포했다. 그 수익은 오직 베드로 성당 건축을 위해서만 사용될 것이라고 알려졌었다. 그러나 실제로는 1514년 8월 협정 이후 절반 정도가 호엔촐레른가의 그 젊은이에게 비밀리에 양도되었던 것이다.[8]

이것은 당시의 교회에 극심한 재정적인 질곡들을 야기했다. 그러나 이러한 모든 속박이 아무리 무겁더라도 민중들에 대한 고귀한 사명을 자각하고 있는 교회가 이것을 이유로 영혼들을 파멸적인 위험으로 끌고 갈 악습을 허용할 수는 없었다. 영혼을 위탁받고 있는 교회가, 사람들이 죽음에 직면하여 처하는 상황의 엄숙함에 대해 그들을 속이고, 실제로는 영원히 파멸하기에 가장 확실한 운명에 처해 있음에도 안전하다는 환상을 주어 맡겨진 사람들을 기만적으로 위로하는 것보다 더 나쁜 일은 없기 때문이다. 결국 사람들을 이처럼 가장 심각한 생명의 위험에 빠뜨릴 것을 고려해 볼 때, 돈은 어떤 의미도 가질 수 없었다. 교회에게 위탁된 사람들의 구원은 호엔촐레른가의 젊은 영주가 필요로 했던 10,000두카텐[9]보다, 푸거은행의 자본보다 더 중요했다. 만일 당시 교회지도자들에게 예수와 사도들의 정신이 조금이라도 남아 있었더라면, 혹은 옛날 위대한 스승들의 정신 중 단지 일부라도 남아 있었더라면, 루터의 질문에 대해 망설일 필요도 없었을 것이다. 다음과 같은 단 하나의 목소리만 있었으면 됐을 것이다. "정말 고맙군. 교회가 처해 있는 무시무시한 위험을 이 수도사가 깨닫게 해주다니! 근심하는 한 사제의 이러한 경고가 우리의 상황을 마그네슘 섬광처럼 비추어 주었구려. '도대체 그러한 일이 가능했다니, 교회는 어디로 가고 있었단 말인가!'라는 염려 가득 찬 질문이 공적으로 제기되었어야 했는데. 사람들의 구원을 날마다 위험에 빠뜨리는 이러한 함정이 한순간이라도 계속되느니보다 차라리 텅 빈 금고로 일하겠소. 비서를 만 명이나 거느린 교황의 궁전 전체를 철거하고, 이러한 세상 권력들과 모든 관계를 단절하겠소."

만일 성직자 계급이나 교회지도층 내에서 그러한 단 하나의 목소리라도 일어났더라면, 교회책임자들 중 몇 사람만이라도 그렇게 말했더라면, 신구교 분열은 일어나지 않았을 것이다. 이후의 독일 역사도 다르게 진행되었을 것이다. 그러나 어떠한 목소리도 답변도 없었다. 루터의 폭로에 대해 어떠한 동요 흔적도 없었다. 이 수도사가 어쩌면 옳을 수도 있지 않을까, 가장 성스러운 것을 이렇게 싸구려로 파는 것에 대해 베옷을 입고 재에 앉아 참회할 시간은 아닐까 하는 의식도 없었다. 그와 반대로 교회는 루터의 호소에 대해 단 한 가지 답변만을 찾아냈다. 교회는 그에 대하여 이단자 소송을 제기하였으며, 이 소송은 3년 동안 지속되어 비텐베르크 대학 교수였던 루터를 마침내 교회와 제국으로부터 추방하는 것으로 끝났다.

전부터 잘 알려진 이 사실을 새삼 상기시키는 이유는, 교회 분열 원인이 교회를 참아낼 수 없었던 그 어떤 이단적 견해나 교회지도부에 대한 불순종 때문이 아니었음을 확인하기 위해서다. 그 모든 것은 나중에야 비로소 나타나게 되었다. 그것은 필연적으로 이르게 된 결과이긴 했으나 출발점은 아니었다. 루터는 후에 무례한 표현들을 써서 교황을 비난했다. 그 때문에 그는 가톨릭 쪽으로부터 '버릇없는 놈', '더러운 놈', '가장 저급한 종류의 문학적 졸필가'라는 비난을 받았다. 우리 프로테스탄트들은 당시 부분적으로 실제 부적절했던 루터의 어법을 옹호하려는 데 동기가 있지 않다. 프로테스탄티즘은 루터의 인격에 달려 있지 않다. 가톨릭교회 측의 역사연구가 루터에 대한 모든 극단적 숭배에서 우리를 해방시켜 준다면, 우리는 그것에 감사할 뿐이다. 우리가 루터의 어법을 변명하려는 것은 아니지만, 심리학적으로는 그를 이해해야 한다. 루터가 후에 빠져들게 되는 그 무절제한 공격은 분노로부터 나왔다. 가장 깊은 신뢰 속에 있다가 그것이 깨져 환멸을 느끼게 되었을 때, 분노가 독일인 루터를 사로잡았다. 루터의 온 영혼은 사랑하는 모교회에 속해 있었다. 그는 만연된 면죄부

횡포에 대한 이러한 공개적 저항이야말로 교회에 대한 가장 큰 봉사라고 믿었다. 그런데 그 일 때문에 냉혹하게 추방당했던 것이다. 이제 형언할 수 없는 분노, 그토록 열렬하고 깊은 신뢰감으로 교회에 헌신했다가 냉담하게 거절당해 환멸을 느끼게 된 독일 남자의 분노가 그를 움켜잡았다.

교회가 그에게 가한 충격을 루터는 결코 잊지 못했다. 이것이 이후 루터의 모든 행동의 발단이 되었다. 이로써 그는 가톨릭교회가 세워져 있는 전체 근거에 대해 숙고하기 시작했다. '교황은 그리스도의 지상 대리자'라는 주장도 거짓일 수 있지 않을까 하고 생각하게 되었다. 그때야 비로소 그는 교회의 교리적 기초들을 의문시했으며, 적그리스도인 교황과 엄숙하게 절교하고 파문장을 불태워 버리는 일을 감행하는 이단자가 되었다. 그리고 비텐베르크와 그 밖의 다른 도시들에서 교회제도에 저항하는 거친 폭동이 발발하였고 그 과정에서 불쾌한 장면들이 생겨남으로써 루터는 이러한 민중봉기를 저지하기 위해 바르트부르크 성을 떠나야만 했다. 대학생들과 시민들은 교구의 교회들로 침입해서 제단에서 섬기고 있는 복사들을 향해 돌을 던졌으며, 마리아 미사에 들어가는 수도사들을 모욕했다. 학생들은 성탄 전야에 맥주에 취한 채로 칼슈타트의 성찬식에 갔다. 그 후 '츠비카우의 선지자들'[10]에 의해 난폭한 성상聖像 파괴가 일어났다.[11]

사실상 이러한 민중들의 노여움과 대학생들의 분노 폭발은 모두, 교회 분열의 원인이 아니라 교회가 루터와 그의 경고 편지를 거절했기 때문에 생겨난 결과였다. 그러므로 결과적으로 제도로서의 개신교회를 발생시키는 데 기여한 독일의 종교적 민중운동은 루터의 인격과는 전혀 무관하다. 데니플레^Heinrich Denifle 12가 표현하듯이 루터가 "지독한 무식쟁이"였든 "미개한 야만인"이었든, 하인리히 뵈머^Heinrich Böhmer 13가 말하듯이 "존경할 만한 학자"나 독일 최고의 "시적 천재"였든, 아인하르트^Einhart 14가 그의 독일사에서 지칭하듯이 "인류의 해방자"이며 "모든 독일인 중 가장 위대한 자"였든지 간에, 이것은 개신교회의 탄생에서는 부차적인 문제다. 프로테스탄트 운동은 루터의 면죄부 논제들이 없었어도 그 어떤 다른 동기에 의해서 촉발되었을 것이다. 교회지도층에게 결정적인 문제를 제기한 사람이 누구이며 그것이 어떤 형태로 일어났는지는 전혀 중요하지 않다. 교회에 대한 호소는 울리히 폰 후텐^Ulrich von Hutten 15이나 토마스 뮌처^Thomas Münzer 16 혹은 그 어떤 다른 사람으로부터라도 나올 수 있었을 것이다. 결정적인 것은 루터가 했던 그 일이 아니라, 그 당시 제기된 질문에 대해 가톨릭교회가 내놓았던 답변이다. 그 답변은 의식 있는 모든 사람에게는 그들이 처해 있던 상황을 명확하게 비추어 주는 섬광 같았기 때문에, 그들이 가톨릭교회로부터 무엇을 얻을 수 있을지, 종교문제와 관련해 무엇을 기대할 수 있을지 명백해졌다.

로마 가톨릭교회와 독일의 오래된 불화

왜 독일 국민의 마음은 로마 교회로부터 돌아섰는가? 그것을 이해하기 위해 반드시 루터의 책만을 읽을 필요는 없다. 우리는 한스 작스,^Hans Sachs 17 알브레히트 뒤러,^Albrecht Dürer 울리히 폰 후텐과 당시 수많은 영혼들 속에 일어났던 일을 큰 소리로 분명하게 진술했던 다른 사람들에게서도 독일 국민이 로마 교회로부터 돌아서게 된 이유들을 들을 수 있다. 그들의 진술은 명백한 교리적 사상이나 명료하게 정리된 개혁안들이 아니다. 실제로는 단지 두 가지 감정을 표출한다. 놀랍게도 기사, 시민, 농민 등 모든 계층의 사람들에 의해 이 감정은 일치된 형태로 표현된다.

그 첫 번째 감정은 기만당해 왔다는 것이다. "우리는 속았다. 하나님과 영혼 사이의 깊은 고독 속에서만 결정될 수 있는 성스러운 양심상의 일이, 외국의 세계 권력에 의해 자본주의적 착취 대상이 되었다. 사람들은 경제적 이득을 얻기 위해, 외국으로 넘어갈 돈을 마련하기 위해 우리 양심의 불안을 이용했다."

두 번째 감정은 종교적 질곡을 벗어나고자 하는 해방의 욕구였다. "우리는 이러한 질곡을 벗어 버려야만 하며, 우리를 사슬로 얽어맨 이 무시무시한 제도 전체를 분쇄해야 한다. 우리는 양심상의 일들이 패권정치나 금권정치 문제들과 불운하게 얽혀 있는 상황으로부터 벗어나야만 한다. 우리는 이러한 세속교회 뒤편의 근원인 그리스도 그분에게로, 즉 인간들의 쓰레기에 의해 파묻혀 버린 원천으로 돌아가야 한다. 원시 기독교의 불타는 용암이 깊은 곳을 뚫고 터져 나와 인간들이 세운 성전을 파괴해야만 한다."

개신교운동이 어떤 분위기에서 생겨났는지를 조금 더 구체적으로 살펴보기 위해, 당시 평신도에게서 나온 몇 가지 목소리를 들어 보고자 한다. 울리히 폰 후텐은 담화책인 『바디스쿠스』^{Vadiscus} [18]에서 교회지도층에 반대하여 다음과 같이 말한다.

너희들은 기도의 집을 강도의 굴혈로 만들었구나. 만일 그리스도가 언젠가 다시 이 세상 우리에게로 내려올 때, 이전에 장사하던 자들과 구매하던 자들을 내쫓았던 것보다 훨씬 더 격분하여 너희들을 내쫓을 것이다. 그들은 오로지 천하고 쓰레기 같은 물건들로 장사를 했지만, 너희는 모든 영적인 것, 교회 영지, 예수 그리스도 자신과 성령의 은총을 팔려고 내놓았기 때문이다. 그렇다면 참된 그리스도인들은 이슬람교도들과 싸우는 것보다 더 열심히 너희와 싸워야 하지 않겠느냐? 하나님과 제단과 성사와 천국 같은 것도 모두 팔려고 내놓는 너희를 멀리 쫓아내야 하지 않겠는가?

후텐은 이어서 "자유롭고 용감한 민족이며 세계의 모든 국민으로부터 성실하고 정직하며 관대하다고 존경받으며 종교생활과 하나님을 경외하는 데에 모든 민족을 압도했던 의연한 독일인들, 바로 우리 독일인들이 스스로 그렇게 속아 로마의 아이들에게 조소를 당하다니 얼마나 수치스러운 일인가"라고 개탄하며 그 한 가지 점을 되풀이하여 강조한다. "그러한 힘을 가진 우리가 로마 추기경들과 주교들의 노새를 긁어 주며 그들에게 굴욕적인 봉사를 하도록 강요당하다니……!" 그러고 나서 마지막으로 로마에 대한 무서운 고발이 나타난다. 그 속에는 수 세기 동안의 오래된 압제에 대한 원한 전체가 분출되어 있다.

오 로마여, 그대는 기독교인들의 시체공시소구나. ……너는 모든 사람에게서 약탈하고 탈취한 것을 가져다 모아놓은 세상의 널따란 창고구나. 그 한가운데에는 많은 것들을 삼켜 버리고 산더미같이 쌓인 좋은 과

일들을 끊임없이 먹어 치우는 만족할 줄 모르는 탐욕의 벌레가 앉아 있고, 그 주위에는 먼저 우리의 피를 빨아먹은 후 지금은—오 그리스도시여! 우리를 불쌍히 여기소서—골수에 이르기까지 살을 파먹고 있는 동료 포식자들이 둘러앉아 있도다. 그 무리들은 우리의 뼛속 깊은 곳까지 갉아 부수며, 아직 남아 있는 것까지도 삼켜 버리려 하는구나. 우리 독일인들도 무기를 들어야 하지 않을까? 철과 화염으로 이 포식자들을 공격해야 하지 않을까? ……그들은 가난한 독일인들의 땀과 피를 빨아먹는다. ……그들은 우리의 희생을 대가로 말들, 개들, 버새들을 사육하며—에잇 더러워라!—그들의 마누라들과 다른 사람들을 부양하며…… 호화로운 생활을 누리며, 자색 옷을 입고 순대리석 집을 짓는다.

양심에 관한 문제와 금전 거래가 결합된 상황에 대한 동일한 분노는, 당시의 훌륭한 수공업자이자 작가인 한스 작스에게서도 발견된다. 여기서는 그의 시 "비텐베르크의 나이팅게일"만을 언급하고자 한다. 그 내용은 이렇다.

> 사나운 한 무리의 이리 떼가 불쌍한 양 무리를 소유하여
> 털을 깎고 젖을 짜고 가죽을 벗겨 잡아먹었도다.
> 풀 속에는 많은 뱀들이 누워 양들을 끝없이 삼켜 버린다.
> 사지부터 골수까지. 그로 인해 양들은 말라 비틀어졌구나.

로마의 착취에 분개하던 사람들에게 루터는 이미 오랫동안 기다려 온 해방자였다. 소박한 수도사였던 요하네스 플렉^{Johannes Fleck} [19] 박사는

스타인라우직에서 루터의 강령이 써 붙어 있는 것을 발견했다. 그때 그는 기뻐 소리치며, "그래, 그래, 그가 그것을 하겠구나! 우리가 오랫동안 기다려 왔던 그 사람이 오는구나"라고 말했다. 그는 루터에게 확신을 가지고 계속해야 하며, 바른 길 위에 있으며, 하나님과 로마의 모든 바벨론 포로들의 기도가 그와 함께할 것이라고 편지를 썼다. 이러한 사람들에게 루터의 인격은 전혀 중요하지 않았다. 그들에게는 이미 오랫동안 준비되어 온 해방운동의 선두에 설 용기 있는 지도자가 독일 민족에게 나타나기를 바라는 한 가지 소망만이 있을 뿐이었다.

알브레히트 뒤러는 1521년 오순절 전에 루터가 바르트부르크로 보내졌을 때, 기마병 열 명에게 호송되어 가다가 살해된 것 같다는 소식을 들었다. 그때 뒤러는 자신의 여행일기에 이렇게 썼다. "그가 아직 살아 있든 살해당했든—그것을 나는 모른다—그는 기독교 진리를 위해 그리고 반기독교적인 교황정치를 규탄하다가 그 일을 당했다." 뒤러는 이어 비장하게 탄식한다.

> 오! 하늘에 계신 하나님, 우리를 불쌍히 여기소서! ……아직 일부 로마가톨릭교회에서 발견되는 당신 목장의 양들을, 아메리칸 인디언, 모스크바[20] 공국인, 러시아인, 그리스인들과 함께 다시 불러 모으소서! ……그리고 당신께로부터 놀라운 복음의 영을 받았고 지난 140년 동안의 어떤 사람보다 더 명료하게 글을 썼던 이 남자를 잃어버린다면, 오! 하늘에 계신 아버지여, 당신에게 기도하오니, 당신의 거룩한 그리스도의 교회를 도처에서 모으는 또 다른 한 사람에게 당신의 성령을 부어 주셔서 우리 모두가 다시 순결한 기독교 신자답게 살게 하소서.

알브레히트 뒤러는 루터가 죽는다면—물론 오해였으나—에라스무스 Desiderius Erasmus가 그 운동의 지휘권을 넘겨받을 수 있으리라고 생각했다. "오 로테르담의 에라스무스여, 그대는 어디에 머물려고 하는가? ……들으라, 그대 그리스도의 기사여, 주 그리스도 옆으로 말을 타고 나오라. 진리를 수호하라. 순교자들의 면류관을 얻으라!" 뒤러는 에라스무스가 이미 노인임을 암시하면서, 그 자신 스스로 무엇인가 중요한 일을 하는 데 2년 정도 더 쓸모 있을 뿐이라고 말했던 사실을 상기시켜 준다. 그러면서 그가 루터를 대신하여 진리의 순교자로 조금 더 일찍 죽느냐 마느냐 하는 것은 전혀 중요치 않다고 말한다. "오 에라스무스여, 하나님이 그대를 칭찬하시도록 여기에서 견뎌 내시오. ……확실히 그대는 그것을 할 수 있기 때문이오. 그대는 골리앗을 넘어뜨릴 수 있소. 왜냐하면 하나님이 그분 자신의 숭고한 뜻에 따라 거룩한 그리스도의 교회 편에 서시기 때문이오." 한스 작스, 알브레히트 뒤러 같은 사람들의 이러한 발언에서는, 교회가 거룩한 일을 가지고 장사를 했다는 것에 대한 분개가 항상 다른 감정으로 전환된다. 우리는 하나님과 우리 사이에 침입해 들어온 이러한 교회제도 전체를 폭파해 버리고, 다시금 그 근원으로, 그리스도 자신에게로, 그리고 그에 대한 가장 오래된 말씀들로 돌아가야만 한다는 것이다. 한스 작스는 다음과 같이 노래한다.

그러므로 돌아오라, 교황의 황무지로부터
우리의 목자이신 예수 그리스도께로.
그는 선한 목자이시니,

죽음으로 그의 사랑을 확증하셨고,

우리 모두는 그 죽음을 통해 구원받았도다.

이것이 우리의 유일한 위안이며,

유일한 희망,

그의 이름을 믿는 모든 자에게

의로움이며 구원이로다.

그것을 열망하는 자는

아멘이라고 말할지어다.

이처럼 초대 기독교라는 원천을 향한 강한 동경이 당대를 관통했다. 크론베르크의 하르트무트 Hartmut von Kronberg [21] 기사는 황제 칼 5세 Karl V 에게 이렇게 쓴다.

> 오! 칼 대제여! 무적의 기독교도 황제여, 모든 목마른 자는 누구든지 원하기만 한다면 퍼마실 수 있는 예수 그리스도의 참다운 샘으로 수많은 사람을 인도한 하나님의 진실한 종 루터 박사에게 하나님의 말씀을 설교할 장소를 주십시오. 오 그것은 얼마나 복된 샘인지! ……오 황제여, 당신이 이 생수를 맛본다면 당신은 그곳에서 은총과 미덕을 만족할 만큼 맘껏 얻을 수 있을 것입니다. 그것을 통해 당신은 모든 백성을 가장 복된 이 샘으로 인도하려고 할 것입니다. ……그러면 당신의 백성들 사이에서는 큰 변화가 일어날 것입니다. 하나님의 은총에 의해 이기주의가 감미로운 형제애로 변할 것이며, 어려움에 처할 때에는 언제나 하늘에 계신 우리 모두의 아버지이신 하나님께 부르짖으며 구할 것입니다.

당신의 관대한 군대는 천하무적이 될 것이며 오로지 하나님만을 두려워하게 될 것입니다.

16세기 르네상스 시대 교황제도에 대한 사람들의 이러한 비판은 오늘날에는 과거에 속한다. 그 이후 로마 가톨릭교회도 많은 것이 개선되었기 때문이다. 가장 큰 폐해들은 시정되었다. 그럼에도 불구하고 당시 로마 가톨릭과의 분리를 야기했던 상황들은 독일인들의 영혼에 지울 수 없이 깊이 각인되었다. 당시에 독일 민족은 알프스 산 저편으로부터 넘어와 독일인의 영적 생활에 개입한 차가운 손길을 처음으로 아주 분명하게 느꼈다. 그 당시 이미 독일 가톨릭은 다른 어느 민족들의 신앙보다 더 진지하고 심오하고 신비했다. 독일 가톨릭은 아주 특별히 고상한 사제들을 많이 배출해 냈다. 그 때문에 전형적인 정통 독일인이었던 루터에 대한 파문과 같은 그러한 간섭은 독일인들로서는 견디기 힘들었던 것이다. 그 이후로 독일인의 본성에는 낯선, 이러한 압제적이고 간섭적인 권세를 우리는 되풀이하여 감지해 왔다. 나는 단지 가장 최근의 경험만을 기억해 보겠다. 1910년 비오 10세[Pius X 22]는 현대화를 겨냥한 교황칙령인 "반反현대주의 맹세칙령"[Sacrorum Antistitum 23]에서 독일의 가톨릭 사제들로 하여금 교황칙령을 포함하여 교회교리에 대해 거룩한 맹세를 하게 했다. 그들은 교회교리에 위협적일 수 있는 경우 역사적·비평적 연구를 포기하겠다고 맹세해야만 했다. 독일 대학들에서 역사적 연구를 하고 있던 많은 사람은 그러한 맹세를 정신적 자살이라고 생각했다. 그러나 로마에서는 어떠한 청원도 받아들이지 않았다. 맹세는 1910년 12월 31일까지 이

행되어야 했다. 거부하는 사람은 종교재판소에 출두해야 했다. 신학교 교수들에게는 맹세가 요구되지 않았다. 많은 가톨릭 사제들은 바로 그 점을 그 사건에서 가장 치욕스러운 것으로 느꼈다. 그러나 카노사로 가는 길[24]을 걷기로 결정할 수 없었던 30명도 채 안 되는 사람들을 제외하고는, 독일의 신학자들은 머리를 숙이고 공손히 굴욕의 문을 통과해 들어갔다. 하지만 존경할 만한 독일인들이 이러한 맹세에 앞서, 조용한 수도원 방과 연구실에서 어떠한 영혼의 투쟁을 했었는지는 그 시기에 가톨릭 사제들과 친밀한 관계를 맺었던 사람들만이 안다. 1910년 마지막 달에 우리 독일 개신교도들은, 옛날 루터가 모교회에 대한 천진난만한 신뢰 가운데 위기상황에 대해 주의를 환기시키려고 교회로 달려갔을 때 그를 거부했던 알프스 산 너머의 그 차가운 손을 다시금 느꼈다.[25] 독일 가톨릭교회를 관통하고 있는 매우 풍부하고 고상한 종교적 추구와 신비적 체험을, 권력에의 의지라는 낯선 목적에 거듭 예속시키려고 하는 이러한 차가운 힘을 일단 느껴 본 자의 내면에서는 다음과 같은 의문이 일어나 더 이상 가라앉지 않는다. 모든 세상 권력과 외교적 관계를 맺고 있는 이러한 화려한 세속교회가 참으로 하나님께서 원하셨던 그것일까? 그것이 참으로 이 세상에 머리 둘 곳이 없었던, 십자가에 못 박힌 나사렛 출신의 그분이 원했던 그것일까? 어쩌면 예수는 다른 어떤 것을 원했던 것이 아닐까?

III

"너는 베드로라. 내가 이 반석 위에 내 교회를 세우리라"

고산지대에서는 때때로 하나의 울림, 하나의 작은 진동이 잠자고 있던 눈을 깨워 눈사태를 일으켜 마을 전체를 덮어 버릴 수 있다. 루터의 학술 논제들은 눈사태를 일으킨 외침이었으며, 일단 구르기 시작하면 멈추게 할 수 없는 질문이었다. 예수가 가톨릭교회를 세웠는가? 이 교회는 그의 작품인가? 이 교회는 그가 의도한 것인가? 그가 다른 어떤 것을 원했던 것은 아닐까? 오늘날 우리는 이러한 질문에 대하여 무엇이라고 대답해야 할까?

이 질문은 언뜻 쓸데없는 것처럼 보인다. 가톨릭 지도층은 가톨릭교회를 빈틈없이 연결해 사도들의 시대까지 소급시키기 때문이다. 또한 우리 프로테스탄트들이 그리스도에 대해 알고 있는 바로 그 지식도 결국은 이러한 공통 전승으로까지 거슬러 올라간다. 가톨릭교회 지도자인 엥겔베르트 크렙스Engelbert Krebs [1]가 최근 『프로테스탄트들과 우리』Die Protestanten und Wir 라는 책[2]에서 그것을 강조한 것은 당연한 일이었다. 프로테스탄트 교회의 어머니이기도 한 가톨릭교회에서 기도와 예배 의식의 중심점을 형성하는 것은 예수의 말씀과 행적이다. 골고다의 희생이 모든 미사 제단에서 날마다 반복된다. 매년 교회는 교회력에 따라 탄생에서 무덤까지, 무덤에서 부활과 승천까지, 그리스도의 발자취를 기리는 감명 깊은 예배 속에서 주님을 따라간다. 처음에는 의심할 바 없이 교회가 그리스도의 찬미 외에는 어떤 다른 것도 원하지 않는 것처럼 보인다. 그러나 교회가 교회력을 따른다고 해서 과연 가톨릭교회가 주님이 의도한 교회일까 하는 질문에 대한 답변이 최종 확정된 것은 아니다. 완전히 중립적인 종교사적 관점에서 이 문제를 한번 관찰해 보면, 불교의 역사가 기독교의 역사와 거대한 병렬 현상을 보여주는 사실이 드러난다. 불교는 인도에서 출발하여 그 후 대략 기독교 기원의 시작 무렵 중국과 일본 등 북방국가들로 침투해 들어가 기독교회와 많은 점에서 비슷한 강력한 교세를 그곳에서 형성하기에 이르렀다. 이방종교와 기독교회의 이러한 병렬 현상을 관찰해 보고 질문해 보자. 이러한 북방국가들의 불교 사원에서 이뤄지는 부처 숭배는 역사적인 부처와 어떤 관계가 있는가? 석가모니는 자신이 신적 존재로 숭배될 것을 결코 알지 못했다. 그는 한 사람의 철학자로서, 무거운 인생의 고난 속에서 모든 세속적인 향락의 무상함을 깨달았으며, 그로써 동포 인간들에게 모든 고통으로부터 구원에 이르는 단순한 길을 권했다. 그것은 집착적으로 살려는 의지의 포기다. 부처가 죽은 후 그의 가르침이 사도적 고승^{高僧}들[3]에 의해 북방국가들에 전해졌을 때, 그를 기리고자 그의 이름^{Buddha}에 따라 불리는 ^{Buddhism}하나의 종교가 생겨났다. 사람들은 모든 기도와 경전에서 끊임없이 그를 불렀다. 그러나 이러한 종교화된 불교는 부처가 원했던 것을 거의 그 반대의 것으로 변질시켰다. 신적 존재의 숭배를 비난했던 부처 자신을 신으로 만들었으며 절마다 그의 형상들을 세우고 그 앞에 절했다. 모든 욕망과 세상 부귀를 포기하고 고통과 죽음을 열반에 이르는 길로 환영해야 한다고 가르쳤던 부처가, 이제는 그 자신이 도와주는 신으로, 모든 육체적 곤궁함에서의 구원자로, 우박과 홍수를 막아 주는 조력자로 그리고 인간의 소원을 성취하고 현세적 고통을 막아 주는 구세주로 숭배되었다. 중국에는 질병과 악령에 대한 예방책인 그의 이름이 쓰인 부적이 있다. 특히 일본 도처에는 종종 집채만 한 부처상들이 있는데, 그는 기적을 행하는 신으로 경배된다. 아주 특별한 숭배를 받는 여신으로 높여진 여승인 불교적 마돈나[4]도 있다. 이 외에도 더 있다. 부처의 현현이라고 불리는 대승려를 포함한 성직 계급이 발전되었다. 티벳에서는 라마교의 우두머리가 일단의 승려와 마술사와 약제사들에 둘러싸여 앉아서 아시아 정치에 결정적으로 중요한 역할을 한다. 그러한 살아 있는 부처가 죽으면, 티벳 왕국이 몰락하지 않도록 고대의 선거 의식에 따라 후계자가 임명된다.[5]

    이러한 불교 역사의 예들이 우리에게 보여주는 바는, 인류의 스승을 찬미하려는 선한 의도에도 불구하고 그의 추종자들이 그를 오해하고, 그의 이름을 계속 부르면서도 그가 원했던 것과 반대되는 일을 하는 것이 실제로 가능하다는 것이다. 그 때문에 가톨릭교회의 풍부한 그리스도 경배에 대해서도 무의식적으로 그런 의문이 일어난다. '만일 예수가 이러한 방식의 숭배와 찬미를 원하지 않을뿐더러 그의 이름으로 행동하는 이런 주교 계급을 전혀 원치 않고 완전히 다른 것을 원했다면 어떻게 할 것인가?' 우리는 역사 앞에서 깊은 두려움을 품고 이러한 질문에 답해야만 한다. 로마 가톨릭과 개신교 두 종파는 그리스도를 따른다는 점에서는 일치한다. 이것이 우리가 서로 토론할 수 있는 공통 근거다. 토마스 아 켐피스의 『그리스도를 본받아』

는 오늘날에도 여전히 종파 간의 대립을 넘어서서 영향을 미치는 책이다. 그리스도 안에 모든 지혜의 보물이 숨겨져 있고 세계의 수수께끼의 해답이 있으며, "죽임을 당한 어린 양"이 봉인된 생명책을 펼친다는 것은 두 종파 모두 확신하는 신조다. 양쪽 모두 예수의 뜻을 올바로 이해하여 성취하고자 하는 데 열렬한 관심을 갖고 있다. 그러므로 이러한 기초 위에서 서로 의사소통하는 것은 틀림없이 가능할 것이다.

예수는 역사상 모든 세계사적 위인 중에서 가장 많은 논쟁 대상이 되었던 인물이다. 그럼에도 이상하게 세상은 아직도 여전히 그를 가만 놔두지 않는다. 오늘날까지도 여전히 사람들은 그에 대해 논의를 멈추지 않는다. 우리가 겪어 온 바와 같이 토대 가치가 심하게 붕괴되고 위기가 찾아오는 시대마다 예수라는 인물은 불가사의한 이방인처럼 되풀이하여 떠오른다. 그러한 시대들에는 그리스도에 대한 새로운 인상이 나타난다. 그것은 도스토예프스키가 대심문관에 대한 소설에서 묘사한 것과 같다. '남쪽 어느 도시의 광장에 그는 눈에 띄지 않게 조용히 나타나지만, 그러나 보라, 모든 사람이 그를 알아챈다. 저항하기 어려울 정도로 군중이 맹렬하게 그에게 밀려들어 에워싸며 그 주위에 모여 그를 좇는다. 그와의 접촉으로부터 치유의 능력이 나온다.'[6]

오늘날 대재난의 경험 때문에 우리 영혼 앞에 새롭게 나타나게 된 이 인물에 대해 깊은 경외심을 품고, 우리는 오래된 질문을 던진다. 이것은 두 종파 간의 대립에서 결정적으로 중요한 질문이다. 베드로에게 했던 예수의 말씀, "너는 베드로라. 내가 이 반석 위에 내 교회를 세우리라"라는 말씀의 진의가 무엇인가. 이 말씀이 하늘 높이 치

솟은 미켈란젤로Michelangelo Buonarroti의 둥근 천장에 거대한 글씨로 새겨졌다면, 혹은 갈릴리 어부의 무덤 위에 세워진 세상에서 가장 고상한 교회의 표제어로 새겨졌다면, 우리는 이 말씀을 올바로 이해한 것이라고 볼 수 있을까? 이 기념비적 기록이 예수의 정신에 맞게 행해진 것이었을까? 바티칸 종교회의는, 복음서 증언에 따라 하나님의 교회 전체에 대한 최고 관할권이 주 예수 그리스도로부터 거룩한 사도 베드로에게 직접 약속되었고 위임되었다는 것을 교리로 받아들이고 장엄하게 선포했다. 베드로는 그의 신앙고백, "주는 그리스도시요 살아계신 하나님의 아들이시니이다"로 인하여 오직 그에게만 적용되는 특별히 엄숙한 축복선언, 즉 "바요나 시몬아, 네가 복이 있도다"라는 선언을 받았다는 것이다. 교황 무오성 교리는, 예수께서 골고다로 가기 전 최후의 만찬에서 직접 말씀하신 누가복음 22:31을 그것의 명시적 근거로 삼는다. "시몬아, 시몬아, 보라. 사탄이 너희를 밀 까부르듯 하려고 요구하였으나 그러나 내가 너를 위하여 네 믿음이 떨어지지 않기를 기도하였노니 너는 돌이킨 후에 네 형제를 굳게 하라." 이 교리는 여기에서 말하는 대로 그의 동료 사도들을 견고히 하는 직분이 베드로에게 영원히 위임되었다는 것이다. 가톨릭교회 백과사전에는 이 부분에 대해 다음과 같이 적혀 있다. "그리스도는 그의 사도에게 자신의 왕국의 열쇠를 약속했으며, 그럼으로써 그를 자신의 대리인으로 삼아 자기 자신의 권세로 옷 입혀 준다."

만일 예수께서 실제로 그렇게 생각하셨다면, 그럼으로써 그가 신앙과 삶의 문제들에서 무오한 권위를 지닌 하나의 직분을 세우려고 하셨다면, 프로테스탄트는 처음부터 예수의 저주 아래 있는 것이다. 왜냐하면 루터는 이러한 직분에 더 이상 순종하지 않았고 그렇다면 그리스도에 대해 그가 죄를 범한 것이기 때문이다. 그러면 개신교 신앙은 "로마가 말하였으므로 그 일은 결정적이다."*Roma locuta est, causa finita est*라는 원칙[7]에 의해서도 판단될 것이다. 그러므로 우리는 여기에서 사실상 교황권으로부터 독립적인 교회의 설립 권리에 대한 원칙적인 질문 앞에 서게 된다. 우리는 이 질문에 대해 매우 차분하고 객관적으로 답변해야만 한다. 예수의 교회 관련 말씀 이해를 둘러싸고 여전히 논쟁이 거센 것은 이상한 일이 아니다.[8]

'반석' 관련 구절들에 대한 프로테스탄트 진영의 해석들

프로테스탄트 진영에서는 그 전체 단락을 삽입 구절로 설명하거나 처음부터 반대되는 의미로 해석함으로써 예수의 말씀을 완화시키려고 했다. 그런 견해에 따르면, 예수는 임박한 시기의 세계종말을 기대했기 때문에 이 세상에 교회를 세울 수 없었다는 것이다. 실제로 예수는 바로 뒤에서 "진실로 너희에게 이르노니 여기 서 있는 사람 중에 죽기 전에 인자가 그 왕권을 가지고 오는 것을 볼 자들도 있느니라"(마 16:28)라고 말씀하신다. 또한 "이 세대가 지나가기 전에 이 일이 다 일어나리라"(마 24:34)라고 하신다. 그는 대제사장 앞에서 "내가 너희에게 이르노니 이 후에 인자가 권능의 우편에 앉아 있는 것과 하늘 구름을 타고 오는 것을 너희가 보리라"(마 26:64)라고 말씀하신다. 그러므로 '예수의 하늘은 핏빛처럼 붉은 석양으로 빛나고 있었다.' 그의 모든 비유는 밤의 도적처럼 혹은 번쩍이는 섬광처럼 오게 될 추수 때에 대한 기대로 가득 차 있다. 이러한 세계 몰락의 분위기는 이 지상에 교회를 건립하려는 생각을 떠오르지도 못하게 했다. 그러므로 교회 건립에 관해 베드로에게 한 말은 가짜이든지, 혹은 완전히 다른 의미를 지니고 있음에 틀림없다는 것이다. 나는 그 문제에 관한 입장을 정립하기 위해 하르낙$^{Adolf\ von\ Harnack}$이 1918년 베를린 학회에서 강연했던 가장 최신 견해를 전달하겠다. 바로 세 문장을 어떻게 이해할지에 관한 것이다. "너는 베드로라. 내가 반석 위에 내 교회를 세우겠다. 그리고 음부의 권세가 이기지 못하리라." 주후 172년경에 쓰였으며 시리아 교부 에프라임$^{Ephraim\ of\ Syria\ 9}$의 주석을 통해서 알려진 타티아누스^{Tatian}의 『디아테사론』$^{Diatessaron\ 10}$에는, 이 구절이 약간 다른 어법으로 표현되어 있다. "그리고 음부의 문들이 너를 압도하지 못할 것이다. 너는 반석이다."$^{et\ portae\ inferi\ te\ non\ vincent,\ tu\ es\ petra}$ 이것은 우리가 이 본문에 대해서 갖고 있는 가장 오래된 증언이다. 여기에서는 '죽음의 문들에 의해 압도당하지 않음', '죽음에 의해 정복당할 수 없음'의 대상이 교회가 아니라 베드로와 연관되어 있다. "그들이 너를 압도하지 못할 것이다." 그렇다면 이것은 단지 다음과 같은 의미일 수밖에 없다고 하르낙은 생각한다. "너는 베드로라. 죽음이 너를 정복하지 못할 것이다. 즉 너는 죽지 않을 것이다. 너는 나의 재림을 볼 것이다." 이것은 요한복음 21:23에서 요한에게 말하여진 "그 제자는 죽지 아니하겠다"와 뜻이 같다. 그리고 그 직후에 마태복음 16:28에서 말한 것과도 같다. "진실로 너희에게 이르노니 여기 서 있는 사람 중에 죽기 전에 인자가 그 왕권을 가지고 오는 것을 볼 자들도 있느니라." 그러나 이 예언은 요한에게서도 베드로에게서도 실현되지 않았다. 그들은 주님이 오시기 전에 죽었으며, 그 때문에 두 경우 텍스트에 보충 구절이 삽입되었다는 것이다. 요한복음 21:23에는 요한에 대해, "이 제자는 죽지 않을 것이라는 소문이 퍼졌다. 그러나 예수의 말씀은 그가 죽지 않겠다 하신 것이 아니라, 내가 올 때까지 그를 머물게 하고자 할지라도 네게 무슨 상관이냐?"(옮긴이 사역)라고 적고 있다. 하르낙은 반석 관련 구절에서도 유사하게 그 말씀을 더 이상 베드로가 아니라 교회에 적용하는 삽입이 다음과 같이 일어났다고 생각한다. "나는 이 반석 위에 나의 교회를 세울 것이며, 그리고 음부의 문들이 그것을, 즉 교회를 정복하지 못할 것이다." 이러한 삽입은 그 교회의 창설자를 찬미하려고 했던 로마 교회에 의해 일어났을 것이다.

하르낙의 이러한 추측은 많은 사람을 설득시켰다. 그러나 이토록 결정적일 만큼 중요한 문제에서, 나는 감히 하르낙의 가설에 근거하여 본래 복음서들에 쓰여 있는 말씀을 밀어낼 수는 없다. 하르낙의 추측은 시리아의 텍스트-전승의 간접적인 경로로 갖게 된 불확실한 단서에 기인할 뿐이다. 그렇다면 우리는 이 말씀을 본래적 형태대로 두고 문맥으로부터 그 의미를 해석해 보도록 하자. 만일 예수께서 베드로에게 이 중대한 순간에 "너는 반석이다"라고 이름을 부여하셨다면, 이러한 반석 비유가 사용된 것에는 어떤 이유가 있을 것이다. 이것을 설명해 주는 문장은 생략될 수 없다. "이 반석 위에 나는 내 교회를 세우리라." 그러고 나면 종결문장도 충분히 의미가 통한다. 음부의 굳게 닫힌 문들, 죽은 자들 뒤에서 탁 하고 닫힌 문들, 사람들이 일렬로 들어가서는 돌아오지 못하는 죽음의 문들, 이러한 문들이 하나님의 교회공동체를 방해할 수는 없다는 것이다. 교회는 그 문들을 뚫고 나와 새로운 생명에 이른다는 것이다.

그러므로 예수께서 이 장엄한 순간에 빌립보 가이사랴에서, 아마도 헤르몬 산기슭에 있는 판 언덕Panhügel 11의 암벽을 바라보며 베드로에게 하셨을 그 말씀은 비판적 삭제에 의해 간단히 제거되어서는 안 된다. 비록 예수께서 이 말씀을 이러한 형태로 하시지 않았다 하더라도 이 발언에는 신약성서의 가장 중요한 진리들 중의 하나, 즉 사도들의 서신서들에서도 되풀이되어 울려 나오는 진리가 요약되어 있다. 우리는 그 말씀을 신약 사상 전체 문맥에 집어넣어 보아야만 한다. 바로 베드로가 쓴 것으로 추정되는 베드로전서 2장에는, 그리스도의 말씀 속에 포함되어 있는 그 비유, 하나님이 세우시는 영적 건축물의 비유가 한층 더 확장되어 나타난다. 베드로전서에는 다음의 시편 구절이 언급되어 있다. "건축자가 버린 돌이 모퉁이의 머릿돌이 되었나니"(시 118:22). 세계사는 사상의 지속적인 건축 과정이다. 인간 건축설계자들이 설계하고, 육체노동자들이 실행해야만 한다. 로마의 독재 군주들은 피와 철로 된 그들의 권력 구조물들을, 그들의 성채들과 호화로운 궁전들을, 그리고 그들의 세계제국들을 건축한다. 인간 건축가들과 대립되는 방식이긴 하지만 하나님도 건축을 하신다. 인간 건축가들이 버린 돌을, 가장 위대한 제국의 공무원이 처형시킨 남자를, 하나님은 모퉁잇돌로 삼으셨다. 그 위에 그분은 인간들의 궁전이나 성채들과는 달리 '영적인 집'ein pneumatisches Haus을, 즉 살아 있는 돌들, 하나님께 봉헌된 인간의 인격들로 구성된 집을 세우신다. 하나님이 이러한 '영적인 집'을 세우시는 방법은 인간의 건축 방법과 완전히 반대된다. 여기에서 돌들이 서로 겹쳐 쌓여지는 방식은 인간의 설계도가 아니라 하나님의 설계도에 따른다. 하나님의 설계도는 에베소서 2:20 이하에 다음과 같이 묘사되어 있다. "너희는 사도들과 선지자들의 터 위에 세우심을 입은 자라. 그리스도 예수께서 친히 모퉁잇돌이 되셨느니라. 그의 안에서 건물마다 서로 연결하여 주 안에서 성전이 되어 가고 너희도 성령 안에서 하나님이 거하실 처소가 되기 위하여 그리스도 예수 안에서 함께 지어져 가느니라."

성당이 하나 지어질 때면, 건축기사는 층별 설계도, 즉 차례로 쌓아 올려지는 석층들의 계획도를 그린다. 기초석들은 바로 다음 층을 지탱하며, 그 층은 그 위층을 지탱한다. 에베소서 말씀에서 우리는 건축기사 하나님의 최초의 석층 계획도를 갖는다. 전체를 떠받치고 있는, 하나님에 의해 토대로 놓인 맨 아래층이 보인다. 모퉁잇돌은 예수 그리스도이며, 기초 벽의 마름돌들은 선지자와 사도들이다. 그 비유는 요한계시록 21:14의 하나님의 도성의 묘사에도 나타난다. "그 성의 성곽에는 열두 기초석이 있고 그 위에는 어린 양의 열두 사도의 열두 이름이 있더라." 이 건축물의 그림은 『헤르마스의 목자』 *The Shepherd of Hermas* 12에 더욱 상세히 묘사되어 있다. 거기에서는 몇 계열의 돌들이 분명히 서로 구분되는데, 항상 아래 돌이 그 위의 모든 돌을 떠받치고 있다. 그러므로 영적인 공동체 안에는 그리스도 외에도, 전체 교회를 위해 독특한 중요성을 지니며 그 때문에 하나님으로부터 특별한 전권, 즉 미래의 세계에까지 미치는 전권을 위임받은 인물들이 존재한다. 이것이 초기 기독교 건축 비유의 의미다. 떠받치는 역할을 하는 기초석들에 비견되는 인물들이 있는 것이다. 바울이 쓴 갈라디아서에 따르면, 바울이 이방인 선교에 대한 하나님의 명령을 받아들였을 때 그는 내적인 독립성에도 불구하고 어떤 인물들과 관계를 맺어야만 했다. 그들의 동의가 그에게 결정적으로 중요했기 때문이다. 그리고 여기에서 바울은 베드로에게 하신 예수의 말씀을 다시금 밝게 조명해 주는 표현을 사용한다. 그는 '기둥'들로서 간주되었던 οἱ δοκοῦντες στῦλοι εἶναι 야고보와 게바와 요한에 대하여 언급한다(갈 2:9). 그러므로 이 사람들은 하나님의 건축물을 떠받치는 기둥들이었다. 단순히 지역교회의 창시자들이 아니었다. 실로 그들은 초기 기독교계 전체에서 지속적으로 중요성을 지녔던 사람들이었다. 이것은 보편적으로 인정되었다. 이러한 기둥에 속하는 사람들은 종말에 대해서도 특별한 전권을 갖고 있었다. 그들은 또한 종말의 하나님나라에서도 어떤 다른 누구에게도 귀속될 수 없는 위치를 차지할 것이다. 그들은 열두 보좌에 앉아서 이스라엘의 열두 지파를 판결할 것이다.

사도직의 유일회성

이제 우리가 베드로에게 하신 예수의 말씀으로 돌아가서 그것을 좀 더 큰 문맥에서 이해한다면, 그 말씀의 의미가 확실해진다. 예수는 베드로에게 "너는 베드로라. 내가 이 반석 위에 내 교회를 세우리라"라고 말씀하신다. 즉 "나는 너를 반석으로, 기초석으로, 기둥으로 만들어, 그 위에 살아 있는 돌들로 전체 집이 세워지도록 하겠다. 나는 너에게 아주 특별한 전권을 준다. 나는 너에게 천국의 열쇠를 준다. 네가 내릴 결정들은 초세속적인 효력을 가질 것이다. 네가 땅 위에서 매는 것은 또한 하늘에서도 매일 것이다"라는 말씀이다. 그러므로 베드로는 교회공동체를 떠받치고 있는 기둥이 되는 사람들의 줄에서 첫 번째 사람인 것이다. 가장 오래된 기록들에 따르면 그는 실제로 이러한 위치를 차지했다. 그는 부활하신 예수께서 모습을 보여주신 첫 번째 사람이다. 또한 오순절에 모든 사도를 대표해서 설교한다. 그는 산헤드린 앞에 사도들의 대리자로서 나타나며(행 4장), 사도공의회에서 발언하는 첫 번째 사람이다(행 15장).

그런데 이 모든 것이 이 말씀에 근거해 교황권을 주장한 증거와 무슨 관련이 있다는 말인가? 오히려 이 말씀은 교황들이 적용했던 것과는 정확히 반대의 것을 말하고 있음이 명백해졌는데 말이다. 그 말씀이 분명하게 의미하고 있는 것은, 베드로가 사도로서 하나의 사명, 즉 전체 교회공동체에 대해 상속될 수도 없고 바로 다음 세대에게도 양도될 수 없는 존엄한 직분을 얻는다는 것이다. 이러한 지위는 절대적으로 유일회적이다. 이것이 기초석과 그것이 떠받치고 있는 건축물에 대한 비유의 의미다. 기초석들은 단지 한 개의 층만을 차지한다. 이러한 밑돌들이 전체 건축의 내부에서 차지하는 역할은 기초를 닦는 시기에 단 한 번 있을 뿐이다. 그 역할은 반복될 수 없다. 그것은 모든 권세의 세습적 상속을 배제한다. 이러한 그리스도의 말씀이 교황의 거대한 대성당 옥좌에 대문자로 휘황찬란하게 쓰여 있는 것은 세계사의 진기한 아이러니다. 바로 이 그리스도의 말씀을 본래의 의미대로 이해하자면, 사도 베드로에게 하나님의 영적인 건축물 속에서 절대로 반복될 수 없는 유일한 지위를 부여해 주었기 때문에 모든 형태의 교황권은 배제되며 금지된다. 이 말씀이 의미하고 있는 것은, 다른 모든 사람, 다음 시대의 모든 사람은 그들이 아무리 위대하고 중요하며 개척적이라 할지라도 결코 사도가 될 수 없으며, '사도들의 보좌'sedes apostolica를 차지할 수 없고, 기둥인 사도들의 중요성과 전권을 상속받을 수 없다는 것이다. 후세대의 모든 사람은 살아 있는 돌들로서, 기초벽의 저 마름돌들에 의해서 지탱되는, 눈에 보이지 않지만 건축물 속에 항상 끼워 넣어져 사용되는 돌들일 뿐이다. 사도들과 비교해 볼 때 그들은 모두 아류들이며, 단순한 건축 재료이고 평범한 벽돌이지 결코 기초석들은 아니다.

그러므로 올바로 이해한다면, 이 말씀은 프로테스탄트적인 교회를 주창하는 역사적 대헌장이다. 이것은 영적인 세계, 특별히 종교의 영역에서는 한 사람에게서 다른 사람에게로 양도될 수 있는 전권은 존재하지 않는다는 확신에 근거한다. 괴테Johann Wolfgang von Goethe의 시적 천재성이 다른 사람에게 양도될 수 없는 것처럼, 예언자들의 위탁받은 명령과 사도적 사명도 후계자에게 양도될 수 없다는 것이다. 하나님의 전권은 재산처럼 상속될 수 있는 것이 아니다. 그것은 집이나 토지처럼 유언으로 상속될 수 없으며, 왕관처럼 아버지에게서 다음 왕위 계승자에게 넘겨질 수 없다. 하나님의 보내심, 하늘의 위탁은 항상 그것을 받은 사람에게만 효력이 있고, 항상 유일회적이며 반복될 수 없다. 사도직 계승successio apostolica이라는 전체 이념은 그 자체가 모순인 것이다. 그것은 이 세상의 권력 구조물들로부터 발생한 개념이며, 하나님께서 자기 건축물의 모퉁잇돌로 삼으셨던 그 돌을 버렸던 인간 건축가들이 쌓아올린 세계사의 덧없는 장엄한 건축물들로부터 얻어진 것이었다. 세상 권력과 세상 소유물은 왕으로부터 다음 왕위 계승자에게, 선임자로부터 후계자에게 양도될 수 있다. 그러나 그리스도가 저 세계사적인 시간에 베드로를 앉혔던 사도적 보좌, 즉 영적인 영역에서의 이 보좌는 모든 후계자의 상속가능성을 배제한다. 그 보좌는 오늘날에도 단지 그 사도 자신에 의해서만 차지되며 영원히 그러할 것이다. 그것은 그가 다른 사도들과 더불어 이스라엘 열두 지파를 다스릴 보좌인 것이다. 그러므로 이 보좌가 언젠가는 빈다거나 그 위에 어떤 다른 사람, 어떤 대리인이나 후계자가 앉게 되리라는 생각은 생겨날 수가 없는 것이다.

물론 사도들에 의해 지탱되던 교회공동체도 외적으로 조직을 갖추면서 선임 직분자로부터 그의 후임자에게 위임되는 공직들이 요청되었다. 예를 들어 사도행전 6장에는, 더 이상 사도들에 의해서만 빈민구제가 실행될 수 없게 되면서 빈민구호 담당자 일곱 명이 임명되었다고 설명하고 있다. 또한 한 명의 지도자, 한 명의 사도공의회 의장이 전체 교회공동체의 우두머리가 될 필요성이 나타난다. 그러나 그러한 종류의 모든 직책은—이것은 바로 사도행전 6장의 결과로서 명백히 나타난다—사도직과는 분명히 구분된다. 이것들은 단지 교회공동체 지체들 간의 역할분담 문제, 즉 외적 질서의 문제일 뿐이기 때문이다. 이러한 직책들 중 어느 것도 사도적 전권을 가지고 있지 않다. 그 직책들은 공동체 업무 처리를 조직화하지만, 하늘의 문들을 열고 닫을 능력은 없다.

그러므로 우리 프로테스탄트들이, 비록 가장 이상적인 인간이라 할지라도 신앙과 생명에 대한 사도들의 전권 그 자체를 요구할 수는 없다는 생각을 갖게 된 것은, 그리스도의 '교회' 창설에 관한 말씀의 본래적 의미에 대한 단순한 경외심 때문이다. 그리스도의 말씀은 우리가 왜곡하거나 곡해해서는 안 되는 왕의 말씀인 것이다. 베드로에게 하신 바로 이 장엄한 말씀, "내가 이 반석 위에 내 교회를 세우리라"라는 말씀에서, 예수는 자신의 교회공동체를 모든 인간의 조직들과 결정적으로 구분하신다. 이 말씀은 우리로 하여금 인간들에 의해 세워진 모든 교회를 넘어 그리스도와 그의 사도들에 의해 기초가 놓인 공동체로 돌아가지 않을 수 없게 한다. 이 공동체는 예루살렘이나 그리심 산 위에서가 아니라, 루르드[13]나 로마에서가 아니라, 이 성전이나 저 성전에서가 아니라, 진실한 예배자들이 신령과 진리로 하나님을 예배하는 성령의 교회다. 이러한 교회에서는 누가 가장 큰 자인가에 대한 싸움도 일어날 수 없다. 그것은 다음 말씀에 기초하고 있기 때문이다. "너희 선생은 하나요 너희는 다 형제니라."[14]

IV

가톨릭교회의 그리스도 이해와
프로테스탄트 교회의 그리스도 이해

이제까지 우리는 '예수가 교황권을 세웠는가?'라는 질문에 대해서 이야기했다. 만일 베드로에게 하신 말씀, "내가 이 반석 위에 내 교회를 세우리라"를, 신앙과 삶의 문제에서 영원히 무오한 권위인 세습적 제사장직 제정을 정당화하는 원문으로 간주한다면, 우리는 예수를 올바로 이해했던 것일까? 우리는 이 질문에 "아니요"라고 답해야만 했다.

우리는 그렇게 대답할 수밖에 없었던 것을 유감으로 생각한다. 만일 우리가 모든 의심스러운 경우에 의지할 수도 있을 그렇게 무오하고 확실한 신탁을, 세계 양심의 화신을, 삶의 모든 결정에서 확실한 인도자를, 상대주의의 파도 한가운데서도 흔들리지 않는 하나의 바위를 가졌다면, 삶의 복잡한 문제들 속에서 올바른 길을 찾아 나가는 것이 훨씬 더 쉬워졌을 것이다. 오늘날 수많은 사람들이 그것을 갈구하고 있는 것은 명백하다. 그러나 우리에게는 그것이 그렇게 쉽게 되지 않는다. 만일 그리스도가 우리의 삶에서 능력이 되어야만 한다면, 우리는 그에 대한 전통에, 즉 인간적인 수도관을 통해 흘러나오는 수돗물에 만족해서는 안 된다. 우리는 근원으로, 초기 기독교의 기록들로, 예수에 대한 사도들의 증언들 자체로 돌아가야만 한다. 이것이 종교개혁 시대에 교황권의 신적 기원에 대한 의심이 일자마자 촉발된 요구였다. 우리는 전통으로부터 완전히 독립하여, 원문으로부터 그 질문에 답하려고 해야 한다. 예수는 누구였는가? 그는 무엇을 원했었는가? 당시 경쟁하던 모든 종교보다 기독교를 그 발생 시부터 이미 탁월하게 만들었던 비교할 수 없는 재산은 예수라는 인물이다. 그를 통해서 "인간의 운명이 전 피조물의 의미와 중심이 되었으며"(오스발트 슈펭글러^{Oswald Spengler 1}), 그에 비하면 당시 유행하던 미트라스, 아티스, 이시스,² 오시리스³의 전설들은 천박하고 공허하게 보였다. 예수라는 이 인물은 고유한 표현형식이며 특별한 문학장르인 복음서를 생성케 할 만큼 그렇게 독특했다.

이 인물은 회피하기 어렵다. 오늘날에도 여전히 다소 영향력 있는 사람이라면 부지중에라도 어떻게든지 그에 대한 태도를 결정해야만 한다. 나폴레옹 1세^{Napoleon I}는 세인트 헬레나 섬에서 예수의 신비한 능력에 대해서 묵상했다. 에커만^{Johann Peter Eckermann 4}이 보고하듯이, 괴테는 자신이 눈물을 터트릴 만큼 감동적으로 예수를 찬양할 수 있었다. 게르하르트 하우프트만^{Gerhart Hauptmann 5}은 그의 『에마누엘 크빈트』^{Emanuel Quint}라는 작품에서 슐레지엔의 직공마을을 배경으로 그리스도에게 현대적인 옷을 입혀 우리 앞에 다시 부활시켰다. 리하르트 데멜^{Richard Dehmel 6}은 그의 시 「올림푸스 산의 그리스도」^{Christus im Olymp 7}에서 예수께서 신들의 거처로 진입하는 장면을 묘사하는데, 그곳에서 옛 신들은 그의 앞에서 창백해지며 프시케는 영혼을 제압하는 그의 힘을 느껴 그 앞에 쓰러진다. 오스카 와일드^{Oscar Wilde}는 『심오한 지리』^{De Profundis}라는 글에서, 모든 인간이 아직 그토록 무질서한 삶을 영위하고 있지만 매일 아침 최소한 복음서 두세 구절, 예수의 말씀을 몇 마디 읽어야만 할 것이라고 말한다.

그러나 가장 중요한 것은 예수가 어느 누구도, 석가도 모하멧도 공자도 주장하지 않았던 권리, 즉 사람들에게 '너의 죄가 용서받았다'라고 말할 사죄대권赦罪大權[8]을 가졌다고 스스로 주장했다는 점이다. 그렇지 않았다면 역사의 흥미 있는 인물로서 예수에 대한 모든 언급도 별다른 의미를 갖지 못했을 것이다. 인류의 운명에 대해서 예수가 갖는 그 중심적인 의미는 그의 사죄대권 주장이 없었다면 충분하게 해명될 수 없었을 것이다. 그가 인류의 운명과 관련해 갖는 결정적인 주장은 그가 사죄대권을 가졌다는 것이다. 또한 가장 오래된 복음서인 마가복음에 따르면, 그는 스스로 "인자는…… 자기 목숨을 많은 사람의 대속물로 주려 함이니라"[9]라고 말했다. 그의 제자들과 함께 한 최후의 만찬에서는 "이것은 많은 사람을 위하여 흘리는 나의 피 곧 언약의 피니라"[10]("죄 사함을 얻게 하려고")라고 말했다. 그가 가버나움의 중풍병자에게 처음으로 "작은 자야, 네 죄 사함을 받았느니라"[11]라고 말했을 때 둘러서 있던 사람들은 이미 "이 사람이 어찌 이렇게 말하는가? 오직 하나님 한 분 외에는 누가 능히 죄를 사하겠느냐"[12]라고 말했던 것이다. 그럼으로써 싸움을 위한 신호탄이 발사되었다. 오늘날에도 여전히 직면하고 있는 결정적인 질문이 제기된 것이다. 그는 불가능한 일을 하려 했으며 어떠한 인간도 해서는 안 되는 일을 한 신성모독자인가, 아니면 실제로 하나님께 위임받은 사죄대권을 가지고 말하고 행동하며 하나님만이 하실 수 있는 일을 할 수 있는 자인가? 정신적 분투를 통해서도, 교육과 고행과 금욕을 통해서도 아무도 제거할 수 없는 거대한 죄의 짐을 오직 그분만이 지실 수 있다. 오스발트 슈펭글러는 모든 시대 모든 비극의 근본사상은 시간의 불회귀성, 즉 일어난 죄를 다시 취소하는 것의 불가능성이라고 말했다. 그리스도는 스스로 인간의 이러한 비극을 해결할 사죄대권을 주장했다. 그가 이런 숭고한 권리 주장을 했기 때문에, 그리고 이러한 대권을 그가 가졌다고 믿었던 사람들에게 처음부터 더욱 놀라운 일이 일어났기 때문에, 그는 세상에서 유일한 위치를 차지하며 오늘날에도 여전히 모든 인간은 어떻게든 그에게 관심을 기울여야만 하는 것이다. 신약에서 예수의 자기 호칭으로 사용되는 "인자"(참조. 다니엘 7장),[13] "메시아", "주님",κυριος "영원한 대제사장", "구세주", "대속자", "길", "진리와 생명", "선한 목자" 등과 같은 이 모든 호칭은 궁극적으로 이러한 전례 없는 사죄대권의 표현들일 뿐이다. 또한 이 호칭들은 예수가 유일한 사죄대권을 지니고 있다는 것을 믿고 스스로 그것을 경험했던 영혼들이, 이제 그것을 묘사하고 필연적으로 그것으로부터 도출되어야 하는 결론을 끌어내기 위해 유대어이든 헬라어이든 그들의 예배 언어로 표현해 낸 신앙고백들일 뿐이다. 왜냐하면 우리의 죄를 제거할 수 있는 바로 그분이 우리처럼 인간일 뿐이라는 것은 확실히 불가능하기 때문이다. "아무도 형제를 구속하지 못하며 그를 하나님과 화해시키지도 못한다"(시 49:8, 옮긴이 사역). 죄인인 인간은 스스로가 용서를 필요로 하는 존재이며, 다른 사람들을 하나님과 화해시킬 수 없다. 화해자는 직접 하나님께로부터 와야만 한다. 그는 '하나님의 아들'이어야만 한다. 모든 가톨릭 성당은, 세상 죄를 해결하는 예수의 이러한 신적 사죄대권의 감각적 상징인 성체가 봉헌된 지성소를 중심으로 건축되어 있기에 가톨릭 성당 건축물은 이러한 전권의 진리를 표현한 돌로 된 신앙고백이다. 모든 프로테스탄트 예배는 신앙고백의 말씀들, 즉 그리스도의 교회가 소유하고 있는 죄의 용서에 대한 근본 교리 속에서 이러한 사죄대권을 표현하려고 한다.

예수가 이러한 전권을 주장했으며 그가 말하는 이 사죄대권이 신앙고백의 내용이 되었다는 바로 그 이유 때문에, 그는 오늘날에도 여전히 모든 인간에게 결단을 요구하고 있다. 기회가 주어진다 하더라도 자신의 삶의 일부를 되돌리고 싶어 하지 않을 만큼 스스로를 그렇게 순수하다고 느끼는 사람은 아무도 없기 때문이다. 그리고 만일 그러한 것이 가능한데도 죄 짐을 벗어 버리는 것을 간절히 원하지 않을 만큼, 죽음과 그 후에 따르는 일에 대하여 스스로 안전하다고 느끼며 모든 불안으로부터 자유롭다고 느끼는 사람은 없다.

예수가 실제로 영원한 대제사장으로서 인간을 위해 하나님 앞에 설 수 있는 전권을 가졌는지, 그가 스스로에 대해 그렇게 말할 권리를 가졌는지 아닌지는 더 이상 학문적으로 논의할 문제가 아니다. 이러한 질문에 대한 대답은 파편적으로 인용되는 낱개의 말씀들과 이야기들의 진실성에 달려 있는 것이 아니다. 용서, 죄로부터의 영혼의 해방, 하나님과 화해한 새로운 자아의 탄생은 항상 내면 깊숙한 곳에서 하나님과 영혼 사이에 일어나는 어떤 일이기 때문이다. 스스로 묶여 있는 속박들로부터 영혼이 얻는 내적인 해방은, 가시적 세계 속에서 증명될 수 있는 어떤 행동의 결과들이나 효력들을 취소하는 것과는 다른 것이다. 후자의 것만이 학문적으로 확인될 수 있다. 그와 반대로 저 내적인 부활은 역사적으로 고찰해 볼 때 눈에 보이지 않으며, 모든 증명 가능한 결과들과 완전히 다르다. 『카라마조프가의 형제들』

이라는 유명한 소설에서, 미차 카라마조프는 감옥에서 시베리아 유형을 기다리며 이렇게 말한다. "알료샤, 나는 최근의 이 두 달 동안 내 속에서 한 새로운 인간을 발견했어. 한 새로운 인간이 내 속에서 부활한 거야……. 이 새 생명은 얼마나 신비로운지! 그러나 중요한 것은, 내가 20년 동안 그 채석장에서 망치를 두드려야 한다는 사실이 이제는 더 이상 나를 두렵게 하지 않는다는 거야." 인간의 새로운 부활을 가져온 과거의 용서는, 외적으로만 증명될 수 있는 이러한 결과들과는 아무런 상관이 없다.

예수의 사죄대권은 오로지 유일하게 인간 속의 이러한 보이지 않는 내적인 사건과 관계되기 때문에, 이러한 사죄대권 요구의 권리를 옹호하거나 반대하기 위해 과학적 논증들을 시도하는 것은 전혀 불가능하다. 어떠한 역사적 비평도 예수의 모습 속에서 이러한 사죄대권의 중심 요구를 제거해 버릴 수 없다. 이 중심 요구에 비추어 복음서 속의 예수라는 인물을 고찰해 본다면, 결정적으로 위대한 그의 특징이 눈에 띈다. 복음서들은 예수의 공생애 묘사를 광야에서의 유혹에서 시작한다. 이 광야에서 예수는 헤라클레스처럼 두 개의 가능성으로 인도하는 갈림길에 서 있었다. 그는 하나의 길을 선택하고 다른 하나의 길은 거절했다. 그 순간 그의 인생에 대한 결정이 내려졌다. 또 다른 하나의 길과는 반대되는 길을 선택한 이러한 결정은 그에게 죽음의 운명을 지정했다. 그것은 그의 삶에, 모든 것의 중심이 되는 하나의 근본 사상을 부여했다. 그 결정 이래로 그의 모든 삶은 심연 가장자리의 좁은 길을 걸어가는 것과 같았는데, 사탄의 세력은 끊임없이 그를 그 심연 아래로 끌어내리려고 했다. 예를 들면 베드로가

"주여, 그리 마옵소서. 이 일이 결코 주께 미치지 아니하리이다!"[14]라고 그를 반대했을 때나, 민중들이 그를 왕으로 삼고자 했을 때[15]와 같은 경우다.

두 가지 대립적인 질문: 영혼의 자유와 권력에의 갈망

예수가 그 사이에서 선택해야 했던 두 가지 가능성은 어떤 것이었는가? 유혹하면서 그에게 접근했던 교활하고 강력한 영이 예수께 제안한 것들의 의미는 무엇인가? 도스토예프스키는 만일 지상의 모든 현인들, 통치자, 대제사장, 학자, 철학자, 시인들을 다 모은다 하더라도, 힘과 깊이에서 그 강력하고 교활한 영에게 예수가 받은 저 세 가지 질문과 유사한 어떤 것도 집단적으로 일치되게 고안해 낼 수는 없을 것이라고 말했다. 이 세 가지 제안 속에는 인류의 이후 전체 역사가 예언되어 있으며, 그 속에는 모든 풀기 어려운 인간 본성의 모순들이 만들어 낸 현상들이 드러나 있다는 것이다. 이 세 가지 교활한 제안들의 의미는 무엇인가? 왜 악마는 예수께 마법을 써서 돌로 빵을 만들어 내라고 요구하는가? 왜 그는 예수를 성전 꼭대기로 이끌어 가서 그에게 뛰어내릴 것을 요구하는가? 왜 그는 예수를 높은 산 위로 이끌고 가서 세상의 모든 부와 영광을 보여주며 그에게 이러한 모든 권력을 약속하는가?

예수의 사죄대권과 관련된 하나의 거대한 문제는 양심의 문제로서 어떻게 내가 하나님의 은총을 얻을 수 있을까 하는 것이다. 어떻게 내가 용서를 받은 새로운 인간이 될까? 이외에도 인간 역사를 움직이며 인간의 영혼을 사로잡는 두 번째 문제가 또 있는데, 그것은 어떻게 내가 빵과 권력과 지상의 행복을 얻을까 하는 문제다. 인간 삶의 가장 깊은 모순과 모든 세계사의 주제는, 인간이 이 두 가지 문제와 욕구에 의해 이리저리 끌려 다닌다는 것이며, 완전히 대립되는 이 두 가지 문제, 즉 완전히 대립되는 방향으로부터 나온 이 두 가지 욕구가 동시에 인간을 공격한다는 것이다. 예수는 자신이 신적 전권을 받고 보냄을 받은 것은 저 첫 번째 욕구를 만족시키기 위한 것임을 안다. 그러나 그가 내딛는 모든 발걸음마다, 언뜻 보기에는 훨씬 더 강력해 보이는 두 번째 욕구가 그와 맞선다. 사람들은 그를 왕으로 삼으려고 한다. 그는 그들 속을 빠져나간다. 그들은 그의 치료 기적을 널리 소문 내서 그를 기적의 의사로 만들려고 한다. 그러나 예수는 그들에게 그것에 대해 말하는 것을 금한다. 바리새인들과 율법학자들은 능력의 증거로서 표적을 요구한다. 이에 대해 그는 "악하고 음란한 세대가 표적을 구하나 선지자 요나의 표적밖에는 보일 표적이 없느니라"[16]라고 대답한다. 마지막 걸음에서도 여전히 베드로가 그에게 저항하여 말한다. "주여, 그리 마옵소서. 이 일이 결코 주께 미치지 아니하리이다." 그러나 예수는 말씀하신다. "사탄아, 내 뒤로 물러가라. 네가 하나님의 일을 생각하지 아니하고 도리어 사람의 일을 생각하는도다."[17] 그렇다. 마지막으로 그가 십자가에 달려 있을 때에도, 율법학자들과 장로들은 그에게 능력을 보일 것을 요구한다. 그들은 머리를 흔들면서 말한다. "그가 남은 구원하였으되 자기는 구원할 수 없도다. 그가 이스라엘의 왕이로다. 지금 십자가에서 내려올지어다. 그리하면 우리가 믿겠노라."[18]

기회 있을 때마다 되풀이하여 그를 압박해 온 이러한 요구에 대해 예수께서 조금이라도 양보했더라면, 세상 모든 사람은 그를 추종했을 것이다. 그 시기에 나타났던 모든 메시아처럼 민중운동을 선동했더라면, 그 힘으로 예수는 자신의 적수인 바리새파 지도자들을 이겨낼 수 있었을지도 모른다. 그러나 그는 단 한 걸음도 양보하지 않았기 때문에, 그의 삶은 괴테가 「마호멧의 노래」^{Mahomet's Gesang} [19]에서 묘사한 지도자적 삶의 방향과는 정반대로 진행되었던 것이다. 인류의 다른 지도자들의 삶은, 산에서 샘솟아 점점 더 넓어져서 결국은 강한 강물이 되어 바다로 흘러 들어가는 한 줄기 시내와 같다. 그것은 소규모 제자단으로 시작된다. 그러고 나서 끊임없이 영향력을 증대시키면서 대규모 성공과 명성이 생겨난다. 그런데 예수는 그 반대였다. 그에게는 처음에 대중적 성공이 있었다. 처음에는 전체 민중이 그에게 환호를 보냈다. 그러나 그가 인간의 그 두 번째 욕구에 대해서 조그마한 허용도 하지 않음으로써 그의 추종자의 규모는 점점 작아진다. 많은 추종자들이 그로부터 점점 떨어져 나간다. "이러므로", " 제자 중에 많이 물러가고"라고 쓰여 있다. "다시 그와 함께 다니지 아니하더라"라고 되풀이하여 기록되어 있다. "너희도 가려느냐?"[20] 그와 가장 가까운 이들에게 한 이 말은 얼마나 슬프게 들리는가! 그를 이해하는 것처럼 보였던 바로 그 사람들도 그의 마지막 투쟁에서는 그를 버렸으며, 결국 그는 완전히 홀로 죽었다. 그의 죽음 후에 나타난 일, 부활도 그 긴장을 해소시키지 못했다. 그는 마지막까지 그를 추종했던 소수의 사람들에게만 나타났기 때문이다. 그러므로 예수의 삶은 일출이라기보다는 오히려 일몰과 같다. 그것은 고지로부터 심연으로 내려간 하강이며, 세상에서는 성공으로부터 패배로 물러난 퇴행인 것이다. 그 때문에 예수라는 인물의 비밀은 처음부터 어떤 특정한 사람들에게만 이해될 수 있었다. 단지 그 특정한 소수의 사람들만이 그리스도를 이해할 만큼 성숙해 있었다. 그들에게는 아우구스티누스와 루터에게처럼 저 첫 번째 문제와 염려, 즉 자비로운 하나님과 죄의 제거에 대한 문제가 그들의 영혼을 완전히 가득 채우고 있었으므로 사람들을 격동시키는 저 두 번째 문제인 권력과 행복과 안락에 대한 문제는 완전히 뒤로 물러나 있었다. 그들의 내면적인 태도와 영혼의 상태는, "사람이 만일 온 천하를 얻고도 자기 목숨을 잃으면 무엇이 유익하리요? 사람이 무엇을 주고 제 목숨과 바꾸겠느냐?"라는 말로 요약된다. 그리스도를 영접한 사람들은, 만일 영혼의 상처 곧 하나님께 대한 범죄가 치유되지 않는다면, 모든 세계 권력과 가이사적 화려함, 로마의 세계정복 행렬, 영국의 식민지 정책, 전 지구의 생산 수단을 한손에 규합할 것을 노리는 경제적 거대기업 등 그 모든 것이 전혀 중요치 않게 되며 무^{無}로 전락한다는 것을 잘 알고 있다. 전 세계의 자본은 무한히 훨씬 더 중요한 질문, 오로지 깊이 생각할 가치가 있는 다음의 질문이 떠오르자마자 모든 의미를 잃게 된다. '어떻게 나는 영혼의 상처를 치유할까?'

슈펭글러는, 예수가 빌라도 앞으로 끌려왔을 때 이 두 대립되는 인물이 마주서서 서로의 눈을 바라보는 장면에는 예수의 생애에서 서로 충돌해 온 일치하지 않는 두 가지 대립적인 입장이 요약되어 있다고 생각했다. 그는 그 점에서 예수의 생애에 대한 스케치에서 결정적인 핵심을 정확하게 파악했다. "진리가 무엇이냐?"라는 로마 총독의 질문에는 세계사를 지배하는 하나의 인생관이 표현되어 있다. 이 빌라도의 질문에서 유일하게 승인되는 현실은 권력과 성공과 지상의 행복이다. 빌라도의 말에 대립하며 영혼의 입장을 표현하는, 똑같이 중요한 예수의 말씀은 이것이다. "내 나라는 이 세상에 속한 것이 아니니라. 만일 내 나라가 이 세상에 속한 것이었더라면 내 종들이 싸워 나로 유대인들에게 넘겨지지 않게 하였으리라. 이제 내 나라는 여기에 속한 것이 아니니라."[21] 예수가 왕으로 통치하는 이러한 영적인 왕국에 영혼의 중심을 두고 있는 자에게는, 강력한 권력의 로마제국이 무(無)로 전락한다. 제국은 단지 일시적인 현상일 뿐이다. 대립되는 차원의 두 가지 사건이 여기에서 만난다. "하나의 세계, 즉 역사적 세계 속에서는 로마인이 갈릴리 사람을 십자가에 못 박게 한다―이것이 그의 운명이었다. 다른 세계, 즉 영적인 세계에서는 저주받은 로마는 멸망하고 십자가는 구원의 보증이 된다―이것이 '하나님의 의지'였다."[22]

두 세계 사이에 계속되는 긴장

예수의 삶을 지배한 이러한 중심적인 대립으로부터 출발하기만 한다면, 예수의 본질 속에 있는 두 번째 특성에 대해 올바른 이해를 얻을 수 있다. 예수는 현세계의 종말을 임박한 것으로 기대했다는 사실이다. 예수는 이 시대에 해명되지 못한 의문들이 해명될, 새로운 영원의 시대가 현세대 직후 곧 오리라는 확신 가운데 살았다. 그가 멀지 않은 종말을 기대하였음을 엿볼 수 있는 많은 표지가 존재한다: 무엇보다도 이미 언급한 두 가지 주님의 말씀이 있다. "진실로 너희에게 이르노니 여기 서 있는 사람 중에 죽기 전에 인자가 그 왕권을 가지고 오는 것을 볼 자들도 있느니라"(마 16:28). "이 세대가 지나가기 전에 이 일이 다 일어나리라"(마 24:34).

예수 세계관의 독특성은 그가 종말을 실제보다 더 가깝다고 믿은 점에 있는 것이 아니다. 이러한 시간 규정은 예수 자신에게도 확정적인 것이 아니었다. 마가 전승에 따르면, 세계 전환의 시점에 대해 예수는 "그날과 그때는 아무도 모르나니 하늘에 있는 천사들도, 아들도 모르고 아버지만 아시느니라"(막 13:32)라고 말씀하셨다. 예수께는 어쨌든 종말이 온다는 사실, 세계 사건은 종결점을 향해 달려간다는 사실이 시기 규정보다 더 중요하다. 예수께 종말 없는 세계 진행은 풀리지 않는 수수께끼였으며, 해결이 결여된 불협화음이었다. 세계 도처, 즉 먼 동방에서도 러시아에서도 역사의 종말에 대한 사상이 다시금 떠오르는 지금, 우리는 예수의 근본 사상을 1870/71년[23] 이후 수십 년 동안 이해했던 것보다 훨씬 더 잘 이해한다. 우리가 종말로부터 아직 몇 년 혹은 몇십 년 떨어져 있는지는 여기서 전혀 중요하지 않다. 하나님 앞에서는 천 년이 단지 하루와 같은 것이다. 현재의 세계 상황은 과도기이지 최종적 상황이 아니라는 것이 결정적이다.

여기서 우리는 예수가 이 세상의 권력욕과 행복 욕구에 대해 취했던 독특한 태도를 비로소 이해한다. 그의 삶의 투쟁과 수난의 투쟁의 주제를 구성했던 그 두 가지 궁극적인 문제들과 욕구들의 대립을 인식한다. 영혼의 구원과 하나님의 은총에 대한 질문이 너무도 중요하여 세상을 얻으려는 욕망이 완전히 후퇴해 버린 사람만이, 모든 권력 관계들로 얽혀 있는 이러한 가시적인 세상이 풀리지 않는 수수께끼라는 사실을 견딜 수 있었다. 그러한 사람만이 이 세상이 대답 없는 질문이고 빛과 어둠 사이의 결말나지 않는 싸움이며 미해결의 고통 중에 있는 불안, 풀리지 않는 매듭, 중심 주제와 마지막 장이 빠진 미완성 단편이라는 사실을 견딜 수 있었다.

실제적인 삶의 관점에서 고찰할 때, 예수의 종말 기대, 소위 종말론적 세계관은 무엇을 의미할까? 서로 반대되는 두 방향으로부터 우리에게 던져지는 두 가지 문제, 즉 하나님과 영혼의 화해에 대한 문제와 행복과 권력에 대한 문제 중에서 전자의 것, 화해에 대한 문제만이 해결되었다는 것이다. 그와 반대로 두 번째 문제, 권력과 행복에 대한 문제는 아직 미해결되었다. 하나님은 그것의 해답을 종말까지 유보하셨다.

만일 예수의 모습을, 그의 삶의 투쟁과 세상에 대한 자세를 전혀 굴절되지 않은 무게로 받아들인다면, 우리는 그에 대해서 양자택일만을 할 수 있다. 그 양자택일 중의 한 가지는, 예수가 자신이 주장하는 전권, 즉 우리의 양심을 해방시키는 힘을 가졌다고 믿는 것이다. 만일 그렇다면 예수에 의해 자신의 삶의 짐이 벗겨진 모든 사람은, 행복이나 권력, 부를 향한 모든 추구에 대해 예수와 그 이후의 첫 세대 사도들과 순교자들이 취했던 것과 동일한 영웅적 태도를 취하기 시작한다. 그들은 모두 히브리서 11장에 묘사되어 있듯이, 해답을 가져올 종말에 대한 사상 속에서 이 지상에서는 자신들을 나그네와 이방인으로 느꼈으며 '그들의 재산의 상실을 기쁨으로 감수했다.' 양자택일 중 또 다른 한 가지는, 니체[F. W. Nietzsche]의 친구인 오버벡[Franz Overbeck] [24]

이 파악했던 것과 같이, 예수와 그의 제자들이 가졌던 확신은 영웅적 착각이었다고 보는 것이다. 그렇다면 오늘날 이러한 착각에 빠졌던 사람들을 찬미할 수는 있겠지만 더 이상 그들을 모방할 수는 없다. 세상에 대항했던 초대교회 공동체의 영웅적 태도가 아직 살아 있었던 한, 세상 전체보다 영혼이 더 중요했던 사람들이 있었던 한, 이 운동은 유례없는 힘을 발휘했다. 실제로 그것은 지상에 점화된 불이었으며, 반죽을 발효시키는 효모균이었다. 주후 177년 마르쿠스 아우렐리우스^{Mark Aurel} 치하의 비인과 리용에서 일어났던 기독교도 박해[25]에 대한 순교적 행동들 이후, 이 도시들에서의 기독교도 박해는 굴복당하지 않을 것처럼 보였던 어린 공동체 구성원들의 내적인 힘과 그들을 정복하기 위해 짜낸 생각해 낼 수 있는 모든 고문방법 사이의 거대한 투쟁으로 점점 확장되었다. 어떤 보고서에는 "이교도 국민은 순교자들에 의해 정복당하는 것을 참을 수 없었다"라고 쓰여 있다. 그 당시 기독교도들을 박해하기 위하여 채찍과 야수들과 달구어진 쇠가 사용되었다. 아침 일찍부터 밤까지 폰티쿠스^{Pontikus}와 블란디나^{Blandina}[26]와 같은 젊은이들이 고문을 당했다. 그러나 마침내 이교도들은 자신들이 이 끔찍한 싸움에서 패배자임을 인정해야만 했다. 이 비무장의 수난자들은 그들의 불굴성으로 세계를 정복했던 것이다.

로마 가톨릭교회의 권력 구조 안에서 해소된 긴장

그러나 예수의 정신이 아직 살아 있던 사도 시대와 순교자 시대의 이러한 영웅주의는 단지 2-3세기 동안만 지속되었다. 교회공동체가 세상에서 승인되고 더 이상 박해받지 않아도 되는 시대가 왔다. 그리고 그때에 전 생애에 걸쳐 예수의 길을 방해했던 사탄의 유혹처럼 다시금 저 두 번째 욕구인 권력과 행복에 대한 갈망이 나타났다. 이것은 그의 영향력을 세속적 목적을 위해 사용하도록 처음부터 예수의 인격을 지배하려고 했던 것이었다. 교회공동체는 세상에 순응하며, 정치적인 권력체로 존재하기 시작했다. 반면에 세상 종말에 대한 강렬한 기대는 후퇴했다. 세상 종말을 기대하고 있었던 초대교회 공동체 대신, 풍부한 제의와 현재적 신비성, 매력들을 가진 성사 중심 교회가 나타났다.

예수를 점령하려고 두 번째 인간적 본능을 극도로 격동시킨 사탄의 유혹을 예수가 왜 거절했는지, 왜 그는 이러한 욕구에 대해 조금이라도 양보하기보다 차라리 모든 사람으로부터 버림받고 죽는 것을 원했는지 이제야 비로소 밝혀지게 되었다. 권력 향유에 대한 충동이 교회공동체에 밀려들어온 순간, 예수가 불러일으켰던 하나님나라 운동은 소금의 힘, 즉 세상을 정복하는 능력을 상실했던 것이다. 그리하여 두 세계 사이의 무시무시한 긴장, 예수와 빌라도가 서로의 눈을 응시하는 저 세계사적인 장면 속에서 드러났던 그 긴장이 해소되었다. 예수께는 이 세상에서 이러한 긴장이 해소되지 않은 채로 있는 것이 가장 중요했다. 그 긴장은 전류를 발생시키는 음극과 양극 사이의 긴장과 같다. 종말이 와야 비로소 그 긴장은 하나님의 개입을 통해 해소될 것이다. 그러나 이제 그 긴장이 세속적 방식으로 해소되었다. 예수는 신적인 우두머리가 되었으며, 로마제국을 몰아내고 대신할 새로운 세계제국의 눈에 보이지 않는 지배자가 되었다. 그리스도는 세상에서의 로마의 황제권처럼 세습 제사장적 왕조의 창시자가 되었다. 높은 산 위에서 예수께 세상의 제국을 보여주며 유혹하려다가 "사탄아, 내 뒤로 물러가라!"라는 예수의 굴욕적인 질책을 듣고 심연으로 쫓겨났던 저 강력하고 교활한 영이 이제는 승리했다. 그는 예수의 역사적인 모습을 왜곡시켜서, 만일 예수가 그의 교활한 충고를 따랐더라면 틀림없이 취하게 되었을 모습으로 변질시키는 데 성공했다. 예수 모습의 이러한 변형에서 결정적으로 중요한 변화는 다음과 같은 사실에 있었다. 예수와 사도들은 긴장의 해소를, 즉 하나님나라의 가시화, 하나님이 권능을 갖고 오심, 세상 권력에 대한 하나님의 승리를 종말로 옮겨 놓았다. 이것은 세상의 시간에 종말 때까지 해소되지 못할 대립의 특성을 부여했다. 그때까지 그리스도는 그의 머리 둘 곳을 갖지 못했다. 그러나 이제는 이러한 최종적 승리가 실제 날짜보다 앞서게 되어, 사람들은 세상제국들을 정복한 하나님의 나라가 이미 왔다고 말했다. 그것이 신의 도성,$^{Civitas\ Dei}$ 하나님나라, 교회의 거대한 조직인 것이다. 그 속에서 모든 수수께끼가 풀린다. '교회는 적에게 승리했다. 이제 사람들은 편안하게 종말을 기다릴 수 있다. 종말은 지금 이미 진행 중이며, 개선행렬에게 영예의 관을 씌우는 마무리 단계이며, 세상에 대한 하나님의 승리의 노래로 떠들썩한 대단원이다. 교회는 이미 그 과정에 참여하고 있다.' 이것이 가톨릭교회의 부활 이해의 본질이다.

거기서부터 이제 예수의 모든 특징적 모습이 변질되었다. 가장 오래된 보고늘에 따르면 부활한 예수의 출현은 교회공동체가 살아냈던 긴장을 단지 고조시킬 뿐이었다. 왜냐하면 그는 모든 민중에게,

또한 빌라도와 산헤드린에게까지 나타난 것이 아니라, 그를 따랐던 "미리 택하신 증인"(행 10:41)에게만 나타났기 때문이다. 세상 앞에서 증명할 수 없었고 단지 그들의 삶과 죽음으로써만 보여줄 수 있었던 하나의 확신, 그리스도가 살아 있다는 확신이 짐처럼 그들의 영혼에 부과되었다. 그러나 이제 이것은 개작되었다. 부활은 전시용 기적 Schauwunder이 되었으며, 세상 사람들 앞에서 그리스도의 강력한 복권이 이뤄졌다. 비할 수 없는 이러한 권능의 행위로 그리스도는 이 세상에 그의 왕국을 세웠다. 이전에는 모든 일이 신분이 숨겨진 채 이루어졌다. 인간의 모습 속에 감추어져 있다가 주위 사람들이 놀라도록 갑자기 덮은 것을 벗어버린 하나님처럼, 그리스도는 그렇게 숨겨진 채 세상을 통과해 갔다. 그러나 이제 그는 그의 영광 중에 나타났다. 그 이후로 그는 강력한 신으로서 거룩한 위엄 속에 세상 사람들 앞에서 모든 이방신보다 더 높이 서 있다. 이제는 그에게 성전을 지어 주고, 전 인류가 이 성전들에서 그를 그들의 하나님으로 예배하도록 배려하는 것이 필요하다. 모든 권력수단을 사용하여, "들어오도록 그들을 강권하라" cogite intrare 라는 원칙에 따라서 주권자인 그리스도에게 모든 민족을 복종시키는 것이 필요하다. 그리스도 자신은 눈에 보이지 않기 때문에, 그가 세상 사람들에게 이러한 권력을 행사하기 위해서는 세속적 대리인을 필요로 한다. 이러한 대리인은 가이사의 자색 옷을 입어야 하며, 인간의 육체와 영혼에 대해서 지배권을 가져야만 한다. 왕국들은 그에게 복종해야 한다. 교황은 반현대주의 선서 Antimodernisteneid 에서 이것과 다른 예수 이해, 그의 말씀에 대한 이른바 종말론적인 해석을 명백히 금지시켰다.

시험의 산에서 예수를 유혹하며 그에게 대항하다가 패퇴당했던 저 강력한 영이 여러 세기 후에 다시금 심연으로부터 올라와서 예수의 모습을 왜곡시키는 과정은 진기한 광경이다. 가톨릭교회는 세상 질서를 요동시키는 이 고독한 인물 예수에게서 충격적인 모든 요소를 제거함으로써 예수 자신이 거부했던 바로 그 인간적인 목적들에 합당하도록 왜곡했던 것이다. 우리는 어마어마한 일을 성취한 이 세상의 강력한 영의 교활함에 감탄하지 않을 수 없다. 그러나 예수 자신은 그의 인격에 덧씌워진 이 지상의 영광에게는, 그가 겟세마네 동산에서 자신을 팔 준비가 된 제자에게 말한 것만을 말할 수 있을 뿐이다. "유다야, 네가 입맞춤으로 인자를 파느냐?"

그의 영향력을 제거하려는 이러한 세계사적인 변조에도 불구하고, 예수는 되풀이하여 특이한 이방인처럼 과거의 심연으로부터 떠올라 와서는 그의 인간적으로 변질된 모습 너머 참다운 그 자신에게로 사람들을 돌아오도록 한다. 그에게로 돌아올 수 있는 유일한 길, 다시 말해 양심의 불안과 떨림의 길 위에 서도록 한다. 이것이 아마도 인간의 영혼에 대한 예수의 비교할 수 없는 지배력의 가장 큰 증거일 것이다. 그리하여 교회사에는 언제나 교회가 만들어 낸 그리스도 모습과는 다른 그리스도의 모습, 즉 복음서의 저 고독한 종의 모습이 성서의 영향으로 말미암아 되풀이하여 나타났던 것이다. 가난한 그리스도의 모습은 우리가 한 번이라도 그것을 본다면 더 이상 놓여날 수 없도록 우리를 사로잡는다. 이미 중세의 신비주의자들과 탁발 수도승들에게서, 프란치스코와 수쏘와 윌리엄 오컴 William of Ockham 27 같은 사람들에게서, 교황 교회의 권력과 부로부터 역사적 예수의 가난한 삶으로 돌아가려는 동경이 되풀이하여 나타났다. 그러나 종교개혁 시대에야 비로소 이러한 복음서 속 예수에게로의 귀환, 즉 원전 연구와 내적 이해, 인격적 모방이라는 모든 방법을 통한 성서적 그리스도에 대한 추구가 더 이상 억누를 수 없고 멈출 수 없고 막을 수 없는 하나의 흐름이 되었다.

하나님을 향한 두 개의 대립된 길

지금까지 서술한 것들은 가톨릭과 개신교 두 종파의 공통점과 그들 사이의 대립이 그리스도 이해에 달려 있음을 보여주었다. 첫 공통점은 두 종파 모두 그리스도로부터 출발한다는 것이다. 양쪽 모두 아직도 여전히 세상을 긴장시키는 이 독특한 인물을 소유하고 있으며, 우리는 오늘날에도 역시 그의 그늘 아래 살고 있다. 그런데 두 종파의 공통점이 단지 성서적인 그리스도상*만은 아니다. 그들의 공통점은 그 이상이다. 그리스도에 대한 공통적인 믿음도 있다. 두 종파 모두 어떠한 인간도 결코 스스로 요구하지 못했던 전권, 죄를 용서하며 위대한 대제사장으로서 세상 죄를 해결할 사죄대권을 가졌다는 그리스도의 주장을 정당하다고 믿는다. 그와 더불어 두 종파의 세 번째 공통점이 있다. 만일 그리스도가 세상 죄를 짊어진 어린 양이라면 그는 모든 인간의 운명을 결정하는 자이기도 하다. 마태복음 25:31 이하에 묘사되어 있는 재판 장면에서 그리스도는 배고픈 자를 먹이고 목마른 자를 마시게 하며 갇힌 자를 방문했던 사람들에게 말한다. "내가 주릴 때에 너희가 먹을 것을 주었고 목마를 때에 마시게 했다"라는 주님의 칭찬에 "우리가 어느 때에 그리하였나이까?"라고 응답하는 일단의 사람들에게 그는 "너희가 여기 내 형제 중에 지극히 작은 자 하나에게 한 것이 곧 내게 한 것이니라"[1]라고 대답한다. 그러므로 그리스도는 보이지 않는 당신[Du]이다. 사람들의 모든 행위, 그를 전혀 알지 못하는 사람들의 행위까지도 항상 그에 의해 심판받는다. 그는 모든 인간의 보이지 않는 형제다. 비록 그들이 그것을 전혀 알지 못한다 할지라도, 모든 인간은 항상 그와 관계가 있다. 그러므로 신앙 공동체만이 그가 영으로 있는 그리스도의 육체가 아니다. 전 인류가 넓은 의미에서 그리스도의 신비한 몸인 것이다. 그리스도는 비밀스러운 방법으로 인류 전체의 역사에 관여하고 있다. 그는 매우 참혹한 전쟁에서도, 싸움터에서도, 혁명 속에서도, 국가 건립을 하는 데에도 눈에 보이지 않게 현존하고 있다. 볼셰비즘조차 그리스도와 관계가 있다. 볼셰비즘은 과거의 모든 권위에 대항한 싸움에서, 최후의 가장 강력한 권위, 어떠한 무기도 세속적인 권력수단도 없이 인간을 매혹하는 거대한 권위인 그리스도와 부딪혔다. 그 때문에 볼셰비키들의 가장 불타는 증오는 그리스도의 제자들을 향한 것이었다. 그리스도의 제자들은 볼셰비키들에게 매우 잔인하게 박해를 받았다. 그러므로 세계사 전체는 끝 날까지 그리스도의 수난의 연속이다. 많은 천문학자들의 가정에 따르면, 전체 천체계는 눈에 보이지 않는 태양 중심을 돌며 그것의 숨겨진 자력권 아래 있다. 그처럼 인류사 전체는 눈에 보이지 않는 중심점인 듯 그리스도 주위를 움직인다. 그러므로 두 종파에게는 그리스도의 신적 대권에 대한 믿음만이 아니라, 세계 역사를 통과해 걸어가는 살아 현존하시는 그리스도에 대한 믿음도 공통적이다.

그리스도의 통치에 대한 두 종파의 대립적 이해

그러나 이 공통된 모태를 가능한 한 강하게 강조하면 할수록, 그 길이 나눠지는 곳, 즉 두 종파의 그리스도 이해가 어긋나는 자리가 그만큼 더 분명해진다. 만일 그것을 내부로부터 고찰해 본다면, 두 종파에게 세계사는 죽었다가 부활한 그리스도의 역사이며, 결국에는 그리스도가 주역으로 활약하는 한 편의 드라마다. 그러나 두 종파가 나뉘는 지점이 있다. '이 드라마에서 갈등이 해소되고 뒤얽힌 것이 해결되는 반전은 어디에 있는가?' 드라마의 긴장은 모든 운명을 결정하며 '그 앞에서 모든 사람이 무릎을 꿇어야만 하는' 하나님의 사자인 그가, 가장 멸시받는 자로서, 무력한 자로서, 권리를 박탈당한 자로서, 폐위된 자로서, 조롱당한 자로서 세상을 통과해 갔다는 점에 있다. 언제 이 무시무시한 긴장이 해소되며 언제 반전이 나타날 것인가? 가톨릭의 그리스도 이해에 따르면, 반전은 이미 예수의 부활과 함께 시작되었다. 그 이래로 우리는 예수의 권력통치 시대에 있는 것이다. 그와 반대로 프로테스탄트의 그리스도 이해에 따르면, 세계정세의 긴장 해소는 현재 세상의 종말과 더불어 비로소 오게 된다.

그 결과 대립된 두 가지 그리스도상이 나타나며, 그것으로부터 모든 종교적, 도덕적, 문화적, 교육적, 정치적 문제들에 대한 상이한 견해가 발생한다. 나는 다시 한 번 아주 간략하게 두 가지 그리스도상을 서로 대조하여, 그것으로부터 그 외의 인생관의 문제들에 대한 결과들을 이끌어 내고자 한다. 중세 가톨릭의 신비주의는 예수의 가난한 삶에 대해 섬세한 이해를 갖고 있었다. 중세교회의 그리스도에게 예수의 가난한 삶, 세상을 구원하기 위한 고통스러운 수난과 죽음은 부활과 함께 시작된 영광스러운 왕의 즉위를 향해서 통과해 간 어두운 대기실이었다. 그리스도는 거지 옷을 입고 신분을 숨긴 채 자신의 왕국 영토의 가장 어두운 골목 안으로 걸어 들어가는 왕자와 같다. 그는 그곳에서 조롱당하고 매를 맞는다. 그러나 낮아짐이 최저점에 도달한 순간 그의 길에 동행했던 비밀 형사들이 튀어 나와서 놀란 군중에게 알린다. 너희들은 너희의 왕을 때렸다. 그러자 즉시 모든 사람이 깜짝 놀라 후회하면서 그의 앞에 무릎을 꿇고, 그는 다시금 왕의 모든 명예를 회복한다. 가톨릭의 그리스도는 확실히 한때는 '가장 멸시받는 자'였다. 그는 확실히 한때는 겟세마네에서 전율했었다. 그러나 지금은 지나간 일이다. 갈등은 해소되었다. 그가 지금은 지상에 대한 전제왕권을 획득했다. 이미 오리게네스^{Origen}가 필리푸스$^{Philippus\ Arabs\ 2}$ 황제 시대에 교회의 권력적 지위에 영향을 받아 표명했던 사상이 결정적이다. 가톨릭교회는 하나님의 지상 국가이며, 그리스도의 부활과 함께 시작된 그리스도의 왕권 통치라는 것이다. 가톨릭교회는 로마 제국을, 그리고 그와 더불어 온 인류를 흡수하여 세속국가들을 다스리도록 위임받았다.

이러한 사상은 엄청난 결론에 이르게 된다. 만일 그리스도가 그의 부활 이래로 지상의 왕권을 갖고 있다면, 이러한 왕권은 당연히 세상 모든 권력과 마찬가지로 실행 기관을 가져야만 한다. 세상 지배자는 그리스도의 대리 통치자가 된다. 대관식에서는 교황에게, "그대는 지도자들과 왕들의 아버지이며 진 세계의 지배자이며 우리의 구세주 예수 그리스도의 지상 대리자임을 알라"라고 선포한다. 교황은 지상의 통치자들에게 세속적인 검을 준다. 그러나 그들은 단지 그의 제후들일 뿐이다. 그는 그들을 자신의 아들들이라고 부른다. 그는 왕적인 존경을 요구하며 궁정을 갖는다. 왕들은 교황의 등자鐙子를 붙들어 주었으며 그가 탈 짐승을 끌어 주었다. 요즘은 발에 입 맞추는 인사를 요구하지는 않지만 손에 입 맞추는 예절은 여전히 통용된다. 루드비히 빈트호르스트 Ludwig Windthorst 3는 1886년 가톨릭교도들의 날에 말했다. "교황은 완전 유일무이한 권위이며, 다른 모든 사람은 단지 부수적인 권위일 뿐이다."

예수 자신은 자신의 위대함과 사람들에 대한 내적 지배력을 지상 군주들의 권력 행사와 절대적으로 대조하고 대립시켰다. 그는 "이방인의 집권자들이 저희를 임의로 주관하고 그 고관들이 그들에게 권세를 부리는 줄을 너희가 알거니와 너희 중에는 그렇지 않을지니 너희 중에 누구든지 크고자 하는 자는 너희를 섬기는 자가 되고 너희 중에 누구든지 으뜸이 되고자 하는 자는 모든 사람의 종이 되어야 하리라. 인자가 온 것은 섬김을 받으려 함이 아니라 도리어 섬기려 하고 자기 목숨을 많은 사람의 대속물로 주려 함이니라"(막 10:42-44)라고 말했다. 그러므로 섬기는 종으로서 인자가 사람들의 양심에 행사하는 힘은, 모든 정치적인 지배, 즉 모든 형태의 권력 행사, 인간들을 강제력과 경찰력을 통해 명령에 순종하도록 만드는 어떤 시도와도 완전히 대립된다. 그런데 중세 가톨릭교회의 그리스도 이해에 따르면, 이러한 섬김을 통한 내적 통치는 과거, 즉 예수의 생애에서 가난하고 비천했던 처음 짧은 시기에 속하는 것으로 여긴다. 그리스도의 부활 이래로 우리는 두 번째 단계인 권력의 시기로 들어섰다는 것이다.

이미 테오도시우스^{Theodosius} 황제는 당시 교황의 요구에 따라 삼위일체 하나님에 대한 신앙으로부터 일탈하는 자에게 사형을 내렸다. 후에 교황권에 의한 신앙 강요가 화형과 종교재판이라는 다른 강제 수단들을 통해서 한층 더 완벽한 체계로 집행되었다.

예수가 사마리아 지방을 통과해 갈 때 사마리아인 마을이 그의 숙박 요청을 거절하자, 예수의 제자 야고보와 요한은 약간의 종교재판적인 욕망에 사로잡히게 되었다. "주여, 우리가 불을 명하여 하늘로부터 내려 저들을 멸하라 하기를 원하시나이까"(눅 9:54). 제자들은 불로 주님의 일을 보좌하기를 원했다. 이 복된 불길은 후에 그토록 커다란 역할을 했던 종교재판적 화형으로 변질되었다. 그러나 예수는 몸을 돌려 그들을 위협하면서 말씀하셨다. "너희들은 너희들이 어떤 영의 자녀들인지 알지 못하느냐? 인자는 사람들의 영혼을 멸망시키려고 온 것이 아니라 그것을 얻으려고 왔다"(눅 9:54-56, 옮긴이 사역). 우리는 그리스도가 여기에서 몸을 돌릴 때의 위협적인 몸짓을 주의해 보아야 한다. 그것은 후에 베드로를 향해 그가 몸을 돌려 그에게 말했을 때와 동일한 위엄 있는 몸짓이다. "사탄아, 내 뒤로 물러가라. 네가 하나님의 일을 생각하지 아니하고 도리어 사람의 일을 생각하는도다"(막 8:33). 그러한 순간들에 취해진 예수의 태도에서 우리는 그의 공생애 사역 전체가 위험에 처해 있음을 감지할 수 있다. 이 방향으로 조금이라도 양보한다면 모든 것은 끝장나 버린다. 여기서 그는 제자들에게, 불로 불신앙을 심판하려는 욕망이 당신 자신을 파송하신 하나님의 성육신적인 정신 전체와 대립하고 있다는 것을 도대체 아직도 알지 못하느냐고 묻고 계신 것이다. 그는 그를 따르는 제자들이 아직도 이러한 기본, 처음부터 끝까지 그의 전 활동을 지배하는 이러한 원칙을 알지 못하고 있음에 놀란다. 그들이 청구한 강제 수단은 지금 즉시 사용될 수 없다. 중세의 그리스도 이해에 따르자면, 권력 의존적인 사고에 대한 예수의 질책은 단지 예수가 가난과 수난의 시기를 보낸 최초의 짧은 시기에만 속하는 것이다. 지금 우리는 두 번째 시기, 세상 권력의 시기에 있다는 것이다. 그리스도의 대리자는 그리스도의 이름으로 하늘로부터 번개와 같은 파문의 저주를 불순종하는 자들 위에 내릴 수 있다는 것이다. 전 지역이 파문 아래 놓이게 되고 교회의 종들은 울리지 않으며, 죽어 가는 자들은 성사를 받지 못하고 죽은 자들은 축복을 받지 못한다. 그러한 종류의 강제 수단의 사용이 오늘날에는 매우 강하게 제한되기는 했지만, 그러나 아직도 여전히 원칙적으로는 포기되지 않고 있다. 1895년 교황의 근위 주교단들에 의해 발행된 교회정책에 관한 월간지에는 15세기 교회의 종교재판의 사형선고와 관련하여 여전히 다음과 같이 쓰여 있다. "오, 너희 화형 장작더미의 복된 불길들이여! 소수의 완전히 타락한 인간들이 너희들에 의해 완전히 근절된 후에, 수천의 영혼들은 오류의 죄악과 영원한 지옥 벌로부터 구원을 받는도다! ······오, 고상하고 존경스러운 토마스 토르퀘마다Thomas de Torquemada 4를 회상함이여!"(이 최초의 종교재판관은 약 2,000명의 이단자를 화형시켰다.) 원칙적으로 예수회는 이단자 모두가 사형을 받을 만하다는 교리를 결코 포기하지 않았다. 오늘날 교회의 최고 교사로 절대적 존경을 받고 있는 토마스 아퀴나스Thomas von Aquino는, "만일 한 이단자가 완고하게 저항한다면 그는 교회로부터 파문당할 것이며, 교회는 사형을 통해 세상으로부터 제거하도록 그를 세상 법정으로 넘긴다"라고 말한다. 이러한 교리는 오늘날 더 이상 사용되지 않지만, 원칙적으로 폐기된 것은 아니다. 나는 개개인들을 비난하려고 이것을 말하는 것이 아니다. 이러한 입장은 개개인의 잔인성에 기인하는 것이 아니다. 그것은 단지 중세적인 그리스도 이해의 필연적 결론일 뿐이다. 만일 그리스도의 세상 지배가 지금 이미 시작되었다면, 그의 적들을 굴복시키기 위해서는 모든 무력 수단 역시 그의 이름으로 사용되어야만 한다. 사형이 없이는 어떠한 세상 지배도 관철될 수 없다. 예수 자신이 그렇게 말씀하시는 것처럼 보이기도 한다. "만일 내 나라가 이 세상에 속한 것이었더라면 내 종들이 싸워 나로 유대인들에게 넘겨지지 않게 하였으리라"(요 18:36). 이 말씀을 오해한 그 종들이 그 나라를 지키고 정복하기 위해서 피를 흘리게 될 것은 그리 놀라운 일이 아니다.

그리스도의 통치에 대한 프로테스탄티즘의 역설적 이해

개신교의 그리스도 이해는 이러한 중세적 그리스도 이해와 대립된다. 언뜻 보기에는 사소하지만 실제로는 결정적인 점에서 대립된다. 프로테스탄트적인 그리스도 이해에 따르면, 모든 사람의 운명의 결정점이 되는 예수가 세상에서는 자신의 머리 둘 곳을 갖지 못했다는 것, 여우들과 새들만큼도 세상에서의 거주권을 갖지 못했다는 것, 법률의 보호를 받지 못한 채 지상을 거쳐 갔다는 사실 속에 존재하는 그 무시무시한 긴장은 아직 해소되지 않았다. 항상 새로운 형태로 역사의 모든 비극을 관류하는 비할 바 없는 이러한 비극적인 갈등은 우리의 신념에 따르면 아직 해소되지 않은 것이다. 예수가 "아버지께서 자기의 권한에 두셨다"(행 1:7)라고 말하는 그 시간, 이 세상에서의 권력문제가 아버지 하나님에 의해 해결될 그 시간, 그 위대한 시간은 아직 오지 않았다. 요한계시록 12:10 이하는 사탄의 권력을 정복한 후에 나타나기 시작할 이 위대한 시간에 대해 말하고 있다. "이제 우리 하나님의 구원과 능력과 나라와 또 그의 그리스도의 권세가 나타났으니"라고 쓰여 있다. 세계사가 향하여 돌진해 가는 이러한 대전환적 '이제',$^{dieses\ Jetzt}$ 즉 그리스도의 세상 지배가 실현되는 시점은 개신교적 신념에 따르면 아직 시작되지 않았다. 첫 번째 문제인 죄의 문제는 십자가에서 해결되었다. 그러나 해결되어야만 하는 두 번째 문제인 권력의 문제는 아직 해결되지 않았다. 인간 존재의 두 번째 문제가 아직 해결되지 않았다는 것을 인정할 때만이, 세계대전 및 독일에 대한 뒤이은 죄책 전가와 같은 사건들을 견디어 낼 수 있다. 그러므로 세계사의 드라마는 아직도 여전히, 예수가 세상 권력의 대리자인 빌라도와 마주서서 "내 나라는 이 세상에 속한 것이 아니니라. 만일 내 나라가 이 세상에 속한 것이었더라면 내 종들이 싸워 나로 유대인들에게 넘겨지지 않게 하였으리라. 이제 내 나라는 여기에 속한 것이 아니니라"[5]라고 그에게 말했던 그 당시 그 지점에 서 있다. 그러므로 아직도 우리는, 예수의 유혹과 함께 시작되었으며 권력정치의 어떤 승인도 거절해야만 했던 어려운 시험 기간 중에 있는 것이다. 초기의 군중 운집 후 점점 더 많은 제자가 그에 대해서 화를 내고 그로부터 떠나갔기 때문에 점점 더 고독하게 되어 마침내 모든 사람으로부터 버림받아 십자가에 죽기까지에 이르렀던 예수의 그 좁은 수난의 길은 아직 끝나지 않았다.

그리스도는 세계 상황의 긴장 해소와 현 존재의 무시무시한 대립 상황의 해결은 종말에 가서야 있게 될 것이라고 기대했다. 그 종말이 예수와 그의 제자들이 맨 처음 생각했던 것보다 훨씬 후에 온다는 사실은 이 상황에서 조금도 바뀌지 않는다. 이러한 해결 유예는 기다리는 교회공동체가 받는 시험들에 속하며 그것은 사람들에게 회심의 기회를 줄 것이기 때문이다. 최종적인 결정이 이렇게 유예되는 것은, 하나님나라에 대한 예수의 비유들 속에 확고하게 나타나는 특징이다. 신랑의 도착이 지체되는 것, 그것은 기다리는 열 처녀에게 어려운 시험이다. 그리고 그들 중 절반만이 그 시험을 통과한다. 또 주인은 멀리 타국으로 가면서 문지기와 종들만을 남겨 둔다. 이것은 잠드는 것과 맡겨진 주인 재산을 종들이 횡령할 수 있게 하는 유혹을 담고 있다. 성서적 견해에 따르면, 비록 해결되지 않은 채 수천 년이 지연된다 할지라도 이것은 몹시 긴장된 기다림 자체를 포기하고 세상에 순응할 동기가 되어서는 결코 안 된다. 그것은 오히려 반대로, 바로 그 속에서 신앙의 진실됨을 증명해야 할 부담이 된다.

신구교 두 종파를 갈라놓는 그리스도 이해에 대한 이러한 근본적인 차이를 일단 인식했다면, 우리는 대립의 핵심을 이해한 것이다. 이외의 모든 것은 단지 그로부터 나온 결과일 뿐이다. 만일 우리가 외적인 결점들 때문에 서로를 비난하는 대신, 무엇이 우리를 일치시키고 무엇이 우리를 갈라놓는지를 명백히 하기 위해 이러한 중심점에서 생각해 본다면, 두 종파의 상호 이해에 도움이 될 것이다.

하나님께 이르는 대립적인 두 길

무엇보다도 그리스도에 대한 이러한 대립된 이해로부터 모든 종교의 핵심 질문에 대한 두 종파의 완전히 상이한 답변이 나온다. 우리는 어떻게 하나님을 발견하는가? 영혼의 평화와 영원한 안식처를 발견하는 길은 무엇인가? 인간을 하나님과 그리스도에게로 인도하기 위해서는 무엇을 할 수 있을까? 나는 앞에서 서로 반대되는 방향으로부터 나왔으며 항상 우리에게 쇄도하여 우리를 몰두하게 하는 두 가지 문제, 즉 행복과 권력에 대한 문제와 죄의 해결에 대한 문제에 대해서 언급했다. 우리는 두 문제가 완전히 대립되는 영역에 속해 있는 것을 보았다. 나는 죄의 고백을 통해서 종신형을 받고 전 생애 동안 행복과 권력을 빼앗기게 될 수도 있다. 그러나 바로 이러한 상태에서 용서를 받아 내적으로 부활한 복된 인간이 될 수도 있다. 다른 한편으로 나는 달러를 소유하고 전 세계에 매장된 보물과 광맥을 한 손에 거머쥐고 있으면서도 양심을 괴롭히는 악령들에게 시달릴 수도 있다. 양심의 평화문제와 권력문제는 완전히 다른 지평 위에 있다. 그럼으로써 완전히 상이한 두 기관이 우리 속에서 활동하게 된다. 우리는 하나의 기관으로는 권력의 인상을 받아들이는데, 지상 권력자의 화려한 광채, 즉 승리한 군대가 브란덴부르크 문으로 진입하는 것을 볼 때 이러한 인상에 압도되어 억눌리거나 매혹될 것이다. 우리는 또한 우리 영혼의 한층 더 깊은 곳에 독립적으로 존재하는 완전히 다른 또 하나의 기관으로 양심의 작용들을 받아들이는데, 가령 용서받지 못한 행위에 대해 부담과 불화를 느끼거나 "네 죄 사함을 받았느니라"와 같은 자유하게 하는 말을 듣는다.

　만일 우리가 가톨릭의 그리스도 이해와 같이 지금 이미 그리스도의 세상 권력통치 시대에 있는 것이라면, 우리는 무엇보다 아직 양심의 속박을 받지 않으면서 압도적인 권력 인상을 받아들이는 데 사용하는 모든 기관을 통해 하나님과 초감각적 세계, 그리고 그리스도 안에서 우리에게 열린 모든 것을 받아들이게 된다. 단지 한순간만이라도 가톨릭 신자의 기분 속으로 들어가 교황권에 대하여 생각해 보자. 그들에게 교황은 그리스도의 대리자이며, 권능과 영광 중에 행하는 그리스도의 영광스러운 후계자다. 이러한 생각 속에는 무언가 무시무시한 것이 있다. 그 생각을 추종하는 사람은 영원의 깊은 곳으로부터 나와 이 지상의 무상성과 허무함을 향해 뻗어 나가는 이러한 세상 권력의 압도적인 위엄에 쉽게 굴복한다. 그를 사로잡는 감정은, 보다 숭고한 종교적 형태를 취할 뿐, 승리한 군대의 선두에 종소리와 트럼펫 소리 가운데 황제가 입장하는 것을 보았을 때 한 애국자를 사로잡는 감정과 동일한 것이다. 그는 이러한 권력과시에 압도당하며, 다른 한편으로는 성육신하신 하나님이 남기신 유산, 즉 가톨릭교회로 구체화되어 세상 모든 권력을 능가하며 모든 시대를 통해 계속되는 하나님의 지상왕국에 대한 열정적인 헌신과 즐거운 희생 충동으로 고양된다. 교회법이 간결하게 이러한 감정을 표현하고 있다. "로마 교황은 단순히 한 인간의 지위가 아니라 이 지상에서 진짜 하나님의 지위를 차지한다."[6] 개신교를 가장 비열한 형태의 기독교이자 독일인들을 순해지게 만든 책임이 있는 가장 가망 없는 종교라고 조롱한 니체는, 초인간적이며 절대적인 지배자들에 대한 그의 이상이 가톨릭에서 실현되었다고 본다. 비잔틴 궁정 예식의 흔적이 아직도 보존되어 있는 주교 대례미사를 생각해 보라. 또는 부활절 전 세족(洗足) 목요일과 부활절 당일 로마에서 벌어지는 그 유명한 제의 예식을 생각해 보라. 칼 하제와 같은 사람의 묘사에 따르면, 이 예식들은 순전히 미학적으로 고찰할 때 공평하고 편견 없는 사람이라면 누구에게나 무언가 감동을 준다.

가톨릭 예배의 중심요소인 권력적 그리스도에 대한 감동

만일 그러하다면, 우리는 권력의 인상들을 받아들이는 영혼의 기관을 가지고 하나님을 받아들일 수 있다. 즉 우리의 미적 감각, 모든 권력과시에 대한 우리의 타고난 존경과 찬탄, 우리를 도취시키며 매혹시키는 것에 대한 우리의 신비한 감각을 가지고 하나님을 받아들일 수 있다. 그러나 예수가 내다본 세계 상황의 긴장 해소 시간이 아직 시작되지 않았고 그 상황이 예수 당시와 아직도 동일하다면 사태는 달라진다. 그렇다면 그리스도의 세상 지배를 실행하려는 이러한 웅대한 시도는 유감스럽게도 그릇된 방향으로 나아간 것이다. "세상 나라가 우리 주와 그의 그리스도의 나라가 되어 그가 세세토록 왕 노릇 하시리로다"(계 11:15)라고 말할 그 순간이 이미 온 것이라면 그것은 장엄할 것이다. 이러한 순간이 도래했다는 환상만이라도 생겨난다면, 우리 속에 있는 모든 것은 해방감을 느끼며 동경에 가득 차서 환성을 올리게 된다. 교황제도의 매혹적인 매력은 여기서 발산된다. 그러나 유감스럽게도 이러한 해결의 순간은 아직 오지 않았다. 우리는 아직도, 종들이 주인을 기다리는 어려운 시험의 시기에 살고 있다. 우리는 아직도 믿음 안에 살고 있는 것이지, 보는 것 속에 살고 있는 것이 아니다. 예수의 지상통치가 완전히 실현되는 저 순간을 끌어오는 것은 우리의 능력 밖의 일이다. 아직 피지 않은 꽃봉오리를 강제로 열려고 시도해서는 안 된다. 아버지께서 그의 능력으로 어떠한 시간을 선택했는지 우리는 알지 못한다. 예수는 우리가 처해 있는 시험 기간에 하나님께서 인도하시는 그 문은 너무 좁고 그 길은 너무 협착하여 단지 소수의 사람만이 그것을 발견하며 그 입구를 찾을 수 있다고 말한다. 양심의 문제와 영혼의 해방에 대한 갈망이 그들의 사고와 의지 전체를 지배하기 때문에, 그들은 양심을 더럽히기보다 차라리 오른손을 베어 버리고 오른 눈을 빼어 불구가 된 채 한 눈으로 생명으로 들어가기를 더 원한다. 행복과 돈에 지배당하는 부자는 인간의 저 두 번째 근심인 양심의 가책이 후퇴해 있기 때문에, 예수의 말씀에 따르면 하나님의 나라에 들어가기가 매우 어렵다. "낙타가 바늘귀로 들어가는 것이 부자가 하나님의 나라에 들어가는 것보다 쉬우니라." "제 목숨을 구원하고자 하면 잃을 것이다." 우리가 처해 있는 상황의 심각성을 이보다 더 명료하게 묘사할 수는 없다. 현시대에 우리 인간들이 오로지 어떤 방법으로 하나님께 이를 수 있을지를 이보다 더 확실히 표현할 수는 없다. 우리는 우리를 압도하며 매혹하는 권력과시적 표현 속에서는 하나님을 찾지 못한다. 하나님께 이르는 길은 단지 양심을 거쳐서만 갈 수 있다. 우리는 세상의 모든 권력적 표현과 모든 행복 욕구는 그에 비한다면 전혀 중요치 않을 정도의 강한 영혼의 진동 속에서만 하나님께 나아간다. 어떠한 대가, 어떠한 희생을 치르고라도 목숨을 걸고 순결함에 들어가고자 하는 '소스라쳐 놀란 양심들'^{pavidae conscientiae}만이 하나님을 찾을 수 있다. 그러므로 개신교의 본질은 매우 보편적인 한 문장에 확실히 표현된다. 즉 우리는 권력 인상의 경험이 아니라 단지 양심의 경험을 통해서만 하나님을 발견한다는 것이다. 그러나 우리가 이 문장의 영향력을 이해하기 위해서는 권력 인상과 양심 경험, 그 두 가지 모두를 완전히 파악해야만 한다. 권력 인상이란 단순히 내가 폭력을 당할 때, 나로 하여금 취소하도록 하기 위해 나를 사슬에 묶고 고문할 때의 그것이 아니다. 신비적 도취가 나를 덮치고 격류처럼 나를 감동시켜 행복한 도취감 속에서 나의 감각이 사라지는 것 또한 보다 높은 종류의 권력 체험이다. 이러한 신비적 도취는, 그것이 인도 삼에서 뽑은 마취제에 의한 것이든 장엄한 음악을 통해서 생성된 것이든, 양심과는 아무런 관계가 없다. 그것은 개별적 인격을 말살시키며 그럼으로써 총체적 책임감을 없앤다. 나는 무한함 속에 잠긴다. "내 존재의 내용, 나의 자아는 매우 부드러운 양초처럼 뚝뚝 떨어져 없어지며, 그것을 넘어 투명하고 광포한 불꽃처럼 너를, 눈에 보이지 않는 너를 사른다"(호프만슈탈^{Hugo von Hoffmansthal 7}). 그와 반대로, 양심은 단지 탕진된 시간들에 대한 기억에 쫓길 때나, 선행을 해야 한다고 느낄 때에만 생생한 것이 아니다. 내가 사고하고 탐구할 때, 나의 정신이 진리를 추구할 때에도 활동한다. 그 둘, 즉 어떤 행위에 대한 책임감과, 내가 헌신되어 있는 세계관이나 학문적 견해나 사상에 대한 책임감은 서로 아주 긴밀한 관계에 있다. 두 경우 모두에서 나는 권력의 인상들 및 신비적 도취 상태들과는 완전히 다른 종류의 경험을 한다. 그렇다면 권력의 인상들과는 전혀 다른 양심적 경험의 독특성이란 도대체 무엇인가? 우리는 의지에서도 사고에서도 이러한 독특성을 관찰할 수 있다. 사고와 이해의 모든 행위는 가장 깊은 고독 속에서 일어난다. 그럼에도 불구하고 세상의 어떠한 힘도 그것을 나의 정신으로부터 씻어낼 수 없다. 국가나 교회가 나에게 가하는 어떠한 압박도 나에게 일단 떠오른 인식으로부터 나를 벗어나게 할 수 없다. 사람들은 갈릴레이를 고문으로 위협하여 지동설을 철회하게 할 수는 있었지만, "그래도 지구는 돈다"$^{eppur\ si\ muove}$라는 지구회전 운동의 수학적 법칙들에 대한 확신은 그의 정신에서 한순간도 제거할 수 없었다. 그러한 확신을 갖게 된 모든 사람은 그것을 통해서 고독하게 되었다. 그들은 정신의 높은 고독에 다다르게 되었다. 그들은 성년이 되었으며 그들의 모든 동료 인간들에 대해서 완전히 독립적이 되었다. 어떤 다른 사람이 내 속에 하나의 수학적 확신을 발생시키기 위해 나를 위해 산파의 수고를 해줄 수 있으며, 내 정신의 안내인이 될 수도 있다. 그러나 그 어떤 다른 사람도 나를 대신해서 수학적 공식을 이해하거나 논리적 법칙을 파악해 줄 수는 없다. 외부의 어떠한 압력도 이 점에서는 나를 조금도 도와줄 수가 없다. 이해란 모든 동료 인간으로부터 독립하여 가장 깊은 고독 가운데 나의 정신 속에 빛나야만 하는 것이기 때문이다.

프로테스탄트적인 하나님 체험: 고독한 양심의 체험

실제 영역에서의 양심 체험도 사고와 이론에서의 양심 체험과 똑같다. 만일 나의 양심이 나를 정죄한다면, 만일 내가 누군가를 기만했기 때문에 복수의 여신 푸리아에게 쫓긴다면, 세상의 어떠한 힘도, 국가나 교회의 어떠한 권위도, 어떠한 동정적인 고해신부도 나에게서 이러한 책임을 덜어 줄 수 없다. 인간의 말을 통해 양심이 일깨워질 수는 있지만, 그것은 단지 환기의 동인이자 산파적 수고일 뿐이다. 만일 양심이 깨어난다면, 그로써 나는 완전히 혼자가 되고 다른 모든 사람으로부터 독립적이 된다.

권력 인상들과 신비적 도취 상태들은 집단적 암시하에서 공유될 수 있지만, 진리의 인식과 양심의 경험들은 단독자적인 개인의 체험들이다. 그러므로 만일 하나님께 이르는 길이 정신과 양심을 거쳐 가는 것이라면, 이러한 하나님 발견은 항상 완전히 고독한 정신의 행위이며 하나님과 내 양심 사이에 일어나는 그 어떤 것이다. 다른 사람들, 친구들, 충고자들은 문지방까지는 나와 동행할 수 있지만, 결정적인 순간에는 나를 홀로 남겨 두지 않을 수 없다. 왜냐하면 내가 인간의 영향력하에서 믿거나 체험하는 모든 것이 곧바로 하나님에 대한 체험은 아니기 때문이다. 루터는 우리가 참다운 의미로 하나님 앞에 서는 그때, 즉 죽을 때에는 어떠한 높은 권위도 소용없게 되며 그리하여 우리는 완전히 혼자가 된다고 되풀이하여 역설한다. "비록 교황과 종교회의들과 성 교부들이 선서의 조력자로 등장한다 할지라도, 악마는 즉시 너의 속으로 뚫고 들어가 '그들이 틀렸고 그들의 말이 잘못된 것이었다면 어떻게 할 것인가?'라는 생각을 불어넣을 수 있다. 일단 그러한 의심이 떠오르면 너는 이미 굴복한 것이다. 이러한 상태에서 나에게는 절대적인 확신이 필요하다. 나는 그것을 $3+2=5$라는 것만큼 확실하게 알고 있어야 한다. 비록 모든 종교회의가 다르게 말한다 할지라도 나는 그들이 거짓말을 하고 있다는 것을 알 정도로 내 확신은 그렇게 확실한 것이기 때문이다."

프로테스탄트 교회의 신앙고백: 두 개의 명제와 반^{R}명제

루터의 이 말들에는 루터를 가톨릭교회의 권위로부터 벗어나게 한 모든 것이 진술되어 있다. 그 속에는 종교개혁의 결과 탄생한 개신교가 주장하는 하나님께 이르는 고독하고 고난에 찬 길이 그려져 있으며, 그 점에서 프로테스탄티즘의 신앙고백이 들어 있다. 우리는 이 신앙고백을 두 개의 명제와 반명제로 요약할 수 있다.

    1. 우리는 저급한 정신의 도취 상태를 통해서가 아니라 명료한 정신활동, 곧 우리가 완전한 고독 속에서 우리 자신으로 돌아오게 되는 정신활동을 통해서만 하나님께 갈 수 있다. 모든 명료한 정신적 활동은 말씀 속에서 표현될 수 있으며 단지 말씀을 통해서만 생겨날 수 있다. 그러므로 우리는 말씀이 없고 말씀과는 낯선 영원무한한 것에 대한 신비주의적 체험, 혹은 저급한 것이든 좀 더 고상한 것이든 마취 상태를 통해서가 아니라 말씀과 그 말씀의 정신적인 지각을 통해서만 하나님을 발견한다.⁸

    2. 하나님은 단지 소스라쳐 놀라 일깨워진 양심에 의해서만 발견될 수 있으며, 도덕적으로 무관심한 권력 체험이나 권위에 대한 복종을 통해서 발견되는 것은 아니다.

    이러한 프로테스탄트적 입장은, 루터가 보름스 의회⁹에서 자신의 주장들을 철회하라는 요구에 대해 제기한 답변에 요약되어 있다.

그 속에는 "정신의 명료함, 말씀 그리고 양심"이라는 프로테스탄티즘의 모든 기본 요소가 표명되어 있다.[10]

황제 폐하와 각하들께서 솔직한 답변을 바라시기 때문에, 숨김없이 이러한 식으로 답변을 하려고 합니다. 저는 사람들의 글의 증언이나 명백한 논리에 의해 설득당한 것이 아닙니다. 저는 교황도 종교회의도 믿지 않습니다. 그들이 자주 오류를 범해 왔으며 자가당착에 빠졌음이 자명해졌기 때문입니다. 저는 제가 인용한 성서에 의해 설복당한 것이며 제 양심은 하나님의 말씀에 붙잡혀 있습니다. 저는 아무것도 철회할 수 없으며 아무것도 철회하고 싶지 않습니다. 양심을 거슬러 행동하는 것은 불확실하며 위험하기 때문입니다.

VI

신령과 진리로 드리는 예배

우리는 먼저 개신교의 첫 번째 특징인 신령과 진리로 하나님께 드리는 예배에 대해서 언급해야만 하겠다. 우리는 도취 상태에서 하나님을 발견할 수 없다. 이러한 도취가 알코올이나 에테르를 통해 야기되든 웅장한 음악을 통해 야기되든 마찬가지다. 우리가 도취된 상태에 있는 한 우리는 하나님과 함께 있는 것이 아니라, 단지 우리 자신에게 머물러 있는 것이다. 우리는 우리 자신의 정신생활의 출렁대는 바다에 몰입되어, 그것에 의해 황홀한 전율 가운데 고양되며 다시금 깊숙이 끌어내려진다. 이것은 기쁨이며 멋지게 기분 전환을 시킨다. 하지만 하나님과는 아무 관계가 없다. 바그너 Richard Wagner 의「파르지팔」 Parsifal 1에서와 같이 종교적인 주제가 음악적으로 표현되어 감성적으로 향유된다 할지라도 그러하다. 우리는 깊은 고독과 완전한 정신적 명료함 가운데 일어나는 영적인 활동 속에서만 하나님을 발견할 수 있다. 그러므로 말씀은 하나님을 발견하는 데 결정적인 역할을 한다. 왜냐하면 말씀이 정신의 창조자이기 때문이다. "태초에 말씀이 계시니라. 이 말씀이 하나님과 함께 계셨으니 이 말씀은 곧 하나님이시니라." 모든 영적인 활동은 말씀들로 표현될 수 있어야 하며 말씀으로부터 태어난다. 우리가 도취 상태가 되자마자 말씀은 사라진다. 우리

는 방언으로, 불명료한 발음으로 말한다. 영혼은 음악 속에서 용해된다. 우리는 황홀경 상태에 빠진다.[2]

영적 감응과 말씀의 체득을 통해서만 하나님을 예배할 수 있다는 신념은, 부분적으로는 비록 상이하다 할지라도 모든 전형적인 프로테스탄트들의 정신적 태도에서 특징적이다. 우리는 그것을 칼빈[John Calvin]과 크롬웰[Oliver Cromwell]에게서와 마찬가지로 루터에게서도 발견한다. '경건한 도취'를 정신적으로 저급한 것으로 거부할 때, 레싱[Gotthold Ephraim Lessing] 또한 이러한 의미에서 프로테스탄트다. 칸트[Immanuel Kant]와 피히테,[Johann Gottlieb Fichte] 비스마르크, 벤자민 프랭클린,[Benjamin Franklin] 네덜란드의 국무총리였던 아브라함 카이퍼[Abraham Kuyper]도 마찬가지다. 완전한 정신적 명료함 속에서 드리며, 말씀을 듣는 것을 본질로 삼는 하나님 예배만을 알고 있는 프로테스탄트적 인물들은, 비록 프로테스탄트 교회에 머물러 있었음에도 항상 가톨릭적 경건에 애착하고 있던 모든 시대의 낭만주의자들과 명백히 구분된다. 이러한 의미에서 괴테도, 그가 파우스트로 하여금 다음과 같이 말하게 할 때 낭만주의자다. "나는 말씀을 그렇게 높이 평가할 수 없다." "이름은 음향이고 연기이며 안개에 휩싸인 하늘의 불이다." 만일 괴테가 다른 상황하에서 성장했더라면 그는 아마도 가톨릭 신비주의에 매혹되었을 것이다. 오늘날 우리는 젊은 시절의 슐라이어마허 역시 한층 더 분명히 가장 깊은 근본에서 가톨릭적 인간으로 인식하는데, 특별히 에밀 브루너의 책 『신비주의와 말씀』[Die Mystik und das Wort] 이래로 그러하다. 『종교에 대한 단상』[Über die Religion]의 슐라이어마허에게도 말씀은 단지 부차적인 의미만을 갖기 때문이다. 그에게 말씀은 그 어디에선가 신적인 불꽃이 점화되어 불길이 일어났을 때 뒤에 남는 잿더미일 뿐이다. 그것은 단지 그 본질상 말씀 없이 경험되는 신비적 체험을 표현하기 위한 상징이며 표현주의적 예술 수단일 뿐이다.

말씀에 대한 가톨릭교회의 멸시

하나님께 가는 두 개의 상반된 길을 제시하고자 하는 두 경건의 형식 사이의 최초이면서 결정적인 대립이 바로 여기에 놓여 있다. 말씀 존중과 말씀에 대한 정신적인 멸시에서 두 종파는 처음부터 나뉘었다. 개신교운동은 독일어로 번역된 성경이 모든 평신도의 손에 주어짐으로써 시작되었다. 그것은 성서운동이었다. 루터는 그의 글에서 하인리히 8세 $^{Heinrich\ VIII}$를 향하여 말한다. "나는 모든 교부의 금언들에 맞서며, 모든 천사, 인간, 악마의 금언들과 예술들과 여러 가지 말에 대항하여 성서를 제시합니다. 여기에 내가 서 있으며, 여기에 내가 긍지를 느끼며, 여기에 내가 자랑스럽게 말합니다. 하나님의 말씀은 나에게 모든 것 위에 있으며, 하나님의 권능이 나와 함께합니다." "하나님의 말씀은 세상 전체보다 더 중요합니다." "사람들은 오로지 말씀에 굳게 의지하여, 비록 성경의 하나님께서 성경이 하나님에 대하여 증언하는 것과 다르게 행동하시는 것처럼 보일지라도 말씀이 하나님에 대해 말하고 있는 것이 사실임을 믿어야 합니다."

이와 반대로 트리엔트 공의회³는 제4회 정경 성서의 법령 $^{Sessio\ IV,}$ $^{Decr.\ de\ canon.\ scripturis}$에서 "그리스도의 입에 의해서 혹은 사도들에 의해서 연속적으로 계승되어 현재까지 전달된 전승은 성서와 대등한 위치에 놓아야 한다"라고 천명했다. 그 밖에도 성서의 고대 라틴어 번역본인 불가타 성서는 원전과 동등하게 취급되었으며, 성서해석은 교부들이 합의한 견해와 교회의 권위에 종속되었다. 그럼으로써 처음부터 성서말씀에 대한 평신도의 영적인 관계가 저지되었다. 우리 각자가 상부의 후견 없이 독립적으로 말씀을 습득하며 말씀의 깊은 의미에 도달할 수 있다는 사실이 성서에 대한 영적인 이해에 속하기 때문이다. 교황들은 성서를 읽는 문제에 대해서 상이한 태도를 취했다. 인노첸시오 3세$^{Innocent\ III}$ 아래에서 1234년 프로방스에서 열린 종교회의는 로만어$^{Romance\ 4}$로 된 성서들을 불태우도록 명령했다. 반종교개혁⁵ 시대에는 성서를 읽는 것을 금지하기 위하여 모든 무력적인 수단이 사용되었다. 이후의 교황들은 보다 너그러운 입장을 취했다. 베네딕투스 14세$^{Benedict\ XIV\ 6}$가 가장 관대했다. 그는 1757년 모든 신자에게, 만일 로마에서 비준되고 교회에서 승인한 주석이 달린 번역본이라면 자국어로 된 성서를 자유롭게 읽도록 허락했다. 그러나 1816년 비오 7세$^{Pius\ VII}$ 이래로 교황들은 성서 보급 협회들을 역병이라고 비난하면서 자유로운 성서연구를 통해 그리스도의 복음이 인간의 복음, 즉 악마의 복음이 된다고 선포했다. 하지만 요즈음은 가톨릭교회 내의 평신도들 사이에서도 진지한 성서연구가 여기저기서 일어나고 있다.

    물론 개신교적 견해와 가톨릭적 견해 사이의 결정적인 대립은 이러한 교황의 명령들이나 교리적 결정들에 있지 않다. 로마 가톨릭교회가 트리엔트 공의회 이래로 성서와 전승을 동등하게 취급했던 반면, 개신교적 토대 위에서는 성서만이 유일하게 가치가 있다는 사실에 그 대립의 핵심이 있는 것도 아니다. 주요 대립점은 오히려 두 진영에서 말씀과 그 말씀의 영적인 이해가 경건성에 대해 갖는 상이한 의미 속에 놓여 있다.

가톨릭 경건의 본질: 범접할 수 없는 신성에의 참여

가톨릭교회는 예리한 개념 정의들로 매우 강력한 스콜라 체계들을 산출해 냈지만, 그럼에도 가톨릭 경건의 가장 깊은 본질이며 가톨릭 예배의 지향점인 신비주의는 말씀이나 인식의 정신적인 활동과는 아무런 관계도 없는 그 무엇이다. 그것은 모든 말씀과 개념을 버려두고, 성녀 테레사가 "오, 예수여!"라는 감격적인 말로 묘사하는 그 어떤 것이다. "참다운 본질은 영혼이 가장 순수하고 지고한 기쁨에 취해 있는 동안, 천상적인 무아경에, 성스러운 몽매상태에 잠긴 채 [영혼에게] 계시된다." 그것은 헨리 수쏘가, "그가 홀로 성단소에 서 있었을 때 그의 영혼은 환희에 차게 되었다. ……그때에 그는 어떠한 말로도 표현하기 어려운 것을 들었으며 보았다. 그것은 형태도 없고 지식도 없지만 그럼에도 그 자체 속에 모든 기쁨과 지혜의 풍부한 공기를 가지고 있었다"라고 말하는 그 체험이다. 그러므로 더 이상 아무것도 보이지 않고 더 이상 아무것도 들리지 않으며 더 이상 아무것도 표상되지 않고 사고되지 않는 이러한 무형의 황홀경 상태는, 가톨릭교회의 위대한 남녀 신비가들에 의해 보는 행위와 듣는 행위보다 높이 평가된다. 신비가는 미사에서 한마디 말씀도 듣지 않고 미사에 참여할 수 있다. 이것이 신비적 예배의 본질적 특징이다. 사람들은 확실히 그리스도의 십자가상의 죽음에 침잠할 수 있다. 그러나 예수의 생애로부터 나온 이러한 장면들과 그때의 예수의 말씀들은 모든 말씀의 저편에 있는 것, 말로 표현할 수 없는 것 속으로 영혼을 몰두시키기 위한 감각적 수단들일 뿐이다. 바로 고난 신비주의의 개척자인 버나드 끌레르보도 고난당하신 그리스도에 대한 묵상을 단지 준비 단계로서 규정했다. 엑스타시의 절정에서 인간 예수에 대한 모든 사고는 사라지게 되며, 영혼은 형상 없는 신성의 바다에 침잠한다. 평범한 신자도 성찬석에 무릎을 꿇고 그의 혀에 사제가 성체를 놓아 주는 동안 환희의 격류가 그의 영혼을 전율케 할 때, 적어도 이러한 신비적 합일과 같은 그 무엇을 체험하기를 소망한다.[7] 만일 경건의 절정에서 말씀이 사라지고, 그럼으로써 형상, 감각적 표상, 사고, 정신적인 활동 전체를 무시한다면, 결국 저 형상 없는 몰아경의 바다에 침잠하기 위해서 어떤 감각적 요소가 도약대가 되느냐는 중요치 않게 된다. 꼭 십자가에 달리신 그리스도일 필요도 없다. 마리아의 일곱 가지 고통에 대한 묵상을 출발점으로 삼을 수도 있는 것이다. 혹은 그 어떤 다른 감각적 매개물일 수도 있다. 찰스 킹슬리Charles Kingsley의 소설『히파티아』Hypatia [8]에는, 호머의 신들의 세계에 침잠하여 침상에 누운 채 감각이 사라지는 상태에 빠지는 신플라톤주의 여성이 묘사된다.

    엑스타시의 정상에까지 올라간 가톨릭 경건의 위대한 남녀 대표자들을 고찰할 때면, 우리는 언제나 전체 종교사에서 개신교와 가톨릭 갈등의 중심축을 이루는 '이것이냐, 저것이냐'의 양자택일 앞에 서게 된다. 이러한 인물들의 ㄱ 천상적 도취가 한편으로는 실제로 하나님과의 접촉일 수 있다. 그렇다면 우리가 영적인 삶이라고 지칭하는 그것, 즉 진리들의 표상, 파악, 이해와 말씀의 습득은, 우리 삶의 중요한 분야에서는 무시되는 아마도 준비적 의미를 지니는 부차적인 일일 것이다. 혹은 다른 한편으로 우리는 하나님을 고독한 정신활동 속에서만, 즉 냉정한 명료함 속에서만 발견할 수 있을 것이다. 그렇다면 그 신비적 상태들이란 고도의 예술적인 가치를 가질지도 모른다. 그 외에 고통을 잠재우는 약이거나, 치료용 모르핀 주사가 고통스러워하는 자에게 하듯이 진정작용을 할지도 모른다. 그러나 그것들은 우리가 탐닉하는 다른 예술적 향유물이나 우리가 사용할 수 있는 다른 진정제 이상으로 하나님과의 접촉을 매개할 수는 없다. 우리는 이러한 상태에서 영혼의 경계 지점에, 예술적이고 의학적인 가치를 갖는 최면 상태에 있을 수는 있다. 그러나 아직 하나님과 함께 있는 것은 아니다.

우리 모두는 이러한 양자택일 앞에 서 있으며, 둘 중 하나의 견해를 선택해야만 한다. 우리의 선택을 좌우하는 것은, 가톨릭적 경건과 프로테스탄트적 경건에 대한 우리의 태도, 즉 우리의 전체 세계관이다. 만일 우리가 더 이상 사고할 수 없고, 바다의 큰 파도에 의해 떠밀려 가는 것과 같은 저 도취의 상태를 우리 존재의 최고점으로 간주한다면, 우리 정신의 전체 사고 능력인 오성悟性은 우리의 삶에서 부차적인 위치를 차지한다. 중심은 다른 곳에 있다. 사고를 잠재우고 정신적인 과정을 중지시키는 법을 가진 상급법정이 있다. 그 때문에 진리인식을 상급법정에 복종시키는 권위의 원칙과 저 신적 도취의 존중은 매우 밀접한 관계가 있다.

그와 함께 우리는 모든 시대에서 가톨릭과 프로테스탄트 사람들 사이에 가장 깊은 대립을 형성했던 지점에 이르게 된다. 두 신앙 대립을 교리상의 차이의 형태로, 즉 교리적 공식으로 표현하려는 시도가 종종 있어 왔다. 그러나 상호 간의 발언들은, 단순히 두 교리 체계를 서로 대립시키는 것으로는 그 차이의 핵심에 이르지 못함을 되풀이하여 보여주었다. 차이는 보다 깊은 곳에 놓여 있다. 정신생활 전체, 가령 교리체계로 표현되는 지성활동은, 그것이 어떤 결과에 이르든 상관없이 가톨릭 사람들의 영혼 속에서는 프로테스탄트들의 영혼에서와는 다른 위치를 차지한다. 중세는 오늘날에도 여전히 우리가 경탄해 마지않는 강력한 철학 체계들을 만들어 냈다. 가톨릭적 인간은 매우 깊이 사고하고 탐구할 수 있다. 그럼에도 불구하고 그의 영혼의 중심은 결코 이러한 정신적인 사유 활동에 있지 않다. 이 중심은 정신적인 것 저편에 있는 어떤 것, 우리 프로테스탄트들이 정신적으로 낯선 것으로 느끼는 그 어떤 것, 더 이상 말로 표현될 수 없고 형언할 수 없는 그 어떤 것 속에 놓여 있다. 그 때문에 발견의 기쁨으로 충분한 증거에 입각하여 사고된 가장 명료한 사상도, 만일 저 말로 표현할 수 없는 것, 프로테스탄트적 견해에 따르면 정신적으로 낯선 저 실체가 명령한다면 매 순간 희생될 수 있는 것이다.

가톨릭의 '함축적 신앙'

이 점을 밝혀낸다면, 우리 프로테스탄트들이 우리의 정신적 입장에서 가톨릭을 바라볼 때 가장 이해하기 어려운 부분이 명료해진다. 우선 소위 '함축적 신앙'*fides implicita* [9]이다. 가톨릭교회는 모든 평신도가 교리를 이해해야 한다고 요구하지 않는다. 가톨릭 신자들은 교회가 믿고 있는 것을 믿고 있다고 말하기만 하면 된다. 이해하는 것은 신학자들의 문제다. 페터 로제거가 그의 평신도적 신앙고백을 말로 표현하는 과정에서 자유주의적 프로테스탄티즘을 상기시키는 사상들이 드러나게 되었는데, 이로 인하여 그는 가톨릭교회로부터 당연하게 이단이라고 비난받게 되었다. 예수는 개개인의 자아중심주의를 통해서가 아니라 공동체성을 통해서 인류가 존속하며 개인의 희생적 죽음이 무수한 생명을 살린다는 것을 자신의 삶과 죽음을 통해서 보여주었다. 로제거는, 성서와 교회의 문서들에 근거하여 그에게 동정녀 탄생을 설득시키려고 했던 선량한 주임신부 우르반의 관 옆에 그가 어떻게 서 있는지를 묘사한다. "나는 그 경건하고 신실한 영혼을 그토록 자주 흥분시키고 화나게 한 것을 후회하였으며, '내가 이미 99퍼센트를 믿고 있다면 왜 100퍼센트 전체를 믿지 못하겠는가'라고 생각했다! 결국 모든 것은 신비이며, 또한 모든 것은 해석될 수 있다. ……만일 그들이 문자 그대로 그것을 해석한다면 나는 그것을 상징적으로 해석해서는 안 될까?" 로제거의 마리아론 역시 매우 단순하다. 로제거에 따르면 마리아는 구세주에 대한 불타는 갈망으로 가득 찬 처녀였다. 그녀가 어머니가 되던 시기에 이러한 거룩한 열정이 마리아를 가득 채웠다. 이러한 의미에서 그녀는 성령으로 잉태했던 것이다. 로제거에 따르면 성령은 그러한 열정이다. "그토록 자주 나는 선한 것과 아름다운 것에 대한 불타는 갈망을 발견하는데, 나에게는 그것이 성령의 계시다." 로제거는 거기에 덧붙인다. "나는 성직자가 되려고 했다. 내가 그러한 교리 해석을 했다면 어땠을지는 모르겠다. 그럼에도 불구하고 나는 신앙인이었을 것이다. 그러기에 성직자가 되었더라도 마음속 깊이 확신을 가지고 마리아는 죄 없이 잉태했으며 순결한 처녀로 출산했다고 설교할 수 있었을 것이다. 그리고 내가 이해하는 의미에서는, 교리를 끌어댈 필요도 없이 그것은 받아들여질 수 있었을 것이다. 문자 그대로 해석한다면 불합리한 것들도 있다. 나는 이런 것들은 물론 재해석한다." 만일 프로테스탄트적 교육을 받은 인간이 자신의 교회교리와 그러한 식의 대립에 빠져들게 되면 그는 갈등과 불만을 느낄 것이며, 아마도 자신의 교회로부터 떠나야 할지 아닐지 자문했을 것이다. 그러나 로제거에게는 교회의 교리를 떠난 이 시기에도 여전히 가톨릭적인 교양이 나타난다. 그는 신뢰에 가득 차서 진리의 문제를 교회의 교부들과 그것을 위탁받은 학자들에게 맡긴다. 그는 영원한 진리에 대한 자신의 평신도적 사상들을 스스로 발전시키지만, 이러한 사상들을 극도로 진지하게 여기지는 않는다. "결국 모든 것은 신비이며, 또한 모든 것은 해석될 수 있다." 그 후 즉시 가톨릭교회가 묘사하는 천국에서 가장 위대하고 가장 자비롭고 신비로운 인물인 우리의 사랑하는 여인에 대한 장을 쓰는데, 그것은 다음의 말들로 끝난다. "그 다함이 없는 숭배 대상에 대한 고찰들을 끝내야만 한다는 것이 나에게는 매우 유감스럽다. 왜냐하면 나는 아직도, 전 세계의 많은 백성들이 환호하며 그 발아래에서 기도하는 그 인물 곁에 머무르고 싶기 때문이다―우리의 사랑하는 여인 곁에." 그러므로 가톨릭적 교육을 받은 인간은 프로테스탄트적 인간보다 교리적 의심을 훨씬 쉽게 극복한다. 그에게는 영혼의 중심이 결코 교리적 사고 속에 놓여 있지 않기 때문이다. 이러한 사고가 매 순간 희생당할 수 있는 상급법정이 있는 것이다.

거기로부터 우리는, 예수회 교단의 교육 속에도 우리 프로테스탄트들에게 항상 가장 낯설게 느껴지는 그 문제가 있음을 이해한다. 이그나티우스 로욜라Ignatius de Loyola 10는 그의 묵상수도의 원칙들을 제시할 때, "교회와 함께 올바른 방식으로 느끼도록 인도해 주는" 규칙들을 부연했다. 여기에는 다음과 같이 쓰여 있다. "정신은 자기 자신의 판단의 철저한 중지sublato proprio ommi judicio 하에서 그리스도의 진짜 신부이며 우리의 성스러운 어머니인 가톨릭교회에게 복종할 준비가 항상 되어 있어야만 한다. ……우리는 가톨릭교회와 완전히 같은 모양이 되며 완전히 일치하기 위해서, 만일 교회가 검다고 규정했으면 우리 눈에 희게 나타난다 할지라도 우리는 이것을 검다고 선포해야만 한다." 이 점은 예수회 교육에서 항상 반복된다. 알퐁소 로드리게스St. Alphonsus Rodriguez 11는, "복종의 세 번째 단계는, 우리의 오성을 우리의 수도원장과 일치시켜 그가 명령하는 모든 것을 합리적이라고 간주하며 우리의 판단을 완전히 그의 판단에 복종시키는 것이다"라고 말한다. 이것은 어떤 기록에서는 이렇게 설명된다. "만일 상급자가 너 자신의 판단이나 견해 혹은 능력과 모순돼 보이는 어떤 것을 너에게 명령한다면, 모든 인간적 이유와 생각들을 지양한 채 꿇어앉아, 네가 홀로 있을 때 복종의 맹세를 되풀이하라." 오성의 이러한 희생은 자발적 맹목화Selbstblindmachung 12라 지칭된다. 예수회의 견해에 따르자면 그것은 우리에게 하나님께 가는 길을 열어 주는 매우 특별한 공로다.[13]

이에 대해 우리 프로테스탄트들은 '아니요'라고 대답해야 한다. 우리가 스스로를 눈멀게 하여 우리 자신의 고유한 판단을 포기한다면, 우리는 바로 그 속에서 우리가 유일하게 하나님을 볼 수 있고 파악할 수 있는 그 빛, 즉 우리의 영적인 생명을 꺼 버리는 것이다. 모든 정신적인 활동 속에는 엄격한 진리감지력이 발현된다. 그 때문에 판단행위는 거의 항상 깊은 의심을 통과해 지나간다. 이러한 의심이 강제로 억압되고 억제된다면 정신은 죽임을 당한다. 그러면 우리는 하나님께 가까이 가는 것이 아니라 하나님께 가까이 갈 수 있는 그 지점으로부터 멀어진다. 우리는 완전한 정신의 명료함 속에서만, 즉 우리의 판단력과 진실한 양심을 온전히 지녔을 때만 하나님이 우리에게 당신 자신을 계시하시는 말씀을 습득할 수 있기 때문이다.

의심에 대한 모든 강제적 억압은 양심을 거스르는 긴장이다. 이러한 긴장을 통해서 진리감각, 즉 만일 우리가 하나님을 포착하려면 완전히 생생하게 살아 있어야만 하는 우리 안의 이 최고의 역능役能이 죽임을 당한다. 어떠한 항변도 피하지 않을 각오가 된 사람만이, 그리고 그래야만 한다면 하나님에 대한 의심의 마지막 심연에까지 내려갈 각오가 된 사람만이 신앙에 이를 수 있다. 만일 우리가 항변을 억누르며 솔직하게 해결하지 않는다면, 우리의 사고는 등 뒤에 정복되지 않은 요새를 남겨둔 채 적국에 진입하는 군대와 같다. 그 군대는 매 순간 그곳으로부터 사격을 당할 수 있다.

그러므로 프로테스탄트적 입장에서 고찰한다면, 우리가 알게 된 가톨릭교회의 영적 생활의 세 가지 억압 양식은 모두 하나님과 우리의 교제에서 위험한 걸림돌이다. 우리가 보았듯이 영적 생활은 첫째, 정신적으로 저급한 의식몽롱 상태에 빠짐으로써 억압될 수 있다. 정신을 소멸시키는 두 번째 수단은, 이해하지 못한 것을 참되다고 생각하는 데에 익숙해지는 것이다. 그러나 한층 더 위험스러운 것은 영적 생활을 막는 세 번째 수단인데, 예수회의 교사들에 의해 복종훈련이라고 추천되는 이른바 자기 맹목화, 즉 우리에게 오는 항변들과 떠오르는 의심을 의지 행위를 통해서 강제로 억제하려는 시도다.

    이러한 모든 수단을 통해서 우리는 정신의 명징함과 의식의 명료함이라는 빛을 꺼 버리게 된다. 그 빛 속에서 우리는 유일하게 하나님을 볼 수 있고 그와의 교제로 들어갈 수 있다. 우리는 하나님을 신령과 진리 속에서만 예배할 수 있기 때문이다.

VII

양심의 종교

우리는 가톨릭과 프로테스탄트라는 두 정신적 경향이 지적인 측면에서 이미 서로 분리됨을 보았다. 양 종파는 내놓을 만한 위대한 정신적인 업적들을 가지고 있으며, 거대한 철학 체계들을 만들어 냈다. 그러나 프로테스탄트적 인간의 영혼에서 사유가 차지하는 위치는 가톨릭 신자들과는 다르다. 프로테스탄트 신자에게 정신생활^{Geistesleben, Spiritual life}이란 하나님께 이르는 유일한 길이다. 가톨릭 신자에게는 상황에 따라 바로 종교적인 이유들 때문에 정신적인 과정을 잠재울 수 있는, 정신적인 것을 압도하는 힘이 있다.

그러나 지적인 문제 해결에서 나타나는 이러한 대립은, 단지 두 정신적 경향의 최종적인 대립을 이해하기 위한 기초일 뿐이다. 결전은 실제적인 영역인 양심의 영역에서 이루어진다. 칼 홀[1]은 프로테스탄티즘을 "양심의 종교"로, 즉 그 어떤 도덕적으로 무관심한 권력 체험이나 미학적인 표현들을 통해서가 아니라 양심을 거쳐서만 하나님께 갈 수 있는 종교로 표현했다. 루터의 말에 따르면, "하늘로 가는 그 길은 나뉠 수 없는 한 점, 즉 양심의 선^線이다."^{via in caelum est linea indivisibilis puncti, conscientiae} 그것은 무엇을 의미하는가? 프로테스탄티즘의 기본 사상인 '오직 믿음으로 말미암은 칭의'를 이해하려면 한 젊은 수도사 루터의 영적 고투 역정으로부터 출발해야 한다. 그는 교회의 성사와 수도원 훈련을 통해서는 더 이상 평화를 발견하지 못하는 어느 지점까지 내몰렸다. 그가 공적으로 등장하기 이전에 발생한 젊은 루터의 영적 고투 역정은 인류의 정신사 속에서 일어났던 가장 강력한 것에 속한다. 그것은 한 개인의 역사가 아니며, 그 점에서 그의 개인사는 무수히 되풀이되어 온 인간적으로 보편적인 어떤 일임이 드러난다. 수도사 루터가 양심가책자였으며, 옛날부터 수도원에서 가장 진지한 수도사들에게 빈번했던 현상, 즉 중세 후기 도덕신학이 쇄심증 pussilanimitas 이라고 칭했던 정신병을 앓고 있었다는 가톨릭 역사가들의 말이 전혀 부당하지만은 않다. 이것은 어떤 종류의 진기한 병인가? 둔감한 보통 인간은 그 병을 느끼지 못한다. 그러나 몇 달 만이라도 하나님의 한 가지 계명, 가령 '순결하라'는 계명이나 '하나님을 모든 것보다 사랑하라'는 계명을 충실히 지키려고 시도해 본 섬세한 영혼을 가진 인간이라면, 이러한 병이 우리 모두에게 얼마나 가까이 있는지 누구나 즉시 깨닫게 될 것이다. 우리는 단지 삶의 잃어버린 모든 시간이 더 이상 영원히 되돌려질 수 없다는 사실이 무엇을 의미하는지 한번 생각해 보기만 하면 된다. 그러므로 하나님의 현존 앞에 있는 동안 나에게 떠오르는 모든 개개의 불순한 생각들은 무한히 진지하게 대해야만 한다. 그 목적으로부터 이탈한 사고는 아무리 사소한 것이라 할지라도 나의 영생을 빼앗을 수 있다. 내가 사고하는 모든 생각은, 후에 굳어져서 영원히 발자국을 남기는 부드러운 펄프덩이에 내딛는 발걸음과 같다. 일어난 사건은 결코 일어나지 않은 사건으로 철회될 수 없다. 안셀무스 Anselm of Canterbury 는, 하나님의 의지에 반하여 단한 번이라도 시선을 다른 곳으로 던졌다면, 그것은 모든 것을 희생한다 할지라도 다시 고쳐질 수 없을 정도로 큰 죄라고 말한다. 실제로 수도원에서 중단 없이 하나님의 임재 속에서 살고자 했던 바로 그 가장 진지한 사람들이 그들에게서 기쁨을 빼앗아 가는 내적 불안에, 즉 영혼의 구원을 못 받을 죄악을 범했다는 불안과 자신들의 참회는 불완전하고 무가치하며 자격을 갖추지 않고 성사에 참여했다는 두려움에 사로잡힌 것은 이상한 일이 아니다. 이러한 수도원병은 수도원과 신학교에서 오늘날에도 여전히 빈번하다고 한다. 그 병을 앓고 있는 양심가책자가 보이는 증상은, 되풀이하여 참회하고자 하는 욕구의 표현이다. 그는 토요일 오후에 참회석으로 가지만, 바로 그 같은 날 저녁에 떠오르는 신앙의 의심과 감각적 생각들을 통해서 은총을 잃어버렸다고 믿는다. 일요일 아침에 다시금 그는 서둘러 고해신부에게 간다.[2]

전부 아니면 전무 All or Nothing

이러한 양심가책증 Skrupulantentum은 분명히 보편적인 인간 고통의 특수한 수도원적 형태일 뿐이다. 위대한 열정과 깊은 진지함을 가진 인간들은 그 병으로 인해 언제든지 매우 여러 가지 형태로 괴로움을 겪었다. 그것은 우리 모두에게 매 순간 돌발할 수 있는 병이다. 그것은 키에르케고르 S. Kierkegaard가 "죽음에 이르는 병"이라고 불렀던 그것이며, 비록 소수에게서만 드러난다 할지라도 모든 인간이 은밀하게 고통당하는 병이다. 하나님의 진리에 충실하고자 시도하는 모든 사람은 어느 정도 하나님으로 인한 병을 앓는다. 키에르케고르에 따르면, 어느 인간도 절망하지 않고는 하나님의 현존 앞에서 살 수 없다. 만일 그가 하나님의 은총에 의해서 놀라운 방법으로 "죽음에 이르는 병"에서 치유되지 못한다면 그는 절망해야만 한다. 루터가 수도원에서 체험했던 것은, 가령 무거운 운명의 타격을 입었을 때 모든 인간이 매우 격렬하게 체험하는 그것과 결코 다르지 않다. 그때 인간은, 하나님은 실존하시며, 모든 것을 보시는 편재하는 심판관이며, 우리는 한순간도 그에게서 벗어날 수 없다는 사실을 갑자기 깨닫게 되는 것이다. 루터는 그러한 감정을 가졌다. "시편 139편이 말하는 대로, 만일 내가 나 자신에게 있는 것보다 하나님이 나에게 더 가까이 계시며, 그가 나를 사방에서 둘러싸고 있다면, 최후의 심판은 이미 시작된 것이다. 우리가 향하여 가는, 하나님의 면전에 서게 될 죽음의 순간은 이미 지금 시작된 것이다. 우리를 그 순간으로부터 분리시키는 이 짧은 시간, 영원에 비할 때 초 단위의 이 시간은 아무런 의미도 없다." 최후의 심판에서는 어느 누구도 자신 곁에 있지 않을 것이라는 사실을 루터는 알았다. "나는 나의 문제를 완전히 홀로 하나님과만 결말지어야 한다." 1522년 비텐베르크의 설교에서 루터는, "우리는 모두 죽음에 이르지 않을 수 없으며, 어느 누구도 다른 사람을 위해서 죽어 줄 수 없습니다. 그 대신 모든 사람은 각각 자기 홀로 스스로 죽음과 싸워야 합니다. ……결국 나는 당신과 함께 있을 수 없고 당신은 나와 함께 있을 수 없습니다"라고 설교했다.[3] 그러나 만일 하나님이 최후의 심판날에 우리가 느끼게 될 정도로 그렇게 실재하신다면, 하나님은 우리의 온 마음과 온 영혼과 온 의지와 온 힘을 다해 그를 사랑하도록 요구하지 않을 수 없다. 모든 선한 것의 수여자인 하나님은 우리가 그를 온 영혼으로 사랑하도록 요구하실 수 있다. 하나님에 대한 반쪽 마음으로 하는 사랑, 가령 지옥에 대한 두려움 때문에 하는 사랑은 용서받을 수 있는 연약함이나 불완전함이 아니라 무서운 죄악이며 반항이다. 그와 더불어 루터에게는 교회가 지금까지 해온 구분, 즉 여전히 이기적인 욕구인 단순한 종의 두려움에서 나온 하나님사랑과 그분 자신을 위한 하나님사랑 사이의 구분이 그 자체로 붕괴되었다. 그때까지 교회는 초신자를 종의 두려움으로부터 천천히 인도해 내어 하나님사랑에 가깝게 이르게 하는 계단들을 구축했었다. 만일 마지막 단계에 이르지 못했다면, 그 전 단계에도 이를 수 없었다는 뜻이다. 루터에게서는 이러한 단계의 전체 체계가 그 자체 속에서 붕괴되었다. 하나님이 존재하신다면 하나의 온전한 것, 나누어지지 않은 마음을 요구하시기 때문이다. 그분께는 두려운 원칙이 통용된다. 전부이거나 아니면 전무이다. 온전하지 않은 모든 것은 가치가 없을 뿐만 아니라, 좀 더 심하게 말하면 죄이며 반항이다.

하나님사랑에 적용되는 것은 이웃사랑에도 적용된다. 하나님은 내가 나 자신을 사랑하듯이 나의 이웃을 사랑하기를 원하신다. 이것은 한 인간을 다른 인간보다 편애하는 것, 즉 친구나 애인을 편애하는 것을 배제한다. 만일 내가 하나님의 뜻을 성취하고자 한다면 나는 가령 가치 있는 한 인간을 위해서뿐만 아니라 적을 위해서도, 가장 비열한 강도를 위해서도, 모든 고통을 감수해야만 한다. 필요하다면 목숨도 버릴 수 있어야 한다. 고심참담苦心慘憺하고 가까스로 혹은 단지 짜증으로 혹은 불교에서처럼 금욕고행하며 자기 의지를 죽이면서 하는 것이 아니라 무한한 기쁨으로,$^{hilari\ corde}$ 가장 깊은 마음의 소원으로 행해야만 한다. 하나님은 어떠한 강제적 봉사도 원하시지 않기 때문이다. 내가 나 자신을 억눌러야만 얻어지는 모든 사랑은 하나님 앞에서는 무가치하다. 그렇다, 그것은 반항이다. 나는 그때에 하나님께 속한 것을 불법으로 점유하고 그의 것을 강탈한 것이 되기 때문이다.

루터의 투쟁들을 붙드는 중심은, 입센$^{Henrik\ Ibsen}$이 『브란트 목사』[4]라는 희곡에서 매우 인상 깊게 표현한 것과 같은 것이다. 이 드라마는 루터의 수도원 투쟁들의 메아리, 하나님께 이르고자 한 키에르케고르의 투쟁의 메아리와 같다. 차가운 협만의 해변 마을에서 성직 의무가 브란트 목사를 꽉 붙잡고 있다. 그곳에서 그는 자신의 교회공동체를 섬겨야만 한다. 그러나 그에게는 부인과 아이가 있다. 아이에게는 햇빛이 부족하다. 아이는 오랫동안 병을 앓다가 쇠약해져서 죽는다. 브란트는 아이를 희생한다. 아그네스 부인도 그 아이를 희생할 각오가 되어 있다. 그러나 그녀는 적어도 저 위 묘지에 누워 있는 아이를 위해 울 수 있기를, 혹은 그의 작은 옷을 한 번 더 보기를 원한다. 그러나 브란트는 그녀에게 말한다. "당신이 바친 모든 것은 당신이 그 손실을 후회할 때 심연으로 침몰한다오." 하나님은 흥정하시지 않는다. 하나님은 말씀하신다. "나는 많은 것을 요구한다는 것을 알아라. 나는 모든 것을 요구하거나 아무것도 요구하지 않는다. 너는 모든 것을 주지만 너의 생명은 주지 않는다. 그러므로 알라. 너는 아무것도 주지 않았다."

이 북유럽 영혼내민극^{Seelendrama}의 끝막에서 지상의 유혹하는 영이 브란트 목사에게 하는 말들은 루터에게도 적용될 수 있을 것이다.

"'전부 아니면 전무'라는 세 마디 말이 네 병의 진원지이며 그 병의 차가운 공포가 너를 정신착란으로 몰고 간다. 너는 기억으로부터 퇴색한, 모든 목록으로부터 삭제된 그 말들, 너를 비난하려고 너를 엄습한 공포의 얼굴의 모든 것인 그 말들을 단념해야만 한다. 그것들을 말해 보라! '전부이거나 아니면 전무'라고."

하나님에 대해서는 이 '전부 아니면 전무'만이 존재한다는 것이 루터의 수도원 투쟁들의 근원이다. 기도를 할 때면 그 문제가 그를 괴롭혔다. '너는 기도할 때 참으로 온전한 하나님사랑에 의해 하였느냐? 그것이 없다면 기도란 단지 죄에 불과하다.' 그는 제단의 성단소에 서서 예배를 드리기 위하여 모일 때면 깨달았다. 의도적으로 모이는 것이 강요되면 될수록 생각들은 그만큼 더 쉽게 산만해진다는 것을. 예배를 드리도록 강요당한다는 것, 이것이 이미 죄다. 자신의 예배가 온전하였으며 철저한 헌신이었던가 하는 의심이 그를 엄습했다. 루터는 이러한 시간을 기억하면서 말한다. "나 또한 거룩하고 경건한 인간이 되기를 원했으며 깊은 경건함으로 미사와 기도를 준비했다. 그러나 비록 내가 가장 경건했을 때에도 나는 의심하는 자로 제단으로 나아갔으며 의심하는 자로 그곳을 떠났다. 내가 참회를 했을 때에도 나는 의심을 했다. 내가 참회의 기도를 하지 않으면 나는 또다시 절망을 했다."[5]

이러한 상태에서는 교회의 성사도, 고해성사나 고해석도 그에게 아무런 평안을 마련해 줄 수 없었다. "그는 날마다 고해하며 가장 작은 일도 참회하며 과거의 일도 되풀이하여 참회한다." 그러나 그는 "실제로는 이전과 동일한 인간이었음을" 깨닫는다.[6] 성사를 통해서도, 교회를 통해서도, 인간의 어떤 제도를 통해서도 도저히 가라앉힐 수 없는 이러한 양심가책은 드문 현상이 아니다. 우리는 인간의 양심이 깨어나는 곳이면 도처에서 그것을 경험한다. 최근에 있었던 모든 부흥집회에서 동일한 양심의 각성을 본다. 전쟁 기간 동안 네덜란드령 인도네시아 니아스 지역의 복음주의 선교지에서 있었던 대형 부흥집회에서, 아주 단순한 미개인으로 간주되던 원주민들에게 불가사의한 방식으로 하나님 현존에 대한 깊은 각성이 일어났다. 그들은 하나님 앞에 두려워 떨기 시작했다. 그들은 "하나님이란 바로 나를 넓게 덮은 하나의 손이다"라고 그들의 원시적 부족언어로 말했다. 벗어날 수 없는 전능하신 재판관의 임재의식 속에서, 그들은 양심에 가책이 되는 모든 것을 참회하려는 기본적인 충동을 느꼈다. 선교사들의 집은 양심의 짐을 벗기를 원하는 사람들에 의해 이른 아침부터 포위되었다. 감히 참회를 할 수 없었던 많은 사람들은 원시림으로 가서 목매어 자살했다.

하나님 앞에 선 단독자

이러한 양심의 각성이 개인들이나 전 민족 공동체에 임하면 항상 두려운 발견이 일어난다. 즉 우리 인간들은 하나님의 현존 앞에 있으면서도, 우리가 당연히 그래야 하듯이 하나님을 온전한 마음으로 사랑할 수가 없다는 것이다. 우리의 가장 선한 행위들 속에도, 우리의 예배 속에도, 우리의 금욕 속에도, 항상 동일하며 은밀한 극복할 수 없는 자기애가 있는 것이다. 만일 우리의 마음속에 질투와 남의 불행을 기뻐하는 악한 감정이 일어나면, 우리는 아주 예의를 다하여 그것을 억제할지 모른다. 하지만 우리가 어느 타인에 의해 밤에 습격을 당해 갑자기 두들겨 맞는다면 최초의 정서, 곧 우리 마음의 최초의 무의식적인 감정은 우리를 때린 자에 대한 증오다. 후에 우리는 그를 용서한다. 그러나 우리가 그러한 용기를 내어 온순함을 결심하기 이전, 도덕적 성찰이 시작되기 이전에 우리 속에서는 무의식적으로 분노가 분출된다. 우리는 여전히 우리의 감정들을 매우 억제할런지 모른다. 그러나 우리가 가령 우리의 방해자, 경쟁자, 적수가 커다란 성공을 해서 모든 이의 마음을 얻었다는 것을 들었다면, 최초의 마음의 동요는 질투다. 몇 분 후에야 우리는 자제하며, 그의 성공을 축하해 주고 그것에 대해 사심 없이 기뻐할 것이다. 그러나 섬광처럼 우리 영혼의 심연을 비추어 주는 최초의 무의식적인 정서는 불쾌감이다. 그 감정의 틈을 통해서 우리 영혼의 심연을 내려다보면, 우리의 참다운 본질 속에는 분노와 증오가 있음을 발견한다. 그 때문에 훈련과 금욕을 통해서 이기적인 감정의 동요를 완전히 극복한다 할지라도 그것은 일시적으로 강제된 봉쇄이며 무의식적으로 우리 속에 생기는 것들의 억압에 불과하다. 인간 앞에서는 이러한 승리가 영웅적 업적이다. 그러나 우리는 하나님의 현존 앞에 있다. 하나님은 어떤 강요된 헌신도 원하시지 않는다. 이것은 온전한 마음과 온전한 영혼으로의 사랑이 아니기 때문이다. 의무와 당위적 강제와 강압의 모든 불순물이 사라진 마음의 가장 깊숙한 열망으로부터 탄생한 의지, 완전히 자유롭고 온전한 의지만이 하나님의 마음에 들 수 있을 것이다. "억지로 강요된 것은 어떤 것도 보존되지 못한다". *Nullum violentum perpetuum* 억지로 강요된 의지는 우리의 가장 깊숙한 본질 속에 어떠한 뿌리도 내리지 못한다. 그것은 돌들 사이에 뿌려져서 단지 드물게만 싹이 트는 씨앗과 같다. 그러므로 사람들이 가장 많이 경탄하는 인간적 극기의 최고 능력들, 자기 자신을 극복하기 위해 인간이 수도원 방에서 제 몸에 채찍질하며 금식을 하는 금욕적 훈련들 역시 하나님의 현존 앞에서 관찰한다면 불순한 것이다. 그것은 바로 우리가 스스로를 강요해야만 하는 강압적 행위들이기 때문이다. 하나님 앞에서는 단지 온전한 마음의 자발적인 헌신만이 유효하다. 전부이거나 아니면 전무인 것이다. 모든 반쪽의 헌신은 반항이다. 루터에 따르면 하늘에 들어가 행복해지고자 하는 열망 속에도 가장 비열한 육욕에서와 마찬가지로 이기주의적 욕망이 놓여 있다. 우리가 참으로 하나님을 전심으로 사랑한다면, 하나님이 우리를 지옥으로 보낸다 할지라도 기쁘게 가야만 한다. 그러므로 우리는 하늘에 들어가기 위해 수도생활이나 세속생활을 영위할 수도 있는데, 거기에는 항상 또 다른 동기인 자기애가 있다. 우리는 하나님께 반쪽의 마음만을 드리는 것이다.

그러므로 하나님을 참으로 알게 되자마자 우리는 하나님 앞에서 절망할 수 있을 뿐이다. 어떠한 인간도 우리를 이러한 절망으로부터 구원할 수 없다. 모든 개개인은 완전히 홀로 하나님 앞에 서 있기 때문이다. 이러한 지점에 도착해서야 비로소 우리는 실제로 깨어나게 된다. 우리는 멸망할 수밖에 없든지 하나님을 발견하든지 하는 상황에 처해 있다. 루터가 이러한 지점에 서 있었을 때 그에게 즉시 분명해진 사실이 있다. 만일 이러한 상태에서 도움, 즉 멸망으로부터의 구원이 있을 수 있다면, 이것은 완전히 무조건적인 용서 가운데서만 가능하다는 것이다. 나는 이러한 용서를 준비하기 위해 어떤 최소한의 것도 할 수 없다는 것이다. 이것이 루터를 비롯하여 참으로 양심이 깨어 있는 모든 사람에게 일어난 생각이었다. 하나님의 은총 안에서 내가 계획할 수 있는 가장 경건한 행위에서조차, 나는 항상 무엇인가를 유보한다. 그 행위 또한 하나님의 현존 앞에서 고찰해 본다면 단지 하나님에 대한 새로운 반항일 뿐이다. 그럼으로써 하나님의 용서에 합당하게 되기 위해 인간이 경건한 업적들을 통해서 그 어떤 것을 할 수도 있으리라는 생각, 즉 은총의 부음을 받을 마음이 되기 위해 비록 "가치공로"*meritum de condigno*는 아니라 할지라도 "타당공로"*meritum de congruo*는 내세울 수 있을 것이라는 생각은 불가능하게 되었다.[7] 실상 이러한 경건한 업적들도 우리는 쥐어짜듯이 억지로 해야만 하기 때문에 하나님에 대한 새로운 반항의 형태일 뿐이다. 수도생활과 세속생활이란 단지 동일한 불순한 선율의 서로 다른 두 개의 변주곡일 뿐이다. 자신의 본성의 고삐를 풀어 준 채 자기애를 숨기지 않는 세속인은 "오른손의 무신론자"*dextralis impius*이며, 자신의 이기주의를 고상한 방식으로, 즉 그가 자부하는 자신의 본성의 강압적 억압을 통해서 만족시키는 금욕자는 "왼손의 무신론자"*sinistralis impius*다.[8]

그럼으로써 모든 거룩함의 구분들, 교회가 만들어 낸 세속인들과 수도사들 사이의 등급은 없어지게 되었고, 우리가 어떻게 살든지 "우리는 항상 죄를 범하며, 우리는 항상 불순하다."*semper ergo peccamus, semper immundi sumus* 우리 편에서 하나님을 움직여 우리를 용서하도록 하게 할 수 있는 가장 작은 일조차 불가능하다. 우리가 하는 모든 일로는 단지 하나님에 대한 반항 속으로 한층 깊이 들어갈 뿐이며, 하나님으로부터 한층 멀어지게 된다. 만일 우리가 기적적인 방법으로 도움을 받지 않는다면 우리는 하나님 앞에서 우리 자신에 대해 절망할 수 있을 뿐이다.

성경이 하나님과 인간에 대해서, 인간의 타락과 해방에 대해서 말하고 있는 그 밖의 모든 것은 단지 이 지점으로부터 볼 때만이 명백하다. 자기 자신에 대한 절망의 가장 깊은 지점에 도달해 보았을 때만이 우리는 그것을 이해한다. 때때로 하늘을 향해 위로 열려 있는 깊은 지하갱도의 어둠침침함 속에서 낮에는 보이지 않던 하늘에 뜬 별이 보인다. 땅 위의 사람들은 낮의 밝음에 의해서 눈멀어 있기 때문이다. 그러나 그 아래 지하갱도의 어둠 속에서는 동공이 확장된다. 그 때문에 깊은 곳에서는 위에서는 볼 수 없는 하늘에 있는 물체가 보이는 것이다. 그리하여 성경에 쓰인 방식으로 인류를 다루시는 하나님의 역사는, 인간의 자기 자신에 대한 절망이라는 깊은 갱에서만 보일 수 있다. 삶의 표피를 지배하는 낮의 밝음 속에서는 하나님을 볼 수 없다. 거기에서는 성경이 서술하는 구속사가 신화처럼, 비현실적인 환영幻影처럼 나타난다. 하나님으로부터의 거리감과 그의 공동체로부터의 소외됨을 온전한 두려움 가운데 느끼는 저 어두운 심연 속에서만이 시선이 열리며, 그곳에서는 하나님이 그리스도 안에서 하신 일의 내적인 필연성이 우리에게 떠오른다. 우리가 우리 자신에 대한 절망 속에 있다면, 우리는 곧 깨닫는다. 이 상태에서 아직 도움이 가능한 것이라면, 그 도움은 하나님으로부터만 올 수 있다. 하나님에게서만 불가능한 일이 가능하게 된다. 우리는 그 도움을 단지 하나님으로부터만, 오로지 하나님 한 분으로부터만 기대할 수 있다. 하나님이 그 일을 시작하셔야만 하며, 그가 그것을 완성하셔야만 한다. 하나님은 그에 대한 우리의 관계를 우리의 아무런 협력 없이 완전히 새로운 토대 위에 세우셔야만 한다.

하나님이 우리를 돕고자 하신다 하더라도, 그가 우리를 어떻게 도와야 하는지에 대해서는 우리 편에서 결정할 수 있는 것이 아무것도 없다. 여기에서 우리는 어떠한 것도 계획하거나 요구할 수 없다. 우리는 하나님에 대해 어떠한 것도 요구할 권리를 갖고 있지 않다. 그가 무엇을 하실지는 그에게 달려 있다. 만일 어떤 사람이 다른 한 사람에 대하여 죄를 범함으로써 두 사람 사이에 불화가 생겼다면, 화해를 위한 교섭 장소를 결정하고 그러한 화해에 이를 수 있을 때 화해가 일어날 지점을 확정하는 것은 오직 모욕당한 사람의 일이다. 가해자는 아무것도 참견할 것이 없다. 그러므로 우리가 우리 자신에 대해 절망하는 상태에서 하나님에 대해 화해가 가능하다고 한다면, 화해의 장소와 그것의 실행 방식을 결정하는 것은 완전히 하나님의 일이다. 우리는 그것에 대해 아무런 영향력도 갖고 있지 않으며, 우리 생각대로 그것에 대해서 어떤 결정도 할 수 없다.

그러므로 구원에 대해서는 순전히 사실적인 서술 양식으로만 이야기할 수 있다. 하나님은 세상의 구원을 위해서 어떠한 인간적인 생각도 미칠 수 없는 한 방법을 택하셨다. 하나님은 여러 백성 중에서 한 백성을 제사장 백성으로 선택하여 이 백성으로부터 나온 한 사람에게 전권을 영원히 부여하며, 그의 이름으로 구원과 '화해의 말'을 하며, 이 구원의 메시지를 그의 수난과 죽음을 통해서 확증하는 방식으로 구원의 방법을 정하셨다. "하나님은 그리스도 안에 계셨으며, 세상을 그 자신과 화해시키셨다."⁹ 예수가 최초 등장 시 중풍병자에게 "네 죄 사함을 받았느니라"라고 말씀하셨을 때, 유대인들은 알았다. 그가 하나님을 모독한 자이거나, 그때에 오기로 되어 있던 그분이라는 것을. 하나님 이외에는 아무도 죄를 용서할 수 없기 때문이었다.

오직 믿음으로만

자기 자신에 대해 절망한 인간이 그리스도의 권위 있는 말씀으로 용서의 확신에 빛나게 되는 이러한 기적은 단지 믿음으로만 이해할 수 있다. "오직 믿음으로만 의롭게 된다."$^{sola\ fide\ justicamur}$ 여기에서 사용되는 "믿음"이라는 말은 우리가 그것을 통해서 은혜를 받는 일에 협조하게 될 어떤 종류의 정신적 업적을 의미할 수 없다. 비록 선물을 받기 위해 손을 뻗치는 정도의 역할이라 할지라도 그러하다. 구걸 그릇을 내미는 것과 빈손을 뻗치는 것도 확실히 하나의 행동으로서 우리 입장에서는 다시금 불순할 것이기 때문이다. 그때에 즉시 모든 양심적인 인간에게는 절망이 나타날 것이다. 내가 진실로 하나님을 향해 손을 뻗었는가? 내 안에 진실로 하나님에 대한 깊은 갈망이 일어났으며, 내가 그를 전심으로 의지하였는가? 그러므로 우리는 즉시 예배의 순수함에 대한 절망으로부터 벗어나지 못했던 양심가책자들이 서 있던 그 지점에 다시금 서게 될 것이다. 스스로는 아무것도 할 수 없는 우리 현존의 저 최저점에 도달하지 못한 한, 우리는 여전히 우리가 최소한 하나님을 신뢰할 수는 있을 것이며, 이것이 하나님께 우리를 용서할 근거가 될 수 있을 것이라고 믿는다. 그러나 우리 자신에 대해서 절망하자마자 우리는 하나님에 대하여 순수한 의미의 손을 내뻗어 받는 그 동작마저도 할 수 없다는 것을 알게 된다.

그 때문에 종교개혁자들은 '믿음'을, 정신적 공로에 대한 생각이 완전히 배제되도록 항상 묘사했던 것이다. 루터는 "이 문제를 더 잘 이해하기 위해서 나는 마치 내 마음속에는 믿음이나 사랑이라고 할 만한 어떠한 성질도 없는 것처럼 상상하는 습관이 있으며, 그것들 대신 그 자리에 그리스도 자신을 놓고 말한다"라고 고백하였다. "그리스도가 나의 의로움이며, 그분 자신이 그 의로움의 본질이요 형체다." 루터는 갈라디아서 2장 주석에서 '믿음'이란 하나의 대상, 즉 그리스도를 지향한 활동이 아님을 밝히고 있다. 믿음 자체 안에 그리스도가 존재하고 있다.*in ipsa fide christus adest* 믿음은 아무것도 보지 못하는 어둠인데, 그럼에도 마치 하나님이 성전에서 어둠 한가운데에 좌정하고 계시듯이, 이러한 어둠 속에 믿음으로 포착된 그리스도가 좌정하고 계신다. 이것으로 믿음은 아주 단순하게 서술되었다. 그것은 자기 자신에 대해 절망한 인간 마음의 어둠 속에 있는 그리스도의 현존인 것이다.

영 단번에 드려진 그리스도의 제사

만일 믿음의 기적이, 즉 절망한 마음속에 그리스도의 현존이 나타난다면, 그때 영혼은 그리스도와 완전히 홀로 있게 된다. 그리스도가 중풍병자에게 죄 사함을 선포했을 때 그가 운집한 군중 한가운데서 그리스도와 홀로 있었던 것처럼, 그리스도가 그 죄를 범한 여자에게 "평안히 가라!"라고 말했을 때 바리새인 집에서 식사하러 모인 사람들 한가운데서 그녀가 그리스도와 홀로 있었던 것처럼, 영혼은 그리스도 앞에 철저히 홀로 남아 죄 사함을 경험한다. 그 점에 가톨릭신앙과 개신교신앙의 최종적인 대립이 놓여 있다. 그와 더불어 모든 인간 제사장 직분은 영 단번에 폐지되었기 때문이다. 그리스도에 의한 인간 제사장 직분의 전적 폐지가 히브리서의 중심사상이다. 그리스도가 오셔서 그의 백성들 가운데 눈에 보이지 않게 현존하신 이래로, 더 이상 어떠한 제사장도 존재하지 않는다. 히브리서에 따르면, 인간의 죄를 대신하여 제물을 드렸던 제사장들과 제사장 가문의 모든 제사제도는 그리스도 십자가의 예표적 그림자였다. 그리스도와 더불어 세상에 들어오게 된 영원히 참된 제사를 준비하는 전 단계였을 뿐이다. 그리스도가 오신 이래로, 스스로 하나님에 대한 반항자인 모든 죄인인 인간은 감히 다른 사람을 면죄할 수 없다. 그리스도는 '멜기세덱의 반차에 따라 영원히 제사장'으로 임명되셨다.[10] 이교도적이며 구약적인 전 단계에 존재했던 제사장 직분은 그리스도 자신의 제사드림을 통해 영 단번에 성취되었으며, 따라서 인간적 제사제도는 폐지되었다. 모든 인간은 인간의 중재 없이 영원하신 한 분 대제사장 앞에 직접 서 있다. 모든 사람은 그리스도와 홀로 있다. 어떠한 인간도 하나님과 어떤 다른 인간 사이에 진행 중인 재판 절차에 개입할 수 없다. 그리스도가 오신 이래로 더 이상 어떠한 제사장도 없으며, 단지 그리스도의 용서의 말씀을 세상에 전하는 전달자들만이 있을 뿐이다. 우리 자신에 대한 절망과 그리스도 안에서의 죄용서의 확신이라는 개신교의 구원 사상 전체는, 루터가 1516년 4월 8일 근심에 싸인 수도사 게오르크 슈펜라인 Georg Spenlein [11]에게 쓴 말에 요약되어 있다.

그러므로 나의 사랑하는 형제여, 그리스도, 즉 십자가에 달리신 분을 배우라. 그를 찬양하는 것과 너 자신에게 절망하여 그에게 말씀드리는 것을 배우라. "주 예수여, 당신은 나의 의로움이시며, 나는 당신의 죄입니다. 당신은 나의 것 즉 죄를 받아들이고, 나에게는 당신의 것 곧 의를 부어 주셨습니다. 당신은 당신이 아니었던 것을 받아들이며, 나에게는 내 것이 아니었던 것을 주십니다." 그러므로 그대가 스스로 더 이상 죄인으로서 여겨지지 않도록 하려는, 더 이상 죄인이 되려고 하지 않는 그러한 결백주의를 추구하지 않도록 조심하라. 그리스도는 죄인들 속에서만 사신다. 그는 또한 죄인들 가운데 거하시기 위해서, 그가 계셨던 의인들의 하늘로부터 내려오셨다. 그러한 그의 사랑에 대해 되풀이하여 깊이 생각해 보라. 그러면 그대는 그의 가장 달콤한 위로를 볼 것이다. 만일 우리가 자기 자신의 수고와 고통을 통해 양심의 평안으로 들어가고자 한다면, 그는 무엇 때문에 죽으셨을까? 단지 그의 의※ 속에서만, 다시 말해 그대와 그대의 행위들에 대한 어찌할 수 없는 절망을 통해서만 그대는 평화를 발견하게 될 것이다.

VIII

제사장직의 종말

우리는 종교개혁의 '오직 믿음으로만'에 대해서, 즉 하나님 앞에서 자기 자신에 대해 절망한 인간들이 놀라운 확신을 선물로 얻는 기적에 대해서 말했다. "나는 하나님에 의해 영접되었으며 내 아래에는 영원하신 팔이 펼쳐져 있다." 이러한 기적이 일어나고, 교회사 속에서 그것이 항상 되풀이되어 왔다는 것이 하나님의 위대한 긍정이며 종교개혁의 신앙고백이 증언하는 바이다. 그러나 우리는 이러한 긍정에 포함되어 있는 부정을 동시에 말하지 않고는 이러한 긍정에 대해서 말할 수 없다. '오직 믿음으로만'에는 무엇인가가 배제되어 있다. '오직 믿음으로만'이 의미하는 것은 인간의 행위, 즉 제사장의 중재 및 성사 중심 교회의 신비적인 매개물을 통해서가 아니라, '오직 믿음을 통해서'라는 뜻이다. 그러므로 인간 제사장은 그의 면죄권, 양심에 대한 그의 지배력, 그의 성례전적 구원 방편들과 함께 배제된다. 우리는 오로지 눈에 보이지 않는 대제사장 그리스도와만 관계가 있다. 이 점에서 두 종파의 대립은 모든 상호 이해와 상호 존중에도 불구하고 오늘날에도 여전히 해소될 수 없다. 이 점에서 우리 프로테스탄트들은 양보할 수 없다. 또한 단순히 우리의 입장 변호에만 머물 수도 없다. 여기에서 우리는 공격으로 넘어가야 한다. 우리는 교회를 위해서가 아니라, 용서할 전권을 오직 자기 수중에 남겨 놓으신 하나님의 절대주권을 위해서 투쟁하는 것이기 때문이다.

왜 우리가 묘사한 것처럼 프로테스탄트적 구원의 길은 모든 형태의 제사장 직분을 배제하는가? 우리는 우리가 매 순간 새로이 획득해야만 하는 하나님께로 가는 길의 입구는 항상 화염검, 즉 우리 자신과 우리의 행위에 대한 절망을 통과해 들어간다는 것을 보았다. 그것은 인간과 인간 사이에 어떠한 구분도 더 이상 존재하지 않는 지점, 그 가장 거룩한 인간이 강도 살인범이 처형당하기 전날 밤 하나님의 은총을 구하며 서 있듯이 그렇게 똑같이 서 있는 지점을 거쳐 간다. 그들은 양쪽 모두 하나님의 무조건적인 은총 선사 행위에 의존하고 있으며, 그들 편에서는 그것을 위해 조금도 기여할 수 없다. 인간과 인간 사이의 모든 도덕적 장점들이 최후의 잔여물에 이르기까지 사라져 버리는 이러한 최저점을 지속적으로 통과하지 않은 채 하나님께 이르는 길이란 없다. 하나님은 어느 누구든 먼저 그를 죽이지 않고는 살릴 수 없다. 우리가 실제로 그렇게 자주 기도하며 절망적인 상황에서 하나님의 품속에 뛰어들 때 우리는 생명을 위협하는 이러한 지점을 통과하는데, 그곳에서는 단지 두 가지만이 가능하다. 죽음의 심연 속으로 추락하든지, 우리의 협력 없이 순수한 자비로 하나님에 의해 붙들려 올려지는 것이다. 만일 이러한 상태에서 하나님이 우리를 붙들어 올리는 믿음의 기적이 일어난다면, 그와 동시에 우리는 모든 인간적 후견으로부터 자유로워진다. 우리는 오로지 하나님과 그리스도와만 함께 있게 된다. 그러나 이러한 최종적인 고독은 우리 인간들이 우리 속에 품고 있는 숨겨진 병, 하나님 앞에서의 우리 자신에 대한 절망이 완전히 폭발했을 때만 획득될 수 있다. 이러한 병은 폭발해야만 치유될 수 있다. 마치 작은 제동장치에 의해 경사면에 멈춰 있는 듯한 소스라쳐 놀란 양심의 무거운 돌이 풀려서, 내재된 무게 전체로 인해 제지됨 없이 심연 속으로 굴러 들어가야만 하는 것과 같다. 그곳에서만 양심은 하나님의 은총에 의해 안식할 수 있게 된다.

그러나 이제 세상 속에는 우리 인간들을 이러한 완전한 각성에 이르지 못하게 하고, 우리를 속박하는 양심의 불안이라는 저 과도기 상태에 우리를 붙잡아 두려는 힘이 있다. 이러한 힘이란 제사장직이다. 여기에서 말하는 제사장직은 프로테스탄트 교회와 종파들에서 종종 가톨릭교회에서보다도 한층 더 위험스러운 형태를 취할 수 있는 완전히 일반적인 의미에서의 제사장직이다. 모든 문화에 등장하는 제사장의 힘은, 제사장이 양심의 주인이 되어 인간에 대해 그 어떤 군주나 군사령관보다 더 강력한 영혼지배 권력을 얻게 되는 것에 근거하고 있다. 세계 여행 중에 카이저링 백작의 눈에 띈 것은, 일본 불교사원의 수도승들과 가톨릭의 주교좌성당 참사회원들의 곱게 다듬어진 얼굴들 사이의 유사성이었다. 제사장은 모든 문화 속에서 동일한 유형을 지닌다. 거기에서는 제사장이 인간 양심에 대한 지배력을 어떤 목적으로 사용하는지가 전혀 중요치 않다. 항상 자기를 위해서는 아무것도 바라지 않았던 이상적인 제사장들이 있어 왔는데, 그들의 일찍 늙어 버린 얼굴은 공동체 전체의 짐이 주야로 그들의 영혼 위에 놓여 있었음을 보여준다. 가톨릭교회에는 옛날부터 제사장의 이상을 구현한 '천사 같은 목자'*Pastor Angelicus*에 대한 동경 어린 꿈이 살아 있다. "그는 흰 성직자 가운 및 교황의 관冠과 교황 봉인을 경멸한다. 그는 추기경들과 주교들이 바치는 경의의 표시도 경멸한다. 그는 휴대용 교황보좌sedes gestatoria도 경멸한다. 그는 털로 짠 의복을 입고 수석 사도Apostlefurst 베드로의 무덤 곁에 무릎을 꿇은 채, 그의 조상들이 범했던 무수한 죄악들과 범죄들에 대해서 죄책 고백을 한다."[1] 그는 자기 자신을 위해서는 어떠한 명예도 열망하지 않는다. 가톨릭의 사제 계급 내에는 실제로 이러한 이상에 근접한 제사장적 인물들이 존재한다. 그러나 또한 세속적 권력을 얻기 위하여 양심에 대한 그들의 지배력을 이용하는 또 다른 사람들도 있다. 그러나 제사장이 공평하며 천사와 같든지 세속적 권력 충동에 의해서 움직이든지 간에, 두 경우 모두 인간의 양심에 대해 힘을 행사하며 양심에 대한 지배력을 얻기 위해 모든 것을 한다는 것은 제사장의 본질에 속한다. 그러나 그는 이러한 힘을, 단지 사람들이 하나님에 대해 아직 완전히 독립적인 성인이 되지 못했을 때에 한하여 행사할 수 있을 뿐이다. 되풀이하여 억제되지만 여태껏 해결되어 본 적 없이 무의식으로부터 다시금 불쑥 튀어나오는 미지의 것에 대한 불안이나 근심과 같이, 사람들이 영원에 대한 불안을 괴로운 비밀처럼 자신들 속에 품고 있는 저 과도기적 상태에 있을 때에 한하여 제사장의 중재권력을 행사할 수 있을 뿐이다. 위대한 각성 직전에 놓여 있는 이러한 불안한 과도기적 상태에서 우리는 제사장의 손아귀에 장악되는 것이다. 그 절망이 폭발하여 죽음이나 하나님 안의 자유로 인도되면 우리는 제사장의 힘을 벗어난다.

양심의 종교와 제사장 종교의 오래된 갈등

그 때문에 우리는 기독교의 전 역사Vorgeschichte인 이스라엘 역사 속에서 이미 처음부터 두 세력 간의 투쟁, 즉 종속 상태의 양심을 획득하려고 했던 제사장 계급과 양심을 해방시키려고 했던 예언자 계급 사이의 투쟁을 발견하는 것이다. 제사장들은 거대한 공적 제사제도와 속죄제도를 만들어서 한층 더 풍부한 예배와 결합시켰다. 심각한 재난 바로 직전에 바다제비와 같이 등장했던 예언자들은 양심을 일깨웠으며, 모든 제의와는 반대로 엄격하고 배타적인 어조로 하나님께 이르는 도덕적 길을 제시해 주었다. 제사장 계급에 대한 양심의 해방전쟁인 이런 프로테스탄티즘은 루터에게서 비로소 시작된 것이 아니었다. 목자 아모스가 벧엘의 대제사장 아마샤에게 대항했을 때 이미 시작된 것이다. 벧엘이 아모스의 설교를 견디어 낼 수 없었기 때문에 그는 대제사장에 의해 추방당했다. 그러나 그는 하나님의 이름으로 예배와 제사장 계급에 반대하는 격렬한 말씀을 가지고 등장했다.[2] 모든 화려함과 의식들이 담긴 제사장적 예배에 반대하는 말씀이, 이스라엘의 선지자들이 전한 것만큼 그렇게 강력하게 던져진 적은 없었다. "여호와께서 말씀하시되 너희의 무수한 제물이 내게 무엇이 유익하뇨? 나는 숫양의 번제와 살진 짐승의 기름에 배불렀고 나는 수송아지나 어린 양이나 숫염소의 피를 기뻐하지 아니하노라. ……헛된 제물을 다시 가져오지 말라. 분향은 내가 가증히 여기는 바요 월삭과 안식일과 대회로 모이는 것도 그러하니 성회와 아울러 악을 행하는 것을 내가 견디지 못하겠노라. 내 마음이 너희의 월삭과 정한 절기를 싫어 하나니 그것이 내게 무거운 짐이라. 내가 지기에 곤비하였느니라. 너희가 손을 펼 때에 내가 내 눈을 너희에게서 가리고 너희가 많이 기도할지라도 내가 듣지 아니하리니 이는 너희의 손에 피가 가득함이라."³ "네 노랫소리를 내 앞에서 그칠지어다. 네 비파 소리도 내가 듣지 아니하리라. 오직 정의를 물같이, 공의를 마르지 않는 강같이 흐르게 할지어다."⁴

여기에서 격렬한 투쟁 대상은 예배 그 자체가 아니다. 예배가 제사장 계급의 손에서 양심을 마비시키며 하나님의 궁극적인 그 단순한 요구들을 사람들에게 말하지 못하게 하려는 수단이 된 것을 겨냥한 것이다. 이처럼 양심을 지배하려는 제사장으로부터 양심을 해방시키려는 강력한 투쟁은 고대 이스라엘의 선지자들과 더불어 시작되었으며 그 이후에도 가라앉지 않았다. 아모스가 벧엘의 대제사장에게 맞섰다가 그에 의해 선동자로 고소당했듯이, 예수는 대제사장 안나스와 가야바 앞에, 루터는 카예탄Thomas Cajetan 추기경 앞에 피고인으로 섰다. 투쟁의 목적은 항상 동일하다. 정신은 자신의 최종적인 고독을 확보하기 위해 제사장에 대항하여 싸운다. 아마도 가장 순수한 의도일 테지만 제사장은 바로 인간 속에 있는 이 가장 고독한 곳, 인간이 하나님과 홀로 있는 이 내밀한 공간으로 침투하여 인간을 이러한 내밀한 지점으로부터 지배하려고 하는 것이다. 또한 제사장이 그의 높은 목표에 도달하기 위해서, 제사장을 필요로 하는 저 과도기 상태에 있는 인간을 얻기 위해서 사용했던 수단도 항상 동일했다. 거기에는 두 가지 방법이 사용되었다. 그 첫 번째 방법은 종교재판으로서 어떤 폭력적 수단을 통해서라도 인간 양심의 결정에 강제적 영향력을 행사하려는 시도다. 두 번째 방법은 면죄, 즉 면죄 선언을 통해서 인간 양심의 짐을 덜어 주고 그로써 그들에게서 자신들의 삶에 대한 책임을 제거하려는 시도다.

종교재판

제사장 계급이 양심을 지배하기 위해서 사용하는 첫 번째 방법은, 모든 형식을 갖춘 종교재판이다. 로마 가톨릭교회는 그리스도인들이 그들의 동료 그리스도인들의 믿음을 지켜 준다는 명분을 내세워 애매한 그리스도인들을 고문하고 화형으로 위협했었다. 이방인들에 의한 기독교인 박해 때보다도 훨씬 더 많은 사람들이 종교재판의 희생양으로 학살된 것은 기독교 역사에서 가장 어두운 오점으로 영원히 남아 있다. 이것이 오늘날 여전히 불교도들이 기독교 교리에 대해 집요하게 제기하는 주요 항변이다. 나는 불교도들로부터, "우리에게는 갈릴레이 재판과 조르다노 브루노Giordano Bruno [5]의 화형은 없습니다"라는 비판적인 야유를 되풀이하여 들어 왔다. 그 비난은 기독교 전체를 향한 것이다. 왜냐하면 세르베투스Michael Servetus [6]의 화형은 종교개혁교회 역시 이러한 오점으로부터 완전히 깨끗하게 유지되지 못했음을 보여주기 때문이다. 이러한 터무니없는 현상은 도대체 어디에서 오는 것일까? 그 현상의 의미는 무엇일까? 만일 우리가 "그것은 세속적 권력수단으로 그리스도의 왕권을 관철시키려는 시도다"라고 말한다면, 나는 종교재판의 의미를 아직 완전히 이해하지 못한 것이라고 생각한다. 물론 이단자들에 대한 이러한 세속적인 승리는 교황제도의 역사 속에 되풀이하여 등장했었다. 나는 예수회 회원인 보나니$^{Filippo Bonanni}$ 7 의 『로마 교황의 동전들』$^{Numismata Pontificum Romanorum}$에 포함되어 있는 1572년 성 바돌로매의 밤[8]에 대한 유명한 기록만을 상기시키고자 한다. 거기에는 다음과 같이 쓰여 있다. "사흘 낮과 사흘 밤 동안 악을 도모하는 이단자들이 죽임을 당했다. 그 살육은 파리로부터 다른 도시들로 퍼져 나갔는데, 그 속에서 2만 5,000명 넘는 사람들이 죽어 갔다." 그 후 성 바돌로매의 밤에 대한 소식이 어떻게 9월 5일 이른 아침 로마에 도착했는지에 대해 계속 보고된다. 코모의 추기경은, "교황이 자신의 재위 기간 동안 하나님이 가톨릭교회의 기독교 왕국에 베풀어 주신 그토록 놀라운 은혜로 인해 기뻐할 수 있도록" 즉시 교황을 깨우게 했다. 그의 신성불가침성은 극도로 만족되었으며 그 소식이 낭독될 때에 기쁨으로 충만했다. "테 데움"$^{Te Deum}$(하나님께 찬양)이 노래되었으며, 검과 십자가로 무장한 하나님의 천사가 폭도들에 대항해 싸우는 메달이 주조되었다.

그러나 이런 순간들에 노골적으로 표현되어 있듯이, 때려눕혀진 이단자들에 대한 교회의 승리는 분명히 종교재판 기관의 궁극적인 목적은 아니었다. 그것으로는 그때 왜 전쟁에서처럼 단순히 죽음을 당한 것이 아니라 그렇게 특별히 정련된 방식으로 고문을 당했는지는 이해할 수 없을 것이기 때문이다. 교회는 이단자 처형을 세상의 팔$^{brachium saeculare}$ 9 에 위임했다. 그러나 고문은 제사장에 의해서 집행되었다. 우리가 도미니코 수도회와 프란치스코 수도회의 요람 책자로부터 배우게 되듯이, 종교재판의 제도 전체는 분명히 단지 이단자를 제거하여 교회를 이단의 해독으로부터 정화하는 것만을 겨냥한 것이 아니었다. 그것은 가톨릭 국가, 특히 스페인, 프랑스, 이탈리아에 있는 사람들을 이단적인 발언 때문에 종교재판에서 희생당할 수도 있다는 지속적인 불안과 끊임없는 두려움에 있도록 하기 위해 정교하게 고안된 수단이었다. 그 제도 전체는 사람들을 위협하여 그러한 공포적 정신병 아래 있게 함으로써 교회가 그들의 양심을 지배하는 것을 노렸던 것이다. 우리는 이것을 특히 상호밀고의 훈련된 체계에서 보는데, 이것에 비하면 러시아의 차르 제국과 오늘날의 소비에트 러시아에서의 스파이 조직은 오히려 사소한 것이다. 꿈속에서 발언한 이단조차 종교재판에 회부되기에 충분했다. 모든 사람은 모든 사람을 밀고할 수 있었다. 16세기 시칠리아 종교재판관 안토니우스 다이아나^{Antonius Diana} 10의 『도덕적 결심』^{Resolutiones Morales}에는 다음과 같이 쓰여 있다. "신앙에 관한 일에서는 모든 사람이 증인으로서 심문당할 수 있다. 파문당한 자들, 범죄자들, 파렴치한들, 거짓 증거자들, 유대인들, 동거인들, 가족 구성원들, 혈연들, 남편들, 14세 이하의 아이들도 증언할 수 있다." 종들은 그때 이름을 밝히지 않고도 그들의 주인에 대해 불리한 증언을 할 수 있었다. 그것이 의미하는 것은 명백하다. 한 사람의 증인에 의해서라도 확인된 징후라면 고문을 하기에 충분하다는 위협인 것이다. 한 어린아이 혹은 그 어떤 비열한 인간의 가장 사소한 고발이라도 누군가를 소송에 걸려들게 하기에는 충분했다. 16세기 프란치스코 수도회의 종교재판 책자(『거룩한 프란치스코 작은 형제들의 수도회를 위하여: 거룩한 방식으로 법을 적용하기 위한 형사재판서 입문』)에 따르면, 혐의가 있는 한 부인이 다음과 같이 처리된다. 그녀를 고문실로 데리고 가서 복음서 위에 손을 얹어 선서하고 진실을 말할 것을 요구한다. 그녀는 말한다. "나는 죄가 없어요. 나는 고백할 게 아무것도 없어요." 이제 그 존경하는 신부님은 그녀의 옷을 벗기고 그녀를 밧줄로 묶으라고 명령한다. 그녀는 밧줄에 묶여 높은 곳으로 끌어올려지며 그것을 통해 사지가 탈구된다. 그녀가 매달려 있는 동안 신부는 범행을 자백하도록 요구한다. 그녀는 소리 지른다. "오 맙소사. 성모 마리아여, 나를 도우러 오소서. 성 프란치스코여, 자비를!" 그녀로부터 어떠한 자백도 이끌어 낼 수가 없다. 그 후 다음과 같이 쓰여 있다. "사람들은 그 피고 여인의 사지를 다시 맞춰서 감옥으로 데려간다." 다음 날 그녀는 다시 고문실로 끌려간다. 그 존숭해 마지않는 신부님은 그녀에게 말한다. "우리는 너의 답변에 만족할 수 없어서, 그리고 네가 그토록 많은 증거와 증인들의 진술에도 불구하고 자백하지 않을 것임을 우리가 알기에, 너를 또다시 고문하기로 결정했다. 그러나 이번에는 더욱 고통스럽게……." 이단자의 화형에 대해서는 다음과 같이 지시되어 있다. "이단자 화형은 보통 많은 군중이 참석하는 휴일에 이뤄지도록 해야 한다. 그들이 선고받은 자의 고통을 보고 그것으로부터 두려워하는 것을 배우도록." 이 모든 것은 종교재판이 행해졌던 나라들에서 인간의 영혼 위에 이루 말할 수 없는 불안이 머물도록 의도된 것이었다. 모든 사람 위에는 종교재판 소송이라는 '다모클레스Damokles의 칼'[11]이 매달려 있었다. 사람들이 쇠사슬에 묶여 여위어 가는 저 무서운 지하 감옥들 중 하나로 그녀를 끌고 가기 위해 종교재판소의 관리가 스페인 도시 한 부인의 집에 나타났을 때, 부인은 두려움에 싸여 창문 밖으로 뛰어내렸다. 재판관의 손에 잡히기보다는 차라리 즉사하기를 원했던 것이다.

종교재판은 단지 기독교 역사에서만 영원히 가장 어두운 페이지로 남아 있는 것이 아니다. 인류 역사 전체에 그렇게 남아 있다. 이러한 무시무시한 권력은 400년에 걸쳐서 민중을 지배했다. 계몽주의 시대에 이르러서야 비로소 천천히 완전하게 그 마지막 찌꺼기가 제거되었다. 1746-1759년 스페인에서는 10명의 사람이 여전히 하나님의 이름으로 화형당했으며, 1760-1783년에는 한층 더 많았다. 마지막 사형선고는 1802년 종교재판소에 의해 에스코의 목사에게 내려졌는데, 집행은 되지 않았다. 어떠한 상상력도 이 400년 동안 그 제도가 인류에게 가져온 비참함을 설명해 낼 수 없다. 피의 바다, 고문당하는 자들의 고통스러운 외침, 살해당하는 자들이 빈사에서 내는 신음, 이 모든 것은 세계대전의 공포와 고대의 가장 잔인했던 기독교도 박해보다 훨씬 더 무서운 것이었다.[12] 오늘날 중세의 화형 장작더미는 과거에 속하지만, 사실 어떤 특정한 형태의 종교재판만이 지나가 버렸을 뿐 인간 양심을 지배하려는 제사장 계급이 존재하는 한 종교재판 자체는 그 어떤 형태로든 존속한다. 단지 변화된 시대 상황에 맞게 조정될 뿐이다. 예수회 수도사 슈네만Gerhard Schneemann [13]은 1867년에 "교권과 그것의 소유자들"이라는 글에서, "교회는 항상 세속적 형벌을 판결할 권리와 필요한 경우 그것의 집행을 위해 강제력을 행사할 권리를 요구하는데, 하나님이 교회에게 이러한 권리를 영원히 위임했기 때문이다. 그러나 그것을 집행하는 데에 교회는 항상 매우 현명하게 상황에 적응할 것이며, 변화된 시대에는 결코 중세 때와 동일한 방식으로 그것을 집행하지는 않을 것이다"라고 썼다. 1910년 9월 비오 10세가 가톨릭 사제들에게 반현대주의 선서[14]를 하도록 강요했을 때 우리는 종교재판식의 양심의 강요를 체험했다. 그 맹세는 그 해 12월 31일까지 해야만 했으며, 거부한 사람은 로마의 종교재판소에 출두해야 했다.

면죄부

그러나 종교재판은 양심을 지배하기 위해 제사장 계급이 사용했던 한 가지 수단이었을 뿐이다. 한층 더 위험스러운 두 번째 수단은 면죄다. 이것은 본질적으로 한 인간이 감히 하나님의 이름으로 다른 사람의 양심의 짐을 면해 준다는 주장이다. 루터는 "그 불행한 사람들이 속아서 면죄부를 사면 그들은 확실하고 안전하게 축복받게 될 것이라고 믿는다"는 사실을 알게 됨으로써 교황제도를 반대하게 되었다. 즉각 루터는 그것이 영혼을 위탁받은 교회가 할 수 있는 최악의 일임을 느꼈다. 면죄는 죽음을 맞이한 사람들을 속여서 그들이 영원과 관련하여 처해 있는 위험을 간과하도록 하는 일이었다. 우리가 하나님에 대해 갖고 있는 죄과를 인간 제사장이 면죄부[Absolutionsformel]를 통해서 제거할 수도 있을 것이라는 관념이 생겨나면 이러한 일이 일어난다. 교황 교회는 당시 이러한 결정적인 요점을 명백히 밝히는 것을 거절하면서, 민중을 위험스러운 착각에 내버려두는 일에 관심을 두고 있었다. 오늘날에도 여전히 제사장 계급의 힘은 그 환상이 유지되는 것에 근거한다. 마치 인간 제사장이 성사를 베풂으로써 영원하신 재판장과 고독한 인간 영혼 사이에서만 해결될 수 있는 일에 끼어들 수 있을 것이라고 여기는 것이다. "전능하신 하나님이 너를 긍휼히 여기사, 너의 죄를 용서하신 후에 영원한 생명으로 인도하시기를 *Misereatur*." 선포하는 사죄 기원적^{deprekativ} 면죄의례는 오늘날에도 여전히 참다운 성사의례를 위한 준비로 사용된다. 1200년경에는 고해성사에 이러한 기원적 의례 대신 서술적^{indikativ} 의례가 등장했다. "나는 성부와 성자와 성령의 이름으로 네가 너의 죄로부터 해방되었음을 선언하노라."*Ego te absolvo a peccatis tuis in nomine Patris et Filii et Spiritus Sancti* [15] 대주교 카트슈탈러^{Johannes Katschthaler} [16]는 이것에 대하여 다음과 같은 주석을 덧붙이고 있다. "제사장의 말씀은 죄의 용서를 가져온다. ······말하자면 하나님께서 이러한 목적과 이러한 순간을 위해 자신의 지상 대리인인 전권위임 제사장에게 자신의 권능을 양도했던 것이다. ······그 면죄의 말씀에 의하여 하나님의 공의는 검을 칼집에 꽂아 넣으며, 악령은 도망가며, 그 면죄의 말씀에 의하여 죄인들을 위해 지옥에 이미 마련되어 있던 꺼질 줄 모르는 불길이 꺼진다." 면죄부 제도는 이와 같이 교회는 그리스도와 성인들의 흘러넘치는 풍부한 공적들의 보물창고^{thesaurus supererogatorius}를 관리하고 있다는 속설에 근거한다. 로마에 있는 고유한 관청인 면죄-추기경총회^{Ablass-Kongregation}는 이러한 은혜의 보물들을 경건한 사람들에게 나누어 준다. 이러한 모든 것은, 마치 한 인간이 다른 한 인간에게 영원과 관련하여 아직도 형제적 조언자나 아버지답게 기도해 주는 친구 이상의 존재일 수 있을 것처럼, 그가 거룩한 의식서 낭독과 성사들을 통해 그의 영원한 운명에 영향을 끼칠 수도 있을 것처럼, 위험한 환상을 되풀이하여 일깨운다.

 우리는 강제 수단을 통해서든 매혹적인 은혜 보증에 의해서든 양심을 예속상태에 두기 위해 제사장 계급이 사용하는 이 모든 수단에 대해 복음의 이름으로 저항해야만 한다. 하나님은 죄를 용서하는 전권을 오로지 자기 자신에게만 남겨 놓으셨다. 그는 '질투하시는 하나님'이며, 자신의 명예를 다른 어떤 사람에게 주시지 않는다. 그의 신적인 용서 권능은, 수력이나 전력처럼 마음대로 쓰기 위해 인간이 찬탈하여 독점할 수 없다. 하나님은 절대적인 존엄으로 재판하시며, 원하는 자에게 은혜를 베푸신다. "내가 긍휼히 여길 자를 긍휼히 여기고 불쌍히 여길 자를 불쌍히 여기리라."[17]

오늘날에도 여전히 가톨릭 신임 사제들의 첫 미사 설교에서는 내내 고조된 감정이 느껴진다. 사제는 그의 의식서 "이것이 나의 몸이다"$^{Hoc\ est\ corpus\ meum}$를 통해서 그리스도의 현존을 이끌어 낼 수 있다. 대주교 카트슈탈러가 1915년의 사목서신에서 말했듯이, 사제는 "그리스도를 제단 위에 현존하게 만들고 그를 감실에 가두어 두며 그를 다시 끄집어내어 신자들의 기쁨을 위해 내어 줄 뿐만 아니라, 심지어는 그를, 즉 인간이 되신 하나님의 아들을 산 자와 죽은 자들을 위해 제물로 바칠 수도 있다. 하나님의 독생자, 하늘과 땅을 창조하신 아버지의 독생자, 전 세계를 떠받치고 있는 그리스도는 이 점에서 가톨릭 사제의 뜻에 위탁되어 있다." 죽음에 직면하여 하나님을 두려워하여 떨어 본 자, 하나님과 영원이 얼마나 진지한 문제인지 깨달은 자는 하나님과 그리스도에 대해서 그렇게 말하는 것이 범죄라는 것을 안다. 인간의 어떤 의식을 통해서도 우리는 제단 위에 하나님의 불을 끌어 내릴 수는 없다. 바알 제사장들이 그들의 제단에 하늘로부터의 불을 끌어내리기 위해 제단 주위에서 춤을 추었던 그 옛날과 마찬가지로 오늘날에도 불가능한 일이다.

양심이 깨어나기 시작한 모든 인간에게는 그가 어느 교회에 속해 있든지, 거대한 정화작용의 도구를 가진 제사장이야말로 그리스도와 이야기할 수 있는 저 고독으로 들어가는 일을 방해하는 마지막 유혹이다. 만일 우리 삶에 대해 눈이 열려 상처 주는 말들만 가지고도 우리가 무슨 일을 저질렀으며 다른 사람들의 삶에서 얼마나 많은 것을 파괴했는지 깨닫게 된다면, 그리고 우리가 그 모든 것에 책임을 져야 한다는 생각 때문에 절망한다면, 전 세계적인 제사장 중심 교회가 우리에게 다음과 같이 말할 때 그것은 우리의 귀에 사이렌 소리처럼 매혹적으로 들릴 것이기 때문이다. "너를 나에게 맡겨라. 내가 너에게서 무거운 짐을 내려 주겠다. 나에게 모든 것을 참회하여라! 수많은 사람들이 이미 나에게서 평안을 찾았다. 나의 명령에 복종하여라. 나는 너의 영원한 운명을 손에 쥐고 있으며, 비밀스러운 은총의 보물들과, 믿음에 상관없이 신령한 축복을 수여하는 *ex opere operato* 성사들을 가지고 있다." 이것은 얼마나 유혹적으로 들리는가! 자신의 삶에 대한 책임을 손에서 내려놓아도 된다는 것은 얼마나 유쾌하며 편안한가! 왜냐하면 우리 스스로는 이러한 책임을 질 수 없기 때문이다. 가톨릭 국가의 자살자 수가 프로테스탄트 국가들보다 훨씬 적다는 것은 이상한 일이 아니다. 힘겨운 영혼의 투쟁을 통과한 깊은 경건의 사람들에게는, 그들이 목적지에 도달하기 전 투쟁의 피로감에 싸여 삶에 대한 책임을 포기하고 인간적 권위의 손에 그것을 맡기는 이러한 방식은 매혹적인 요소임에 틀림없다. 지저귀는 새들이 가을 날 바다를 넘어 따뜻한 남쪽으로 날아가 목적지에 다다라서 피곤한 날개로 내려앉으려 할 때, 아프리카 해안에는 새들의 피로를 이용해 그들을 쉽게 잡으려는 잔인한 인간들이 서 있다. 바다 너머로의 위대한 비행으로 목적지에 그토록 가까이 갔음에도 마지막 피로 때문에 인간들의 손에 떨어져야 하는 것은 얼마나 비극적인가! 이것이 오늘날 하나님을 찾는 많은 구도자들의 운명이다. 그들은 애를 써서 이미 바다를 날아 건넜다. 그들은 정욕들을 극복하였으며 우리를 자유롭게 하는 저 최종적인 하나님에 대한 확신에 완전히 근접해 있었다. 그러나 그들은 투쟁의 피로감에 휩싸여 목적지 바로 앞에서 지친 날개로 인간의 손안에 떨어져, 그들이 빠져나온 육적인 욕구와 똑같이 어렵고 위험스러운 노예 상태, 즉 제사장들의 노예 상태에 빠져든다. 나는 단순히 가톨릭교회로의 개종에 대해서만 말하는 것이 아니다. 이러한 위험은 모든 종파에게 있다. 많은 프로테스탄트 종파의 성직자들 역시 여전히 로마 교회보다 더 위험스러운 권력을 갖고 있다. 사도 바울은 고린도인들에게, "너희들은 비싼 값을 지불하고 구속되었다. 그러므로 인간들의 종이 되어서는 안 된다"[18]라고 말한다. 그리스도는 제자 공동체에서 어떠한 새로운 제사장 계급도, 어떠한 새로운 희생제의도 지정하지 않았다. 그리스도는 제사장직의 종말이기 때문이다. 그는 단 한 번의 제사로 그리스도 이전 시대의 희생제도 전체를 '완성'하셨다. 그 이후로는 더 이상 어떠한 제사장도 없으며, 우리를 하나님으로부터 갈라놓고 있는 큰 강물 너머로 우리를 인도할 수 있는 사공도 없으며, 하나님과 우리 영혼 사이에 다리를 놓아 주는 교황도 없다. 제사장 계급 제도 전체는, 모든 제사장이 단지 하나님의 이름으로만 할 수 있었던 일, 인간들에게서 죄 짐을 벗겨 내는 일을 실제로 할 수 있는 그리스도에 대한 채워지지 않는 동경의 표현이었다. 히브리서에 따르면 많은 희생제사는 그리스도의 형상을 예표한 그림자였을 뿐이다. 그가 온 이후로 우리는 더 이상 이러한 희생제사들을 필요로 하지 않는다. 이러한 제도에 표현되어 있던 인류의 동경은 충족되었다. 제사제도는 그 역사적 사명을 다했다. "그리스도는 죄인들을 위해서 영원히 효력 있는 한 제물로 바쳐졌으며, 이제 하나님 우편에 앉아 있다." "그는 멜기세덱의 반열을 따르는 영원한 제사장이다. 그리스도만이 '내가 너를 용서하노라'$^{ego\ absolvo\ te}$ 라고 선포할 수 있다." 그리고 자기 자신과 모든 인간 제사장에 대한 고독한 절망을 통해서 그에게 들어간다. 그러므로 신약의 교회공동체는 보편적인 만인제사장 사상의 원칙이 지배한다. 그 위대한 말씀은 공동체 전체에 해당된다. "너희는 택하신 족속이요 왕 같은 제사장들이요 거룩한 나라요 그의 소유가 된 백성이니 이는 너희를 어두운 데서 불러내어 그의 기이한 빛에 들어가게 하신 이의 아름다운 덕을 선포하게 하려 하심이라."[19] 프로테스탄티즘은 더 이상 제사장을 필요로 하지 않는 세계사 속의 유일한 종교 형태다. 그 점이 바로 프로테스탄티즘의 어려움이고 세상의 눈으로 볼 때 약점이나, 그 점이 바로 그것의 신적인 진리다.

두 종파의 대립적인 질문: 아퀴나스 대 칸트

이러한 점에서 두 종파를 분리시키는 깊은 대립은, 가톨릭 편에서는 토마스 아퀴나스가 지도자인 반면 프로테스탄티즘에서는 항상 칸트가 지칭된다는 사실 속에 철학적으로 표현되어 있다. 도대체 그것은 어디에서 오는 것인가? 그 이유는 어떤 형이상학적이거나 인식론적인 사실들에 있지 않다. 그러한 면에서는 일치될 수 있을지도 모른다. 오히려 중요한 것은 모든 철학의 궁극적인 문제, 즉 신의 문제에 달려 있다. 토마스와 그를 계승하는 대부분의 현대적 가톨릭교회 철학자들은, 우리 인간들이 신^神존재 논증의 도움으로 하나님을 전유^{專有}할 수 있다고 믿는다. 신존재 논증이란 소위 인간 정신의 제단 위에서의 '신의 현현'^{Conficere Deum} 으로, 사제가 하나님의 권능을 미사 제단으로 끌고 내려오는 행위에 상응하는 것이다. 사제가 주문을 외워 신을 제단 위로 불러낼 수 있듯이, 철학자는 신존재 논증의 마법지팡이로서 본성으로부터, 세계의 합목적적 제도로부터, 사고하는 정신으로부터의 논증들을 통해서 하나님의 현존을 모든 사고하는 인간들에게 증명할 수 있다는 것이다. 그러므로 우리는 마음대로 하나님을 확신할 수 있다. 그리고 만일 우리가 하나님을 확신한다면 그 이상 무엇을 더 필요로 하겠는가! 가능성으로서의 하나님으로서도 이미 생존할 수 있다. 확실성으로서의 하나님은 세상을 이기는 힘을 가지고 있다. 그러나 바로 이 점에서 칸트는 이의를 제기한다. 오늘날 이러한 신비주의적인 시대에 칸트를 그토록 인기 없게 만드는 것은, 우리의 정신과 하나님 사이에 극복할 수 없는 한계를 세우는 프로테스탄트적인 단호함 때문이다. 경험으로부터 나온 우리의 모든 논증과 추론으로는 결코 유한성의 한계를 넘을 수 없다. 기껏해야 세계 건축가나 엔지니어 혹은 일련의 원인들 앞에 놓여 있는 제일의 원인이라는 개념에 도달한다. 그러나 이 세상의 모든 개별자는 절대자 하나님으로부터 항상 똑같이 멀리 떨어져 있다. 우리는 지상의 영역에 머물러 있다. 우리는 가설들을 가지고 동경의 화살들을 쏠 수는 있지만, 그것이 결코 피안의 해안에는 도달하지 못한다. 본성으로부터, 역사 혹은 인간 정신으로부터의 모든 하나님 존재증명 논증은, 하늘에 도달하기에는 항상 똑같이 먼 거리에 있는 바벨탑 건축물처럼 지상의 토대 위에 세워져 있다. 칸트는 인간으로 하여금 자신의 한계 내로 돌아가도록 명하는 인간 정신의 경계에 서 있는 파수꾼이다. 통행증 없이 이러한 경계를 기꺼이 넘고 싶어 하는 모든 낭만주의자와 사변적 인물들은 이 옛 현학자를 꾸짖으며 그를 시대에 뒤떨어진 인물로 공언하면서, 그의 경계선이 쳐진 집 둘레에 넓은 원을 그리면서 돌거나 그 경계를 비행기를 타고 넘어가려고 한다. 그러나 사변적이고 신비적인 시대가 지나고 철학적 각성의 시대가 들어설 때면 항상 모든 사변적 체계는 이카루스의 비상 Ikarusfluge [20] 이었다는 것이 밝혀지며, 잊혀진 칸트는 침몰 상태로부터 다시금 솟아 나와 그의 파수꾼 직무를 다한다.[21] 하나님은 인간에게 자신의 은총을 증명하는 일뿐만 아니라 자신의 현존을 증명하는 일까지도 오로지 자신의 권능 안에 남겨 두셨다. 하나님은 현존하신다. 다만 하나님이 원하는 곳에서 원하는 때에 *ubi et quando visum est Deo* 스스로를 계시하신다. 하나님께서 거룩한 현존을 드러내시는 곳에서는 그것으로 인해 놀란 자가 일생 동안 그 어떠한 철학적인 하나님 증명도 필요로 하지 않을 만큼 강력하고 명백하게 그분 자신을 드러내신다. 사도 바울은 "그의 아들을 이방에 전하기 위하여 그를 내 속에 나타내시기를 기뻐하셨을 때에 내가 곧 혈육과 의논하지 아니하고"[22]라고 고백하고 있다. 그러나 하나님께서 알리시기를 원하지 않는 곳에서는 경계를 날아 넘으려는 모든 철학적인 요구도 헛된 시도이며, 곧 추락하게 될 인간 정신의 비행인 것이다.

IX

개신교 윤리

우리는 기독교 전체의 토대가 되고 있는 칭의의 기적에 대해 이야기했다. 인간은 절망의 심연으로 추락한다고 믿는 동안에 영원한 팔에 붙들려 하늘로 옮겨진다. 실로 인간은 하나님의 자비를 결코 요구할 수 없었으나 결국은 그것을 기대할 수밖에 없었던 바로 그 순간에 영원하신 팔에 붙들려 올려지는 것이다. 우리가 인간의 협력 없이도 기독교인들 속에서 몇 번이고 되풀이하여 일어나는 이러한 기적의 위대함을 파악했다면, 우리는 프로테스탄트 신앙고백인 '오직 믿음으로만'뿐만 아니라 이러한 신앙으로부터 나온 프로테스탄트 윤리의 근본사상을 이해한 것이다. 하이델베르크 교리문답 제3부 "감사에 대하여"는 기독교 윤리 전체를 단 하나의 함축성 있는 표제로 요약한다. "우리가 아무런 공로도 없이 기독교신앙을 통한 은총으로 우리의 불행으로부터 구원을 받았는데, 왜 우리는 선한 일을 해야만 하는가? 우리가 온 생명을 다하여 하나님의 은혜에 감사를 표하기 위해서이며, 그는 우리를 통해서 영광을 받으실 것이기 때문이다." 그것은 절망 한가운데서 용서받은 자가 그토록 많은 호의를 베풀어 주신 분의 발아래에 자신의 인생 전체를 두기 원하는 것과 결코 다르지 않다. 그리하여 어떠한 율법도 어떠한 고행도 도달할 수 없었던 그것,

즉 하나님에 대한 헌신의 열정이 아주 진기한 자기이해와 더불어 아무런 애씀 없이 인간으로부터 터져 나온다.[1] 루터에게는 이미 그의 수도원 투쟁들에서 그것이 나타나기 시작했다. "하나님은 전혀 강제 없이 가장 깊은 자발성과 기쁨으로 하나님을 맞이하는 사랑, 전 영혼 가장 깊은 중심으로부터 우러나오는 사랑에만 호의를 보이실 수 있을 것이다. 하나님이 아무런 공로와 자격이 없는 죄인인 나를 불행으로부터 건져 내시는 기적, 이것이 실제로 우리가 어떠한 법적인 노력으로도 결코 일깨울 수 없었던 넘치는 감사의 마음을 인간 속에 불러일으킬 수 있는 유일한 것이다. 그것은 율법이 지시할 수 있는 것 이상의 어떤 비범한 것을 준행하려는 갈망이다. 루터가 말하듯이, 그 영혼이 넘치는 감사에 충만한 인간은 명령된 것 이상을 자발적으로 행한다.*Voluntarius plura facit quam iubetur* 그는 불가능한 일까지도 매우 기꺼이 하기를 원하는데,*nihil deest, quin impossibilia faceret* [2] 자발적인 감정으로 수행하는 일에서 그러하다. 그는 자신이 한 일에 대하여 자아도취적으로 음미하지 않으며, 자신이 어떤 특별한 일을 한다는 의식을 전혀 갖고 있지 않다. 오른손이 하는 일을 왼손이 알지 못하는 것이다. 그것은 자신의 행위를 의식하지 않는 몰아적 행동이다. "신자는 선한 행위를 행해야 하는지 아닌지를 전혀 묻지 않고 그 일을 이미 해버린다."

모든 개신교 윤리를 발생시키는 이러한 기본 정서는, 전형적인 개신교도였던 바흐*Johann Sebastian Bach*와 같은 인물을 생각해 본다면 즉시 명백해진다. 바흐의 모든 창작은 개인적으로 경험한 루터적 기독교로부터 비롯되었다.[3] 그를 베토벤*Ludwig van Beethoven*이나 바그너와 같은 사람들과 완전히 구분해 주는 이 대가의 독특성은 그가 결코 인간들에게서 자신의 작품들을 인정받으려 노력하지 않았다는 점이다. 그는 자신이 창조한 작품이 그의 주변에서 생겨난 모든 것을 능가할 만큼 비길 데 없이 위대하다는 것을 한 번도 의식하지 않았다. 그 때문에 그의 창작 능력은 자연 속에 작용하고 있는 힘들처럼 무의식적으로 활동했다. 그는 교회에 있는 사람들이 자신의 작품들을 이해할 것인지 아닌지에 대해서 깊이 생각하지 않았다. 그는 한 분 하나님이 그의 작품을 이해하는 것으로 충분했다. 그는 자신의 악보들 위에 "오직 하나님께 영광"$^{Soli\ Deo\ gloria}$(S.D.G.)과 "예수께 찬미"$^{Jesu\ iuva}$라고 썼다. 그리고 이러한 고백이 그의 창작 전체를 지탱해 주었다. 명성에 대한 생각 없이 하나님만을 위해 창조했기 때문에, 그의 예술 위에는 하나님의 자비와 은총의 복된 평강이 놓여 있다. 그 때문에 그의 인생 전체는 "오라, 달콤한 죽음이여!" "잠들라, 너희 지친 눈이여!"와 같은 아리아에서 특히 명백히 나타나는 죽음에 대한 맑은 동경에 의해 밝게 빛난다.[4]

"나는 하나님의 진노 외에는 아무것도 받을 자격이 없다"라는 깊은 의식 아래 대가와 명성을 바라지 않고 해내는 이러한 몰아적인 창조는, 프로테스탄티즘의 모든 위대한 인격들 속에 각인되어 있다. "나는 단지 하나의 열정만을 가지고 있는데, 즉 그분이다"라고 말했던 친첸도르프$^{Nikolaus\ Ludwig\ von\ Zinzendorf}$[5]도 그렇게 행동했으며, 파울 게르하르트$^{Paul\ Gerhardt}$[6]도 30년 전쟁[7]의 피 흐르는 전장 위로 날아 올라 온 종달새처럼 그렇게 노래했다. 테르슈테겐$^{Gerhard\ Tersteegen}$[8]도 그렇게 기도했다. 박약자들과 간질병자들의 아버지 보델슈빙$^{Friedrich\ von\ Bodelschwingh}$[9]도 그렇게 했다. 썬다 싱$^{Sadhu\ Sundar\ Singh}$[10]도 순례복을 입고 죽음의 나라 티벳을 그렇게 통과해 간다. 이러한 모든 사람의 활동에는 "감사로부터"라는 근본적인 표제가 붙어 있다.

그러나 이제 다음과 같은 의문이 생겨난다. 만일 새로운 기본 정서, 즉 그 어떤 율법이 명하는 것보다 더 많은 것을 할 수 있는 흘러넘치는 감사가 용서의 기적으로부터 생겨난 것이라면, 그 결과 세상과 공적 생활, 정치와 문화의 문제들에 대해서는 어떤 종류의 입장이 나타나는가? 개신교적 입장에서 볼 때, 복음이 이 세상에 대한 그 사명을 성취하는 것, 영원의 힘으로 세상에 침투하는 일이 어떻게 가능할까?

개신교의 공중도덕 생활

개신교운동이 분리되어 나온 중세의 거대한 제사장 중심 교회는 "너희는 세상의 빛이다"라는 예수의 계명을 실현하려는 세계사적 시도, 세상 삶의 모든 영역에 기독교의 소금의 힘을 침투시키려는 시도였다. 로마-가톨릭의 이러한 세상 침투 조직의 본질은 무엇이었는가? 중세적인 통합 문화의 거대한 기본 사상은, 아우구스티누스의 『신의 도성』 De civitate Dei 11에서 시작되어, 아퀴나스의 『신학대전』 Summa Theologiae 12에서 그 철학적-이론적 토대를 얻는다. 단테 Dante Alighieri 는 이러한 이념을 시적으로 직관했다. 메테르니히 Klemens von Metternich 13와 빈트호르스트 같은 가톨릭 정치지도자들은 그것을 현실정치 속에 옮겨 놓았다. 독일의 가장 오래된 학술협회 중 하나인 괴레스게젤샤프트 Görresgesellschaft 14의 정치 백과사전은 이러한 정치적 세계관의 불멸의 기념비다. 세상에 하나님의 영을 침투시키는 사명이 여기에서는 어떻게 이루어지는가? 복음이 세상에 들어올 때 화해할 수 없이 충돌했던 두 세계, 즉 몰아적인 사랑의 영원한 요구들과 부와 권력의 세계가 중세적인 체계에서는 정말 천재적인 방식으로 서로 종합되었다. 그것들은 한 건물의 두 개의 층처럼 겹쳐서 중층으로 세워진다. 아래층은 자연적 기초로서 생존경쟁, 법, 강제, 세계국가, 전쟁이라는 옛 인간성이다. 여기에서는 '자연법'이 통용된다. 이것은 죄의 산물이며 원죄의 결과 *poena peccati* 이자 죄에 대한 교정체제 *remedium peccati* 다. 경찰력, 매우 엄격한 사유재산 제도, 격렬한 성생활, 세상의 모든 사회적 제도는 아담과 이브의 타락을 지속적으로 상기시킨다. 그것들은 다른 한편으로는 자연의 은총, *bonum naturae* 즉 보편적인 행복을 촉진시키기 위해 존재한다. 세상의 국가들은 이러한 죄악된 자연적 기초 위에서 복지와 질서와 시민적 정의를 돌볼 임무를 지니고 있다. 그러나 이제 이러한 아래층 위에는 하늘 쪽으로 솟아 있는 둥근 지붕처럼 위층이 놓여 있다. 이것은 새로운 인간성, 새로운 규범, 순수한 천상적 사랑의 관리자인 가톨릭교회라는 국제적인 하나님나라다. 여기에서는 제사장 계급이 지배한다. 이러한 상부 구조로부터 이제 인류의 영적 문화적 생활 전체가 경영된다. 여기가 보다 높은 모든 고상한 것들을 관리하는 세상의 정신적인 중심이다. 여기는 모든 길이 만나는 중심이다. 그러나 지상의 하나님나라인 교회가 숭고한 사명을 다해야만 한다면, 먼저 하나의 조건이 성취되어야만 한다. 교회는 '자유', 즉 '행동 능력'을 가져야만 하는 것이다. 그 언젠가 영혼의 구원과 관계되지 않을 수도 있는 것은 이제 세상에 아무것도 없다. 그러므로 '자유'란 모든 세속적인 것에 대한 처리권, 결정권을 의미한다. 세속국가들은 로마 교황청으로부터 그들의 권력을 할당받으며, 왕들은 그곳으로부터 그들의 왕관을 받으며, 학자들은 그곳으로부터 그들의 정신적 생산물들에 대한 '인쇄 허가'를 받거나 금지당한다. 예술가와 시인들은 그곳으로부터 그들의 영감을 받거나 검열을 받는다. 단테와 미켈란젤로 혹은 중세의 위대한 성당 건축가들을 생각해 보라.

그러므로 여기에서는 세상문화에 속하는 모든 것이 실제로 통일되며 조화롭게 결합될 수 있는 것처럼 보인다. 한편으로는 저 상부구조, 저 하늘을 향해 솟아 있는 둥근 지붕 속에서 절대적인 하나님의 뜻이 실행된다. 그곳에는 결혼을 하지 않고 세상의 부귀를 누리지 않고 '복음의 권고'$^{consilia\ evangelica}$에 따라 살면서 교회의 보배를 관리하는 금욕의 영웅들, 즉 사제들과 수도사들의 천사 같은 삶$^{vita\ angelica}$이 있다. 다른 한편으로는 모든 세속적 활동의 완전한 권리가 보장된다. 교회의 궁극적인 종교적 목적을 방해하는 것이 아니라면 정치가는 전쟁을 해도 된다. 자본가는 이자를 받거나 '정당한 가격'에 대한 교회 규정을 범하지만 않는다면 투기를 해도 된다. 만일 레오 13세$^{Leo\ XIII}$의 위대한 사회정책적 프로그램을 고수하기만 한다면 노동조합을 조직해도 된다. 구현된 세계 양심으로서, 모든 세속적인 것을 관리하는 최고의 중재재판소와 궁극적 권위로서, 절대적인 생명과 진리의 원천으로서 교회의 예배는 항상 모든 것 위에 있다. 잘 조직된 이러한 거대한 그리스도의 몸$^{corpus\ christianum}$에서 두 층은 서로를 보완한다. 세상 사람들은 인류 전체의 보존과 번식을 배려하는데, 그들이 없으면 인류는 사멸할지도 모른다. 고행자들은 참회, 중보기도, 공덕을 통해서 모범이 된다. 중세가 발생시킨 교회에 의해 주도되는 이러한 세계문화의 모습은 순전히 건축학적으로 볼 때 그리고 예술적으로 고찰할 때 이미 무언가 매혹적인 것을 지니고 있다. 그것은 플라톤Plato이 『국가론』에서 꾸었던 꿈의 실현이다. 즉 세상을 등진 '철학자들'이, 노동을 통해 세상을 유지시키고 번식시키는 나머지 사람들을 지배하는 것이다. 초월적 지점에서 보면 영원의 힘들이 수천의 통로를 통해서 모든 세속적 상황으로 흘러 들어간다. 그것은 인류 전체에 실현되는 은혜의 침투다. 이러한 생각은 세계사에서 적어도 초보적으로는 한 번 더, 즉 라마불교에서 살아 있는 부처와 그의 주변 사제들과 승려들의 정치적인 지배를 통해서 실현되었다. 그러나 이러한 불교적 교황권은 중세적인 교황 교회와 같은 세계사적인 성공은 멀리했다.

기독교와 문화라는 문제의 이러한 중세적인 해결은 굉장한 일을 했다. 그것은 유년기의 게르만 민족을 양육했다. 그 점에 대해서 우리는 항상 교황제도에 감사할 것이다. 그럼에도 불구하고 우리는 이러한 중세적 체제 시대는 더 이상 지속될 수 없을 것이라고 말해야만 한다. 그것은 과거에 속한다. 낭만적 기분에서는 그것을 동경할 수 있다. 그러나 그것으로 돌아가기는 더 이상 가능하지 않다.

이것은 무엇보다도 모든 신앙고백적 갈등의 저 너머에 있는 아주 단순한 이유에 기인한다. 중세체제 전체가 의존하고 있는 가설은, 세상에는 하나의 중심 지점이 있다는 것이다. 인류의 정신생활 전체가 그곳으로부터 관리될 수 있으며, 그것은 세계문제와 씨름하는 인간들에 대한 중재재판소이자 진리의 문제에서 최고 행정재판소다. 중세 시대처럼 영원한 진리를 소유한 중심 지점이 있다고 믿는 일반적 믿음이 있었던 한에서는 모든 것이 좋았다. 모든 진리문제에서 이러한 권위 있는 중심 지점이 초월적 전권에 의하여 어떤 인간을 성사로부터 제외시킬 수 있다는 것도 극히 정당한 일로 여겨졌다. 중세의 시민사회에서는 교회에서 파문당한 자는 시민적 생활도 불가능했다. 그는 사회적으로도 추방당했다. 사람들은 더 이상 그와 친교하기를 원하지 않았다. 그것을 통해서 시민사회는 사도직의 전권을 인정했던 것이다. 근대의 시작, 르네상스와 함께 나타난 새로운 세계문화의 시작과 더불어 이것은 서서히 변화되었다. 이 해체는 종교개혁과는 완전히 무관하게 이루어졌다. 인류를 관통하는 거대한 정신의 흐름들을 하나의 중심 지점에서 조정하며 감독하는 것은, 자연과학의 새로운 시작과 더불어, 데카르트$^{\text{Rene Descartes}}$ 이래 철학적 사고의 새로운 각성과 경험과학들의 개선행렬과 더불어 확실히 불가능하게 되었다. 철학과 정밀한 자연과학은 조금도 감독받지 않고 완전히 무전제적으로 대상에 접근할 때만이 가능할 수 있다는 것을 오늘날에는 모든 사람이 알고 있다. 예를 들어 칸트의 『순수이성 비판』과 마찬가지로 데카르트의 주요 저서들이 금서 목록에 있다면, 혹은 예를 들어 현대 생리학의 획기적 저작인 『경험과학으로서의 생리학』(베어,$^{\text{Karl Baer}}$ 뮐러,$^{\text{Johann Müller}}$ 바그너$^{\text{Rudolf Wagner}}$의 공동 연구로 1826년에서 1840년까지 발행됨)이 금서목록에 올라 있어서 한 가톨릭 학생이 그것을 특별 허락하에만 읽을 수 있다면, 그것은 오늘날 교육받은 사람에게는 우스꽝스럽게 여겨질 뿐이다. 그가 어떤 종파에 속해 있든지 오늘날 교양인이리면 누구나 모든 사상 경찰이나 연구를 감시하려는 교황권의 이러한 시도는, 지나간 문화적 단계에 대한 기억 혹은 인류를 관통하는 정신의 흐름들을 차단하려는 헛된 시도로 느낀다. 오늘날에는 어느 누구도 그러한 시도를 더 이상 진지하게 여기지 않는다. 파라과이의 예수회 국가(1631-1767)에서 겨우 읽고 쓰는 것을 배워야 했던 인디언들은 그렇게 취급당할 수 있었다. 성직자들에 의해 지배되었던 이 국가는, 그러한 기관의 모든 축복을 지닌 잘 운영되는 탁아소와 비슷했다. 그러나 문명세계에서, 20세기의 교양 있는 인간들 속에서 이것은 더 이상 가능하지 않다. 그럼으로써 원칙적으로는 체제 전체가 붕괴된 것이다. 우리는 그것으로 돌아가고 싶어 할 수는 있다. 그것이 과거 시대의 유서 깊은 성당의 형태로 아직도 우리 가운데 서 있다는 것을 기뻐할 수는 있다. 그러나 그것이 기초하고 있는 토대는 파괴되었다. 모든 진리문제에서의 최고 행정재판소의 존재에 대한 믿음은 현대인에게서는 상실되었다.

성聖과 속俗이라는 이원론적 구분에 대한 프로테스탄트적 이해

우리가 이미 논의한 것처럼 중세철학의 종교적 표현에 불과한 가톨릭교회의 제사장 제도가 쇠퇴한 것은 가톨릭 세계관의 몰락과 관련이 있다. 개신교운동의 시작과 더불어 인간 교황제도의 종말이 왔다. 중세의 통합된 문화 속에서 교회의 정신적인 힘, 모든 정치적이고 문화적인 문제들에 대한 교회의 지배는 완전히 사제에 대한 신뢰, 즉 그리스도로부터 세움을 받은 제사장만이 은혜 주입의 능력을 가지고 있다고 믿는 신앙 때문에 가능했다. 중세의 거대한 주요 교리는 출생부터 죽음까지 동행하면서 인간을 지탱해 주는 일곱 가지 성사 교리다. 제사장은 피안 세계에서의 인간 운명을 결정하는 신적인 영약을 소유했는데, 그것이 없이는 연옥으로부터의 어떠한 구원도 없었다. 그러나 일단 제사장 계급의 전권이 추락했을 때, 사람들은 인류의 가장 중요한 전환점들 중 하나에 서게 되었다. 중세의 문화생활을 총괄했던 상부 구조 전체가 허물어졌다. 하늘로 솟아 있던 당당한 둥근 지붕은 제거되었다. 단지 하부 구조만이, 삶을 창조하고 규정하는 세속적 질서들을 지닌 불경건한 인류만이 살아남았다. 그 결과는 끝없는 영락零落인 것처럼 보였다. 마치 지금까지 모든 것 위에 떠 있으면서 일상생활 위로 밝은 광채를 쏟아 붓던 영원한 빛을 어떤 파렴치한 손이 꺼 버린 것 같았다. 쉴러가 『그리스의 신들』$^{Greek\ gods}$ 15에서 한탄했던, 세계의 저 신성 박탈이 두 번째로 일어난 것처럼 보였다.

그러나 이러한 영락은 예수의 복음 속에 포함되어 있는 가장 값비싼 보배, 즉 세속적 직업 속에서의 노동이 참다운 예배라는 진리를 발견하기 위한 길이었을 뿐이다. 더 이상 어떠한 신성한 구역도 없었으며 성전의 담들은 무너졌다. "하나님은 인간의 손으로 만든 성전에 살지 않는다." 모든 것이 세속화되어 버린 것처럼 보였다. 그러나 바로 이러한 성전 담들의 붕괴, 전 존재의 이러한 외관상 세속화가 가장 깊은 종교적 발견에 이르도록 예정되어 있었다. 성전이 붕괴되자 세상 전체가 하나님의 성전이 되었다. 작업장이 교회가 되었으며 조국이 성지가 되었다. 인간의 삶을 건축하는 데 공헌하는 모든 사람은 이러한 위대한 하나님의 성전에서 거룩한 제사장으로서 봉사하는 것이다. 이것이 루터의 새로운 사상이었으며 예배로서의 세상 직업에 대한 이해였다. 이것이 종교개혁자들이 아우크스부르크 신앙고백 27번째 항목에서 수도사 선서에 대해 말했을 때 의미했던 바로 그것이다. "수도사 선서는 하나님의 계명과 명령에 의하지 않고 인간들에 의해 제정되고 선택된 예배다." 하나님은 단지 세속적 삶의 한가운데서만 예배될 수 있다. 그것과 더불어 시작된 인생관의 전환, 시간과 영원의 관계에 대한 새로운 이해, 그것과 더불어 주어진 정치와 문화에서의 모든 문제에 대한 새로운 입장은, 그 후 곧 종교개혁의 세기에 나타난 천문학적 세계상의 변화와 매우 밀접한 관계가 있다. 비록 그 두 현상이 역사적으로는 서로 무관했다 할지라도 그러하다. 화가 카울바흐 Wilhelm von Kaulbach 16는 그의 역사적인 거대한 그림에서 루터와 코페르니쿠스, Nicolaus Copernicus 단테와 페트라르카 Francesco Petrarca를 하나의 그룹들로 분류했다. 역사적으로는 그것은 사실이 아니다. 그러나 그럼에도 내적으로는 종교의 코페르니쿠스가 천문학의 코페르니쿠스에게 손을 내밀었다는 것은 진실이다. 제사장적인 통합문화에 상응하는 중세의 관념에 따르면, 만유는 고정된 중심, 지구, 우주의 지성소를 갖고 있을 뿐만 아니라—이것이 거의 한층 더 중요했는데—그것은 또한 사방으로 폐쇄되어 있었다. '항성권', 즉 항성들을 수용하고 있는 수정 쟁반이 우주를 폐쇄시켰다. 그것의 저편에는 천공, 곧 화천이 있었다. 그곳은 천사들과 정령들의 거주지였다. 그리스도는 그곳으로 승천하셨다. 그러므로 신의 세계는 소위 이 지상에서의 상부 구조였다. 그것은 공간적 의미에서 저편이었으며 초월적 영역이었다. 그러나 코페르니쿠스와 케플러 Johannes Kepler 이래로 이제 천문학은, 브루노 Giordano Bruno 가 1600년 로마에서 생명을 지불하고 밝혀냈던 최후의 저 위험한 발견을 향해 재빠른 걸음으로 다가가고 있었다. 그것은 항성들이 자기 자신의 고유한 행성들을 거느리고 있다는 발견이다. 그러므로 우리의 태양은 공간의 대양에서 무수한 자매 태양들의 한가운데에 떠 있는 것이다. 마치 세계의 지붕이 벗겨진 것 같았다. 하나님, 천사, 영들이 살았던 천상의 상부 구조는 붕괴되었다. 그리고 영원이 들여다보였다. 피안의 것이란 더 이상 아무것도 없었다. 모든 것은 현세적인 것이 되었다. 우주는 단지 세계들의 유일하고 한없는 무한의 바다였을 뿐이다. 그 어느 곳에도 중심이 없고 그 어느 곳에도 경계가 없으며 그 어느 곳에도 외벽은 없다. 프리드리히 슈트라우스$^{David\ Friedrich\ Strauss\ 17}$가 조롱조로 말하였듯이, 그와 동시에 하나님을 위한 주택난이 시작되었다. 여태껏 존재했던 하나님에 대한 신앙의 가장 심각한 위기가 나타났다. 이제는 단지 두 가지 가능성만이 존재했다. 그 하나는 브루노를 화형했던 종교재판관들이 바라보았던 가능성이었다. 만일 공간적 피안이 더 이상 존재하지 않는다면, 하나님도 그 어떤 피안도 어떤 천국도 더 이상 존재하지 않는다. 그러므로 하나님에 대한 신앙을 멸절시키는 이러한 사상은 종교의 이름으로, 불과 검으로 억압해야만 한다. 그러나 또 하나 두 번째 가능성이 있었는데, 그것은 종교개혁 세기에 괴를리츠의 제화공이며 철학자였던 야콥 뵈메$^{Jakob\ Böhme\ 18}$가 택했던 길이다. 그는 우주 전체가 하나님의 몸이라고 말한다. 그는 『북극광』^{Aurora}이라는 책에서 다음과 같이 말한다.

하늘에 관해서는, 너는 너의 생각을 여기에서부터 수천 마일을 날아가게 해서는 안 된다. 그 동일한 장소 혹은 하늘이 너의 하늘은 아니기 때문이다. 참다운 하늘은 네가 서 있거나 가는 장소에 있는 것이 아니라

도처에 있으며, 만일 너의 영이 하나님의 가장 내적인 탄생을 파악한다면…… 그 영은 이미 하늘에 있는 것이다. 하늘이 열린 것을 본 스데반은 비로소 그의 영이 상층 하늘로 날아 올라간 것이 아니라 가장 내적인 탄생 속으로 침투해 들어간 것이며, 그때에 하늘이 도처에 있는 것이다. 죽을 때에 영혼은 상층 하늘로 수십만 마일을 여행해 들어가는 것이 아니라 가장 내적인 탄생 속으로 들어가는 것이며, 그곳에서 영혼은 하나님과 함께, 하나님 속에, 모든 거룩한 천사들과 함께 있는 것이다. 네가 걸어가든지 누워 있든지 그곳에서 너의 영은 하나님과 함께 거주하며, 너는 동일한 수준으로 하늘에 속해 있으며 너의 영혼은 하나님 속에 있다.

여기에는 아직 서투른 형태이긴 하나 지금까지의 모든 것을 뒤집어 엎는 사상이 싹트고 있다. 공간적인 피안, 세계의 상부 구조는 붕괴되었다. 그러나 그것을 통해 단지 더 깊은 피안이, 거리와 공간과는 더 이상 아무런 관계도 없는 피안이, 공기처럼 보이지 않게 사방에서 우리를 둘러싸고 있는 하나님의 세계가 발견되었다. 우리는 세상 한가운데서 이미 지금 영원 속에 있을 수 있는 것이다. "시간이 영원이며 영원이 시간인 자는 모든 투쟁에서 자유롭다."

이제 그 두 가지, 루터가 세속적 예배에 대해서 말한 것과 피안이라는 말이 근대 천문학을 통해 얻게 된 새로운 의미를 종합해 본다면, 우리는 둘 사이에 존재하는 깊은 연관성을 느끼게 된다. 그것은 정신생활의 동일한 방향전환, 즉 세상의 재발견이라는 방향전환의 두 가지 상이한 표현 양식일 뿐이다.[19] 두 경우 모두, 제사장 중심 종교가 신적인 것을 위치시켰던 상부 구조는 허물어졌다. 세상과 구분되던 성전 구역, 거룩하신 하나님이 그 외의 장소에서와 다른 방식으로 현존하시는 좀 더 거룩한 장소라는 것은 더 이상 존재하지 않는다. 순례할 가치가 있는 '은총의 장소들'은 더 이상 없다. 개신교회는 세상을 향해 열린 집회 강당이며 설교 강당이다. 옛날의 대성당들에 익숙해 있던 가톨릭교도는 그 속에서 추위를 느낀다. 성전 벽들은 허물어진 것처럼 보인다. 그러나 바로 그것을 통해서 세상 전체가 성전으로 확장된다. 모든 장소에서, 제화공의 작업장에서, 공장에서, 광산에서, 실험실에서, 도처에서 시간은 영원 속으로 흘러들어 간다. 사람과 세상에 대한 의무와 대립되는 하나님에 대한 특별의무란 더 이상 없다. 자신의 동료 인간들에게 돕는 힘이 됨으로써만 하나님을 섬길 수 있다. 세상의 모든 장소는 부정하다. 외부와 마찬가지로 수도원 안도 그러하다. 하지만 모든 곳에 은혜의 보좌가 있다. 이 은혜의 보좌는 눈에 보이지 않게 현존하시는 그리스도를 통해 하나님이 우리에게 다가오는 비공간적인 장소로서, 이 세상의 모든 곳으로부터 다가갈 수 있으며 어디에서든 완전히 동일한 거리에 있다. 그리스도의 은혜의 현존은 성체 안치대 속에 갇힐 수 없다. 그것은 어떤 특별한 공간과 결부되어 있지 않다. "여우도 굴이 있고 공중의 새도 집이 있으되 인자는 머리 둘 곳이 없도다."[20] 그리스도는 고향 없이 모든 시대를 통과해 가며, 그는 도처에 있으면서 어느 곳에도 없다.

중세적인 단일문화에서는 산상수훈의 신적인 요구들과 돈과 권력을 누리는 이 세상 사이의 대립이 영역 구분을 통해 타협적으로 조정되었다.[21] 두 세계, 투쟁의 세계와 천사적 삶의 세계는 두 층처럼 겹쳐서 건축되었다. 그러나 그것을 통해서 복음의 소금 능력은 약화되었다. 만일 소금 알갱이들을 음식으로부터 분리해 놓는다면, 그것들은 음식 속으로 침투할 수가 없다. 제사장 문화의 종말과 더불어, 하나님의 세계와 우리가 살고 있는 권력투쟁적 세계 간의 관계에 대한 새로운 이해가 시작되었다. 수도원 담들이 붕괴된 이후 두 세계는 다시금 힘껏 서로 충돌한다. 모든 그리스도인은 두 세계 사이에서 방랑하고 있다. 하나님의 자녀로서 그는 보이지 않는 사랑의 나라, 모든 실존적 투쟁의 바깥에 서 있지만, 다른 한편 세속적인 직업인으로서 투쟁의 한가운데에 있으면서 세속적 수단들을 사용하여 그 투쟁을 끝내야만 하는 것이다. "그리스도인은 어떠한 악에도 저항해서는 안 되나, 또 다른 한편 세속인은 그의 직무가 허락하는 한 모든 악에 저항해야만 한다"(마르틴 루터). 이런 이유 때문에 그리스도인의 삶에는 전기 작용 시에 음극과 양극이 만날 때처럼 고도의 긴장이 생겨난다. 바로 이러한 긴장을 통해 새로운 삶이 생겨난다. 스파크가 튀고 전류가 흐르기 시작한다. 신앙과 사랑의 능력들이 발생하는 것이다.

나는 세속 직업의 위대함을 표현한 루터의 말로 이 장을 끝맺고자 한다. "제화공, 농부, 그리고 수공업자는 저마다 자신의 세속적 생업을 갖고 있는 동시에 성별된 사제이며 제사장들이다." 한 가난한 하녀는 이렇게 말할 수 있다. "나는 지금 요리를 하며, 잠자리를 펴며, 집을 청소한다. 누가 나에게 그것을 하라고 명령하였나? 나의 주인님과 주인마님이 명령했다. 누가 그들에게 나에게 명령할 권리를 주었는가? 하나님이 그렇게 하셨다. 아아, 내가 그들만이 아니라 하나님을 섬기고 있다는 것이 사실이면 좋겠는데. 그렇다면 나는 얼마나 더 행복할까! 마치 내가 하늘에서 하나님께 직접 요리해 드리는 것처럼."

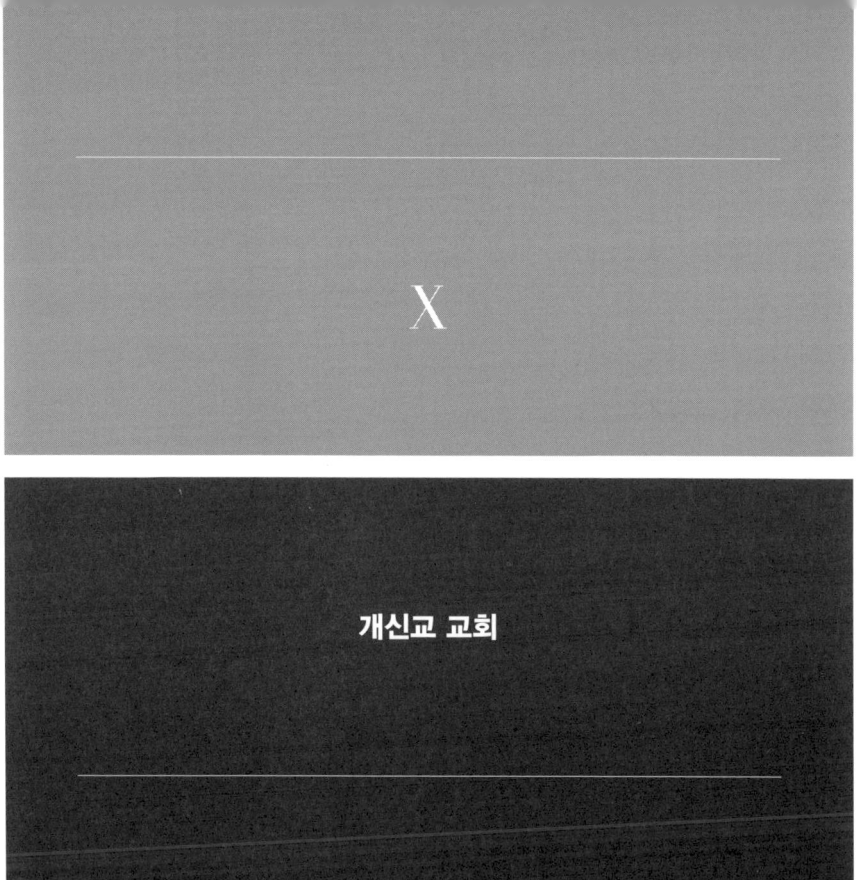

X

개신교 교회

우리는 종교개혁과 더불어 시작된 세속적 직업생활에 대한 새로운 이해를 살펴보았다. 이제 '이런 원리를 토대로 할 때 교회는 어떤 의미를 가지는가?'라는 최종적인 질문이 남는다. 진리문제에 대한 특정한 해결을 토대로 개개의 민족들을 총괄하는 세계국가 건설이 불가능하다고 보편적으로 인식하는 순간, 중세적 교회의 이상은 종말을 맞았다. 오늘날에는 어떠한 개인도 어떠한 위원회도 모든 진리문제에서 최종 법정이 될 수 없다. 이러한 위원회가 로마의 고위 성직자들만 아니라 세계 모든 대학의 전문가들로 구성된다 할지라도 마찬가지다. 이것이 보편적으로 인식될 때 무엇보다 국가관에 심대한 변화가 나타난다.

    콘스탄티누스의 칙령으로 소급되는 중세 국가는 진리문제에 대한 특정한 해결에 토대를 두고 있다. 그 국가는 어떤 특정한 종교가 진리이며 그 종교가 국가종교로 인정되어야 한다는 전제 위에 세워져 있었다. 380년에 그라티아누스[Gratianus 1] 발렌티니아누스[Valentinianus 2] 테오도시우스[3]의 황제 칙령 "삼위일체 강요綱要와 가톨릭신앙"*De summa Trinitate et fide catholica*에 의해서 삼위일체의 기독교신앙이 세계적인 로마제국의 국법으로 채택되었다. 이 법을 위반하면 국가로부터 처벌받을 수 있었다. 이것은 종교개혁 시대 후기까지 프로테스탄트 국가들에도 여전히 영향을 미쳤다. 1530년에도 작센의 선제후는 캄파누스$^{Johann\ Campanus}$를 삼위일체설에 반대한다는 이유로 투옥시켰다. 1553년 세르베투스$^{Michael\ Servetus}$의 화형과 1566년 발렌티노^{Valentino}에게 사형선고를 내릴 때 제네바와 베른 시 당국은 380년의 그라티아누스 칙령을 증거로 끌어댔다. 200년 전까지도 쿠르작센^{Kursachsen} 4에서는 장관부터 경작지 감시인에 이르기까지 모든 국가공무원은 직무상 아우크스부르크의 신앙고백을 지킬 의무가 있었다. 진리문제의 어떤 특정한 판단을 국가법으로 만들려는 최후의 시도는 러시아의 차르 제국에 의해 이루어졌다. 제국의 거룩한 주교회의의 정교일치적 판결에 의하여 이단자들은 시베리아로 보내졌고 톨스토이는 파문당했다.

그러나 진리에 대한 신앙을 이러한 방식으로 헌법에 수용하려는 시도가 포기되자마자, 새로운 국가이념, 프리드리히^{Friedrich} 대제^{5}의 눈앞에 떠올랐던 현대의 프로테스탄트 국가이념이 탄생했다. 이러한 국가는 사상의 자유와 신앙의 자유라는 원칙에 근거한다. 이러한 새로운 국가사상은 슐라이어마허, 헤겔$^{Georg\ Wilhelm\ Friedrich\ Hegel}$ 훔볼트$^{Wilhelm\ von\ Humboldt}$ 아른트$^{Ernst\ Moritz\ Arndt}$ 6 등의 영향을 받아 점점 더 명료한 형태를 갖췄다. 그것은 슈타인^{Stein} 7 남작의 국가관이기도 하다. 국가는 국민의 보편적인 문화자산을 보호하기 위한 기관이다. 국가의 영역에 속하는 것은, 강제 취학과 의무교육법으로 운영되는 사회자치제, 노동 보장, 모든 이상적인 시민적 가치의 자유로운 발전, 진리탐구를 위한 무제한적인 자유를 지닌 대학 학문이다. 여러 가지 분과를 두고 있는 중앙 행정당국이, 사방으로 광선을 방출하는 중심점이다.

교회와 분리된 이러한 국가에 상응하는 것은, 르네상스 이래로 서서히 모든 분야에서 발전되어 교회로부터 분리되어 나온 새로운 문화다. 이 문화는 교회와 세속 궁전들을 짓는 데 사용된 르네상스 건축이라는 새로운 예술양식에 나타난다. 영국에서는 셰익스피어^{William Shakespeare} 무대가 생겨났다. 그림의 경우, 네덜란드와 이탈리아에서 맨 먼저 종교적 소재에서 벗어났다. 영원의 금빛 바탕에 그려진 성화 대신, 자연이 단순히 거룩한 장면의 배경이 아니라 자기 목적이 되는 독립적인 풍경화와 동물화가 나타났다. 그 후 18세기에는 독일 음악의 위대한 전성기인 고전주의자와 낭만주의자의 시대가 온다. 베토벤에 와서 인간의 영혼은 교회의 위안으로부터 완전히 벗어나 하나의 독자적인 언어를 발견한다. 그 언어는 운명을 향하여 순전히 인간적인 마지막 말을 한다. 그 영혼은 교회와 기독교로부터 독립하여 인생의 수수께끼를 붙들고 씨름한다. 그리고 나서 비할 데 없는 저 정신의 봄, 교회로부터 분리된 독일의 정신생활이 도래한다. 횔덜린과 괴테와 쉴러와 칸트와 프리드리히 대왕의 시대다.

만일 이러한 문화발전을 르네상스로부터 독일 관념주의에 이르는 가장 일반적인 관련성들에서만 조망해 보더라도, 인간 정신이 교회의 단일문화로부터 벗어나서 모든 영역에서 그 독자적인 길을 추구했던 이 거대한 흐름은 더 이상 후퇴할 수 없음을 우리는 알게 된다. 예전에 문화생활 전체를 결합시켜 정신적인 통일을 이루었던 그 초월적인 둥근 지붕은 더 이상 복구될 수 없다. 오늘날에는 더 이상 가톨릭교회가 다른 정신운동들보다 우위에 놓일 수 없다. 오늘날 가톨릭교회는 개념상 모순되게도 보편적인 교회라는 이름에도 불구하고 많은 다른 것들과 더불어 단지 하나의 해결 시도로서 인생관들의 경기장 속으로 들어선다. 그곳에서는 영향력을 얻으려면 단지 정신적인 무기로만 투쟁할 수 있다. 가톨릭교회는 다른 모든 세계관과 마찬가지로 신봉자를 얻으려고 애쓴다. 오늘날에도 여전히 가톨릭교회는, 모든 세례 받은 비^非가톨릭교도들도 실제로는 가톨릭교회에 속해 있으므로 그에 맞게 대우해야 한다고 말하지만, 그것은 단지 시간의 바퀴를 되돌리려는 인위적인 시도일 뿐이다.

교회의 지배로부터 벗어난 국가생활과 세계문화가 이러한 식으로 각성했다면, 이 새로운 상황에서 교회는 무슨 의미가 있을까? 프로테스탄트적 토대 위에서 볼 때 교회는 여전히 어떤 의미로 이야기될 수 있을까? 복음의 능력으로 세상 속으로 침투했을 때 이러한 새로운 상황에서 무슨 일이 일어날 수 있을까?

중세의 종말과 함께 나타난 새로운 상황은, 그때까지 교회의 본질을 구성했으며 교회의 전체 매력과 대중성의 근거였던 두 가지 것이 붕괴한 것이 그 특징이다. 첫째는 성별된 제사장직의 붕괴이며, 두 번째는 거룩한 공간, 거룩한 행위, 거룩한 대상의 붕괴다.

개신교회의 목사직

교회의 성직자에게 불멸의 특성을 부여했던 사제서품식은, 도유식^{塗油式} 기름과 같은 어떤 물적 수단을 통해서, 의식과 제의의 거행, 도유식과 성별식을 통해서 종교적 전권이 인간에게 위임될 수 있을 것이라는 관념에 근거하고 있었다. 오늘날에도 가톨릭 농부의 마음속에는 이것이 여러 가지 감동적인 표상으로 표현되어 있다. 새로 서품받은 사제로부터의 강복은 강력한 효력이 있으며, 그것은 마치 천상의 전기로 충전되는 것과 같다는 것이다. "처음 서품받은 최초의 신임 사제의 첫 미사 강복을 받기 위해서는 죽도록 말을 몰아야만 한다"라는 속담이 민중 가운데 떠돈다.[8] 새로 서품된 사제가 고향에 오면 그는 신성한 존재처럼 영접을 받는다. 그가 강복을 베풀 때면 모든 사람은 경건함에 가득 차서 무릎을 꿇고 십자성호를 긋는다. 종교적 권능이 도유나 그 어떤 의식을 통해서 전이될 수 있으리라는 이러한 관념 전체는, 프로테스탄트 토대 위에서는 더 이상 가능하지 않다. 누군가가 지니고 있는 종교적 권능, 그에게서 나오는 다른 사람들에 대한 종교적 영향력이란, 외적으로 그가 할 수 있는 모든 것과는 완전히 무관하기 때문이다. 신앙의 힘, 내적 전권이란, 오로지 인간이 자기 자신에 대해 절망하여 놀라 소스라친 양심으로 가장 깊은 고독 속에서 직접 하나님으로부터 받을 수 있는 어떤 것이다. 하나님은 이러한 전권을, 인간적인 의식들과 상관없이 그가 주고자 하는 자에게만 주신다. 개신교적 토대 위에서 적어도 독일 국내의 개신교 교회들에 아직 목사가 존재한다면, 이것은 제사장 중심 교회에서와는 완전히 다른 어떤 것을 의미한다. 여기서 목사는 종교적 전권을 갖고 있지 않으며, 어떤 다른 구성원도 이것을 가질 수 없다. 루터는 "목사직은 모든 제사장, 즉 모든 그리스도인에게 공통된 공적인 직분일 뿐이다"라고 말한다. 공동체의 모든 다른 살아 있는 지체들이 할 수 없는 것이라면 목사 역시 할 수 없다. 그가 교구 일을 관리하고 설교하고 영혼을 보살피는 것은 한 기관의 모든 조직화된 공동 작업에 필요한 일의 분담 차원에서 그 의미가 있다. 또한 기독교는 현재의 교회공동체가 그 연관성을 결코 잃어버려서는 안 되는 오랜 역사를 지니고 있고, 기독교의 가장 오래된 원전들이 외국어로 쓰였기 때문에 기독교 역사를 연구하며 원어로 된 원서들을 읽고 역사적인 이해를 가지고 설명해 줄 수 있는 사람들이 교회공동체에 항상 있어야 한다. 아울러 다른 사람들은 그것을 할 시간이 없으므로 한 사람이 모든 사람을 대신해서 떠맡아야만 하는 후세대에 대한 신앙교육 책임이 목사직에 첨가된다. 목사직은 이러한 노동 분담의 이유들 때문에 요청되지만, 아무런 초월적인 후광이 없는 평범한 제사장직이다. 목사직이 중세의 성직자가 가졌던 초월적인 광채를 포기하자마자, 목사직은 오늘날 삶에서 가장 희생적인 소명, 특히 현대 대도시에서는 영적으로 정신적으로 가장 힘든 직분, 동료 시민들에게 감사를 가장 적게 받는 직분이 되었다.

개신교회의 성례전

'교회란 무엇인가?'에 대한 답변에 프로테스탄티즘이 초래한 두 번째 심대한 변화는 다음과 같다. '하나님은 더 이상 어떤 장소에 국한될 수 없는 분이며 더 이상 공간적으로 초월적이지 않고, 단지 소스라쳐 놀라 각성한 영혼에게만 나타나는, 보다 깊은 의미에서의 피안에 존재한다.' 만일 그렇다면 그 결과는, 더 이상 거룩한 공간, 어떤 다른 장소보다 하나님이 더욱 충만히 현존하실지도 모르는 어떠한 장소도 없게 된다. 또한 은혜의 능력들이 흘러들어 갈 것이라고 여겨지던 대상물들, 즉 접촉하거나 입을 맞추거나 하나의 약품처럼 먹으면 우리를 하나님께로 더 가까이 데려다줄 것이라고 생각되던 거룩한 물건들도 더 이상 없다. 그 때문에 이러한 거룩한 물건들을 통해 성취될 수 있을 거룩한 행위들, 즉 단순한 실행만으로 객관적인 은혜의 효력 ex opere operato 9을 매개해 줄 수 있을 성례전들도 더 이상 존재하지 않는다. 이러한 관념 전체는 종교의 코페르니쿠스 이전 시대에 속한다.

그림으로써 성례전에 대한 옛 이해를 점진적으로 밀어내고 새로운 이해가 들어선다. 루터는 아주 순수하게 세례에 대해서 이러한 독특한 프로테스탄트적인 성례전 이해를 펼쳐 보인다. 루터는 말한다. "토마스와 보나벤투라Bonaventura는, 만일 어떤 아이가 물속에서 세례를 받는다면 그 물은 하나님으로부터 의를 창조할 수 있는 능력을 위탁받았다고 이해한다. 그와 반대로 우리는 세례 시의 물도 본질에서는 소가 마시는 물보다 나을 것이 아무것도 없는 물이라고 말한다. 하나님의 말씀과 분리된 그 물은 특별히 다른 물이 아니기 때문이다. 그 물로 하녀가 요리를 하고도 그것을 세례수라고 말할지도 모르기 때문이다."

루터에 따르면, 이러한 물에 신적인 중요성을 부여해 주는 것은 오로지 말씀뿐인데, 말씀은 순전히 영적인 것, 대상화할 수 없고 장소에 국한될 수 없으며 단지 영적인 방식으로 즉 신앙 안에서만 수용될 수 있는 초공간적인 것이다. "그 물이 어떤 다른 물보다 그 자체로서 좀 더 고귀하다는 것이 아니라, 그 물에 덧붙여진 하나님의 말씀이 바로 그 물을 특별하게 한다. 물에서 핵심적인 것은 하나님의 말씀과 계명과 하나님의 이름이기 때문이다."

이러한 진술들에서 알 수 있듯이, 루터는 세례에서 이미 옛 성사

이해를 단숨에 극복하고 프로테스탄티즘의 새롭고 순수한 성사 이해에 도달했다. 성찬식에 대해서는 그보다 천천히 일어났다. 성찬식 투쟁에서 루터는 강한 상대를 만나 레슬링에서 엄수해야만 하는 선 밖으로 몇 걸음 밀려가는 선수와 같다. 그는 유심론자들인 츠빙글리와 칼슈타트와의 싸움에서 다시금 중세의 토대 위로 밀려났다. 중세적 이해로 후퇴한 루터의 성례전 이해의 본질은, 그가 스위스인들에 대항하여 "빵과 포도주 '안에서', 빵과 포도주 '아래서', 빵과 포도주와 '함께'^in, sub et cum 우리가 그리스도의 살과 피를 받는다"는 규정을 옹호한 데 있지 않다. 이것은 여전히 개혁적으로 이해될 수 있었다. 탈선은 다음의 위험스러운 주장을 통해서 발생했다. "비록 심판에 이르는 불신자들이라 할지라도 이러한 성례전적 물질들 속에서 실제로 그리스도의 살과 피를 받는다." 인간이 말씀에 대한 믿음 없이도 하늘의 식사를 받는다는 생각이 가능하게 되자마자, 우리는 다시금 거룩한 것, 초월적인 힘으로 충전된 거룩한 성체를 갖게 된다. 그렇게 된다면 오직 믿음을 통해서, 말씀의 감명을 받아, 오직 양심 속에서와는 다른 어떤 방법, 즉 성체를 먹음으로써 천상의 힘들과 가까워질 수 있게 되는 것이다.

그러므로 우리가 프로테스탄트적 입장을 견지하기를 원한다면 루터의 성찬 교리를 그의 세례 교리에 맞추어 수정해야만 한다. 우리는 루터가 세례에서 사용되는 물에 대해서 말한 것과 아주 동일한 것을 빵과 포도주에 대해서도 말해야 한다. 즉 물 자체가 중요한 것이 아니라 그 물이 궁극적으로 가리키는 하나님의 말씀이 더 중요하다고 말한 것처럼 빵과 포도주 그 자체보다 그것들이 가리키는 하나님의 말씀이 더 중요하다고 말해야 한다.[10] 만일 그것으로부터 말씀을—그리고 오직 말씀에만 의존하는 믿음을—분리시킨다면, 성찬 빵은 제과점에서 사는 빵과 다르지 않으며 성찬 포도주는 집에서 마시는 포도주와 다르지 않다.

성례전에 대한 이러한 새로운 이해와 더불어, 또한 이해에 머물지 않고 그것을 온전히 실행하자마자, 종교개혁교회는 중세교회에 초월적인 광채를 부여했던 두 번째 신비, 즉 중세적 의미에서의 거룩한 성물과 성사적^{聖事的} 중재행위를 포기했다. 교회가 이 두 가지 것, 성별된 인간과 성별된 대상물, 성별된 성직자와 성별된 성체를 의식적으로 완전히 포기함으로써 교회는 강력한 기득권을 포기한 것이었다. 교회는 자연인에게 감동을 줄 수 있는 최종 소유물을 포기했다. 그럼으로써 교회는, 인간이 교회 없이는 스스로 소유할 수 없을 그 어떤 것을 소유할 권리에 대한 주장을 포기했다. 교회는 소유하고 있던 독점권을 놓아 버렸다. 그 때문에 사람들에게 그 어떤 압박을 가하여 그들을 자기에게 종속시킬 어떠한 수단도 갖고 있지 않다. 중세교회는, 전 세계의 유전들을 장악하여 그것으로 전 인류를 자기에게 종속시키기를 원했던 미국의 석유 기업 트러스트와 비슷했다. 중세교회는 신적인 구원의 원천들, 일곱 가지 성사들을 장악하고 있었으며, 그것을 통하여 사람들과 민중들을 자기에게 종속시켰다. "교회 밖에는 구원이 없었다." *Extra ecclesiam nulla salus* 11 프로테스탄트 교회는 완전히 의식적으로 그 독점권을 포기한다. 모든 종교적인 구원의 원천들을 원칙적으로 해체시켜 버린다. 마치 자기 자신을 쓸데없는 것으로 만드는 것과 같다. 프로테스탄트 교회는 교회가 주권을 행사하고 자연인을 매혹할 수 있는 마지막 수단을 포기한 것이다.

개신교 교회

하지만 교회가 눈에 보이는 모든 권력수단을 의식적으로 포기하게 되면, 바로 그리스도 교회의 참다운 본질이 나타난다. 우리가 고대하는 새로운 피조물의 시작으로 하나님께서 몰락하는 세상 한가운데로 옮겨 심어 놓으신 가장 놀라운 생명체가 나타난다. 그리스도에 의해 포획된 모든 인간은, 비록 그가 아무런 인간적인 중재 없이 가장 깊은 고독 속에서 믿음에 이르렀다 할지라도 믿음의 각성과 더불어 모든 시대 수천의 사람들이 속하는 교회공동체의 지체로서 존재한다. 이것은 서로 무관하게 완전히 상이한 삶의 상황에서 살던 두 사람이 예수의 제자 집단으로 인도되어 들어와 서로 알게 될 때 즉시 드러난다. 그들은 놀랍게도 자신들이 어릴 적부터 서로를 알았던 것처럼 그토록 친밀한 형제들임을 발견한다. 그들은 육친의 형제들은 아니다. 어쩌면 그들은 극복할 수 없는 인종 갈등으로 서로를 증오하며 정치적으로 적대하는 두 민족에 속할지도 모른다. 그러나 이러한 놀라운 형제관계는 인종들을 서로 분리시키는 심연에 다리를 놓는다. "여기에는 유대인도 헬라인도 없다." 그들은 또한 동일한 신분이나 교육 정도를 가진 형제들이 아닐 수도 있다. 그들은 아마도 계급 증오를 통해 분리되어 있는 서로 다른 사회 계층에 속할지도 모르며, 완전히 상이한 교양을 지녔는지도 모른다. 그러나 이러한 형제 관계의 힘은, 인간 사회의 계급 간에 세워져 있는 담들을 허물어뜨린다. "여기에는 종도 없고 사유자도 없다. 너희들은 함께 예수 그리스도 안에서 하나이기 때문이다."[12]

그러므로 이 세상의 국가와 민족들처럼 분명히 실재하지만, 모든 세속적인 조직과는 완전히 다른 방식으로 이루어지는 하나님의 가족이 있는 것이다. 하지만 세속적인 가족 속에 태어나듯 하나님의 가족 속에 자연적으로 태어날 수는 없다. 또한 하나의 협회, 가령 사격동호회나 보트클럽에 들어가듯이 자기 자신의 결정에 의해 들어갈 수도 없다. 하나님 자신만이, 오로지 하나님 자신의 권능에 속한 방식으로 사람들을 이러한 가족 속에 받아들일 수 있다. 그 때문에 이러한 놀라운 가족 구성원들이 서로 맺고 있는 관계들, 그들 사이의 상호연결성은 세상의 다른 곳에 존재하는 그 어떤 관계들과도 다르다. 그것은 국가에서처럼 상관들이 부하들에게 가하는 강요에 의한 관계가 아니다. 그렇다고 자유로운 협회의 동등한 권리를 지닌 구성원들 사이에 존재하는 관계도 아니다. 오히려 하나님의 교회 안에는 강한 신분 구별이 있다. 형제들과 자매들이 있을 뿐만 아니라 그리스도 안에서의 '아버지들', '어머니들', 그리고 단지 우유만을 소화할 뿐 단단한 음식을 먹지 못하는 '미성년의 아이들'도 있다. "그리스도 안에서 일만 스승이 있으되 아버지는 많지 아니하니 그리스도 예수 안에서 내가 복음으로써 너희를 낳았음이라"(고전 4:15). 그러므로 한 사람이 다른 사람을 '하나님으로부터 태어나게 하는' 도구가 되는 영적인 출산이 있다. 그것을 통해서 전 생애 동안 이 두 사람 간에는 독특한 관계, 모든 혈육의 부자 관계보다 더 친밀하게 결속되는 좀 더 높은 질서의 부자 관계가 생겨난다. 복음에서 이탈할 위험에 처해 있는 갈라디아 교회공동체에 바울은 이렇게 쓴다. "나의 자녀들아, 너희 속에 그리스도의 형상을 이루기까지 다시 너희를 위하여 해산하는 수고를 하노니"(갈 4:19). 그는 이 구절에서 자신을 고통 가운데 자식을 낳은 어머니와 비교한다.

그러므로 이 세상 한가운데는 특별한 종류의 공동체적 구조물, 즉 상위와 하위의 여러 관계들로 얽힌 무수한 지체를 지닌 가족이자, 그 본질과 유기적인 구조 면에서 모든 세속적인 단체들과 상이한 체제가 존재한다. 이렇게 독특한 공동체가 숨겨진 채 있을 수는 없다. 게다가 너무도 강한 영향력들이 그곳으로부터 나온다. 그곳에 속한 사람들 사이의 교제도 모든 인간의 교제와 마찬가지로 가시적 수단인 행위와 말을 통해서만 이루어질 수 있기 때문에, 그것은 어떻게든 가시화될 것임에 틀림없다. 그 결과 우리는 교회조직 문제에 직면하게 된다. 이러한 문제는 처음에는 중요하지 않으며 부차적인 것처럼 보인다. 그리스도 교회의 존재는 모든 외적인 조직과는 완전히 독립적인 것이기 때문이다. 인간의 제도들을 통해서는 교회를 만들 수도 유지할 수도 없다. 교회는 단지 사람들이 말씀을 듣는 중에 "말씀에 의해 태어나든지" 혹은 "위로부터 태어남"으로써 세워지며 존속될 수 있다. 실로 이것은 하나님의 일이다. 모든 세속적인 단체와 전혀 다른 신약적 신앙공동체의 본질을 루터가 다시금 새롭게 이해하게 됨으로써 그는 처음에는 조직문제에 대하여 무관심했다.[13] 루터는 어떠한 새로운 조직도 만들려고 하지 않았다. 그는 이제까지의 주교들이 그들의 부수입을 위한 직무를 관리하는 대신 참다운 사명을 자각하여 교구에서 복음전파를 위해 힘쓰기를 원했다. 그러나 이것은 단지 아주 드문 경우에만 일어났다. 잔란트의 주교인 게오르크 폰 폴렌츠 Georg von Polentz [14] 와 포메사니엔의 주교인 에르하르트 폰 크바이스 Erhard von Queis 15는 그들 교구 내의 세속적 통치를 알브레히트 공작에게 위임했다. 그들의 생각은 이랬다. "복음서에 따르자면 하나님의 말씀을 선포해야 하는 주교로서, 국가와 사람들을 통치해서는 안 될 것이었기 때문이다." 나머지 주교들은 복음으로 돌아오지 않았다. 그럼에도 개신교 복음을 받아들인 나라들에서 모든 일이 거꾸로 가지 않으려면 교회를 감찰해야만 했다. 옛 관례에 따르면 감찰은 주교의 의무였다. 그럼에도 이러한 지역들에는 그 일을 감당할 만한 주교가 없었다. 여기에서 루터 자신이 스스로 선두에 설 수 있었을지도 모른다. 그러나 그는 자신에게 그러한 권한이 있다고 느끼지 않았다. 그리하여 루터는 아직 존재하고 있었던 유일한 권위인 선제후에게로 본능적으로 향했다. 선제후는 그의 세속적 직무에 의해서가 아니라 기독교적인 사랑으로 감찰관을 임명해야만 했다. 그리하여 영주들이 임시주교 혹은 대리주교들이 되었다. 이러한 과도기에는 그 누군가가 교회 행정을 떠맡아 준다는 사실만이 중요했다. 우리는 루터의 이러한 조치에서 교회법문제가 그에게 얼마나 부차적이었는지 보게 된다. 아우크스부르크 신앙고백에는 "사람들에 의해 만들어진 교회의 법에 관해서는, 합법적으로 준수하도록, 평화와 교회의 선한 질서에 도움이 되는 방향으로 준수하도록 가르친다. ……그럼에도 동시에 마치 그러한 일이 구원에 반드시 필요한 일인 것처럼 양심을 괴롭히는 걸림돌로 기능해서는 안 된다"라고 쓰여 있다. 우리는 루터가 새롭게 발견한 복음의 보화에 대한 기쁨에서 교회의 외적 제도들, 그 영원한 보화를 지닌 이 점토 그릇을 부차적인 것으로 취급했던 '사도적 이상주의'에 대해 경탄할 수는 있다. 그러나 이러한 이상주의를 우리 시대로까지 연장해서는 안 된다. 2세기부터 현재까지 교회법의 역사는, 만일 교회가 세상에서의 사명을 세상 한복판에서 성취하려면 교회법이 얼마나 중요한지를 충분히 보여 주었기 때문이다. 만일 교회가 교회법문제를 부차적인 것으로 다룬다면 그것은 왜 교회에 불리할까? 현실 교회는 아직도 '투쟁 중인 교회'church militant 이기 때문이다.[16] 교회는 하나님을 배반한 세상 한가운데에 있다. 교회는 교회공동체의 영원한 목적과는 반대로 모든 수단을 다해서 권력을 획득하며 소득을 증대시키려는 세속적인 목적을 추구하려는 세속적인 세상 권력들에 둘러싸여 있다. 독립적이고 생명력 있는 그리스도공동체는 세상에게 하나의 방해물이며, 세상 사람들의 양심을 일깨우는 교회는 세상 자체에 불안의 근원이다. 그 때문에 세상은 이러한 공동체의 힘을 파괴하기 위해 모든 것을 시도할 것임에 틀림없다. 이것은 교회를 세상 권력에 복종시키는 일에 성공하여 생명력 있는 공동체의 종교적 힘을 세속적 권력정치의 목적들에 이용할 때 가장 효과적으로 일어난다. 맨 먼저 콘스탄티누스 황제가 번성하던 교회를 국가교회로 만듦으로써 로마의 황제국가에 봉사하지 않을 수 없도록 하는 데 성공했다. 로마제국 붕괴 후에는 로마 황제(가이사)들의 유산을 상속한 새로운 세상 권력인 교황제도가 출현했다. 교황제도는 감탄할 만한 정치적 책략을 발휘하여 게르만 민족들의 종교운동 속에 포함되어 있던 강력한 힘들을 모아 왕정을 가동시키는 데 성공했다. 특별히 중세 후기에는 교황들이 전쟁 중이던 이탈리아 영주국들의 군사력을 강화하기 위하여 독일로부터 엄청난 사금을 빼냈다. 살아 있는 교회공동체는 블레셋인들의 맷돌을 돌려야만 했던 사슬에 묶인 삼손과 같았다.

종교개혁의 본질은 무엇보다도 사슬에 묶인 거인이 그의 사슬을 잡아 찢고 해방되었다는 데에 있었다. 루터는 1520년 12월 10일에 비텐베르크의 엘스터 문 앞에서 가톨릭교회의 법률서 역시 불태워 버렸다. 교회는 세상 권력들로부터 해방된 것처럼 보였다. 그러나 잠시 뿐이었다. 루터가 영주들을 임시주교들로 만듦으로써 지방 영주들을 이롭게 하는 정책들이 교회로 방향을 돌렸기 때문이다. 곧 영주들의 종교회의가 생겨났다. 영주 중심의 교회질서들이 솟아 나왔다. 종교개혁 반세기 후에 이미 루터교 국가에서 교회는 영주 중심적 국가행정의 한 부문이 되었으며, 그 결과 교회는 이 세상 권력 체제의 일부로 편입됨으로써 두 번째로 자유를 상실했다.

그 시기의 이러한 경험으로부터 우리는 무엇을 배우는가? 만일 그리스도 교회공동체가 세상의 소금으로 남아야만 한다면, 무엇보다도 외부에 대하여 교회의 완전한 독립성을 보장해 주는 제도가 있어야 한다. 교회가 교회의 외적인 조직, 국가와 국가의 통치기관들로부터 완전히 독립적일 때만 교회는 국가와 민족의 양심이 될 수 있다. 그 때문에 우리는 바이마르 헌법이 다음의 조항을 포함하고 있는 것을 환영했다. "어떠한 국가교회도 존재하지 않는다." 내적인 질서에서도 교회와 모든 외부 단체와의 대립이 드러나야 하며, 그리스도의 몸의 지체들 사이에 존재하는 관계들의 독특한 특징이 드러나야 한다는 것이다. 입교부터 이미 한 가족이나 민족 속에 태어나듯이 탄생과 더불어 교회공동체에 자연적으로 속할 수 없도록 외적으로도 체계를 마련해야만 한다는 것이다. 어린아이에 대한 약속이 선포되는 세례에는, 견진성사의 형태든 좀 더 성숙한 나이에 행해지는 개인적인 행위를 통해서든, 예수의 통치 속으로 들어온 당사자가 진실하게 발언해야 하는 의식적인 의지 표명이 뒤따라야 한다는 것이다.

그러나 교회의 독특성은 교회공동체가 통치되고 관리되는 방식에서도 나타나야 한다. 모든 세속적인 단체들은 지도권을 위임받은 지배 권력이 권위적인 방식으로 부하들에게 법률을 부과하며, 그들이 항상 동의하지 않는다 하더라도 이러한 법률에 따라 살게끔 형벌의 위협으로 강요함으로써 질서가 유지될 수 있다. 그리스도의 교회 공동체에도 상위와 하위, 지도자와 추종자들이 존재해야 한다. 그렇지 않으면 교회는 우리 시대의 반기독교와의 투쟁에서 어떠한 공격력도 갖지 못할 것이다. 그러나 교회지도자들은 외적인 권력수단들로 무장하지 않는다. 사람들의 의지에 반하는 무엇인가를 강요하기 위한 형벌 권력을 갖지 않는다. 그들이 가지고 있는 유일한 권력수단은 말씀이다. 세상의 눈으로 볼 때 말씀은 가장 연약한 무기다. 그럼에도 말씀은 세상의 모든 힘보다 강력하다. 사람들을 내적으로 승복시켜 예수의 통치 아래로 데려올 수 있기 때문이다. 교회의 지도자들은 말씀의 능력을 통해서만 공동체를 이끌 수 있다. 그 때문에 교회 내에는 상급 관청의 권위를 통해서 사람들에게 부과할 수 있는 어떠한 교회법도 존재할 수 없다. 확실히 교회는 세상 전체에 대하여 증거능력을 입증할 신앙고백을 필요로 한다. 그러나 이러한 신앙고백은 그 내용의 힘을 통해서만 공동체를 진리로 승복시킬 수 있다. 루터는 우리가 성령을 통해 승복되지 않은 채 교회 당국이나 교부들의 권위에 외혜 받아들였던 어떠한 신앙고백도 죽음의 순간에는 아무런 소용이 없다는 것을 되풀이하여 강조했다. 비록 교황과 종교회의들과 교부들이 증인으로 나온다 할지라도, "악마는 즉시 너의 마음속으로 뚫고 들어가 '만일 그것이 거짓이라면, 그들이 잘못 생각한 것이라면 어떻게 하겠느냐'라는 생각을 불어넣을 수 있다. 일단 너의 마음속에 그러한 유혹이 떠오른다면 너는 이미 굴복한 것이다." 말씀은 "사람의 지위에 상관없이 그 자체로 마음을 만족시키며 사람을 사로잡아서, 세상 모든 사람과 모든 천사와 지옥의 모든 제후가 다르게 말했다 할지라도, 그가 말씀에 붙들린 채 그것이 얼마나 진실하며 옳은지를 느끼도록 해야만 한다." 그 때문에 교회에서는 신앙고백 강요도 기부금 강요도 있을 수 없다. "자기의 가치를 의식하고 있는 교회는 강제 기부를 받아들이기보다 차라리 외적인 결핍을 감수한다. 교회는 마음을 움직여 헌신적으로 만들지만, 판결 집행자로서 위협하지는 않는다"(아브라함 카이퍼).

전체 세상과 그것의 생활양식으로부터 독립적인 교회는 오로지 살아 계신 그리스도가 있기 때문에 존재한다. 그리스도는 성령을 통해서 믿음의 선한 싸움을 싸우는 그의 교회공동체를 최후의 승리 때까지 끝까지 인도하신다. 그는 그의 대리자가 되어 감히 역사의 왕위에 앉으려 하는 어느 누구에 의해서도 교회공동체의 지도권을 빼앗기지 않는다. 그 때문에 시대에 따라 변화하는 교회의 제도들은, 성장하고 있는 하나님의 건축물이 완성될 때까지 둘러싸고 있는 한시적인 건축용 비계일 뿐이다. 건축물 자체는 세상의 눈에 숨겨진 채 드러나는 날까지 수 세기에 걸쳐 점점 높이 올라간다. 그러므로 아브라함 카이퍼가 말하듯이, 교회는 "하늘로부터 이 지상에 이식된 식민지다. 그것은 독립적으로 존재하며, 고유의 기반 위에 세워져 있으며, 고유의 양식으로 건설되며, 이 세상의 채석장에서 공급해 주는 것과는 완전히 다른 돌들로 건축된다. 그 운영 면에서는 자연의 법칙들과 세속 입법자들의 법칙들에 구속되지 않으며, 오로지 그의 창립자이신 하나님의 생명의 법칙에만 종속된다."

세상의 빛과 누룩으로서의 교회

이러한 방식으로 세상의 모든 기관에 대하여 독자적이고 독립적으로 존재하는 교회는 국가와 민족의 양심이 되어, 모든 새로운 상황에서 하나님의 요구들을 혁명적인 영향력을 발휘하도록 혁신적으로 수행할 수 있다. 그래서 루터는 여러 경우에 당시 독일의 사회적·정치적 생활에 강력히 관여했다. 당시에는 경제생활에 심대한 변화들이 발생했다. 대상인들(예를 들면 푸거상사와 같은)의 자본주의가 옛 농업 경제를 몰아냈다. 이자를 받아도 되는가? 그것은 현실적인 문제였다. 잉골슈타트의 가톨릭 교수 엑크$^{Johann\ Eck}$ 17 박사는 볼로냐의 한 학술토론에서 신학자로서는 최초로, 4-5퍼센트의 이자는 기독교적으로 허용될 수 있다고 옹호했다. 이것은 커다란 주목을 끌었다. 쇼일$^{Christoph\ von\ Scheurl}$ 18 은 "상인들은 횡포에 가득 차 있으며 그들의 계약들을 허용된 것이라고 공언한다"라고 쓰고 있다. 평민 출신이던 루터는 여기서 다가오는 위험을 명백히 느꼈다. 루터는 모든 힘을 다해 자본주의적 투기의 이 새로운 흐름에 대항했고 이것이 개신교운동을 강력하게 촉진시켰다. 1520년에 그는 『독일 크리스천 귀족에게 고함』$^{An\ den\ Christlichen\ Adel\ Deutscher\ Nation}$이라는 소책자에서 "확실히 친스카우프^{Zinskauf} 19 는 독일 민족의 가장 큰 불행이다. ······참으로 친스카우프는 무거운 죄를 진 세상이 악마에게 팔려 버렸음을 보여주는 특징이며 표지임에 틀림없다"라고 천명했다. 1540년에도 루터는 "고리대금에 반대하여 설교하는 목사들에게"라는 글을 발표하였는데, 거기에서 그는 당시에 시작된 거래소 투기의 불로소득에 대해 아주 진지하게 경고하고 있다.

루터는 독일 민족의 양심의 화신으로서 단지 이자문제만이 아니라 내적·외적 정치에도 관여했다. 1529년에 그는 "터키인들에 대항한 전쟁에 관하여"라는 글에서, 신민民들을 적으로부터 보호할 의무를 망각한 국가를 책망했다. 그는 농민전쟁[20]에서는 농민들의 요구를 부분적으로 승인하였지만 그들의 요구를 관철시키려던 폭력적 수단에 대해서는 반대하였으며, 강압적인 진압을 요구했다. 그는 교회는 지배해서는 안 되며 교회의 사명은 오로지 말씀과 성례전을 통한 신앙 양육이라고 강조함으로써, 영적 권력과 세속적 권력을 날카롭게 구별했다. 정치적 지배 권력에 대한 이러한 포기는 세속국가들과 나란히 혹은 그 위에 군림하는 교회국가의 모든 권력적 노력들보다도 정치와 경제생활에 대한 좀 더 깊은 영향력을 교회에 주었다. 종교개혁교회는 바로 말씀의 교회로서 독일 민족의 양심이다. 하나님에 대한 믿음과 영원에 대한 믿음 없이는 민족 속에서 양심이 그 지지 기반을 상실함을 역사는 수천 번 보여주었다. 교양 높은 소수의 사람들은 이상주의에 따라 살 수 있지만, 만일 종교적 힘들이 고갈되면 대중은 보다 저급한 본능들을 분출한다. 분노에 찬 계급투쟁, 생업활동에서의 무분별한 착취, 관직에서의 불행한 야심이 시작된다. 영원한 현실에 대한 믿음이 깨어지면, 한 유기체 내에서 모든 하부 중추들을 통제하는 중앙신경 중추가 파괴된 것과 같다. 즉시 무정부 상태를 초래하는 붕괴가 시작된다. 각 민족 속에서 이러한 믿음이 침몰하지 않도록 하는 것이 말씀중심의 개신교회의 사명이다.

거기에 두 번째 것이 첨가된다. 국가권력으로부터 독립적인 교회는 단지 민족의 양심일 뿐만 아니라, 오늘날의 생존경쟁에서 생겨나는 상처들을 치유하는 선한 사마리아인이며 도와주는 힘이다.[21] 그것은 치유하는 힘으로서 국가를 바로 세우기 위해 필수불가결하다. 모든 자선봉사는 어떠한 대가도 바라지 않는 노동이다. 날마다 교회에 의해 내적 사명의 노동을 통해서 수행되는 거대한 작업은, 감사를 받거나 감사를 요구하지도 않고 소리 없이 일어난다. 개신교회는 자기를 위하여 선전하지 않으며 국가를 위해 한 일에 대해 결코 계산서를 내밀지 않기 때문에, 교회가 한 일은 교양계층 사람들에게 거의 알려지지 않는다. 원칙적으로는 종교를 인정하지 않는 오늘날의 사회주의 국가 역시, 교회의 영적 사명의 엄청난 노동이 없다면 하루도 생존할 수 없을 것이며, 오늘날의 문명생활이 가혹하게 끊임없이 입히는 상처 때문에 피 흘려 죽게 될 것이다. 맹인들, 농아들, 지적장애인들, 정신이상자들, 알코올중독자들, 병자들, 노인들, 홀로 된 이들, 간질병자들을 위한 500채의 집을 갖춘, 하나의 완전한 도시라고 할 수 있는 빌레펠트 지역의 자선기관 벧엘을 생각해 보기만 하면 된다. 교회연감 발행인인 슈나이더 J. Schneider 는 1918년, 순전히 숫자상 기부금에 따라 측정해 볼 때 종파 차이 없이 모든 사람에게 유익한 자선행위를 위해 교회로부터 얼마가 지불되었나를 계산했다. 그는 1년에 1억에서 1억 4,000만 마르크를 썼다고 밝혔다. 그에 비하면 교회가 당시

받았던 근소한 국가 보조금(프로이센에서는 가령 2,700만 마르크)은 아무것도 아니라고 할 수 있다.[22] 국가는 당시 경제적으로도 탁월한 사업을 한 것이다. 교회는 열 배의 세금을 낸 것이다. 또한 대략 55동의 간호사 양성소와 2만 명가량의 간호사들을 지닌 독일 개신교의 여성 구호소를 생각해 보라. 아니면 '긴급피난 보금자리쉼터'Herbergen zur Heimat [23]가 획득하게 된 중요성을 생각해 보라. 경찰과 국가권력은 부랑자의 걸식 행위라는 참혹한 재앙에 대하여 무력했다. 보델슈빙은 독일제국 내 '거리의 형제들', 즉 거지들의 구걸 수익을 연간 4,000만 마르크로 환산했다. 이것은 국가의 부富에서 지출된 것이며, 여러 번 악마의 목구멍에 알코올로 던져졌다. 저지되었던 시설이 보델슈빙을 통해서 비로소 기독교적 사랑에 의해 마련되었다. 노동자 부락들이 생겨나고 경작할 황무지를 다시 얻었다. 그것이 세워진 이래 이 부락들에 수용되었던 30만 명의 이주 노동자들로 인해 인력이 확보되었으며 이것은 결과적으로 국가 재정이 보존되었음을 의미한다.

　미국의 한 사회학자는, 알코올중독 범죄자 단 한 명의 후손들에게 3대에 걸쳐 국가가 얼마의 비용을 지불했는지 계산했다. 그는 약 150만 마르크를 산출해 냈다. 그 이래로, 하마터면 불행의 구렁텅이에서 멸망했을 수많은 사람들이 노동자 부락들과 구호소들, 항구도시의 선원 숙박소와 대도시 심야구조선교단을 통해 구출되는 것이 무엇을 의미하는지 확실히 알 수 있게 되었다.

　현재의 공공생활에서 복지를 위한 거의 모든 노력은 원래 교회로부터 나온 것이다. 교회는 사회봉사활동의 개척자들인 비헤른,Johann Hinrich Wichern [24] 뷔르템베르크의 국내선교의 아버지 구스타프 베르너,Gustav Werner '누구의 아이도 아닌 아이들의 아버지'인 영국의 바나도 Thomas J. Barnardo 25 와 같은 인물들을 배출한다. 이들은 영락한 자들을 돕는 사회복지사업의 선구자들이었다. 현대 국가가 국내선교가 감당하던 일을 떠맡을 생각을 했다는 것은, 바로 교회에 의해 생산된 이러한 활동들의 필요불가결성을 승인하는 것이다. 런던의 소박한 개신교도인 그 경멸받던 구세군 처녀가, 경찰이 더 이상 들어갈 용기를 내지 못하는 화이트채플의 가장 어두운 골목 안으로 걸어 들어간다. 경찰은 기독교 구호기관들의 도움으로만 대도시 생활의 가장 비참한 증상들에 접근할 때가 아주 잦다. 미국에서는 기독교청년회YMCA가 일단의 핵심 청년들을 규합하여 그들의 신체적·정신적 단련을 돕는다. 거의 모든 큰 기업들은 그러한 일을 위해 엄청난 금액을 지불하는데, 이러한 기독교 기관과 그것의 사회복지사업의 도움 없이는 그들의 노동자들이 잘 지낼 수 없을 것임을 정확히 알고 있기 때문이다. 사랑은 그 모든 것에 대해서 아무런 감사도 원하지 않는다. 단지 스스로 흘러넘칠 뿐이다. 성직자 계급의 권력요구를 포기한 교회가 오히려 세상도 알아챌 정도로 생명력이 활발해질 수 있음을 예증하기 위해 이 모든 것을 단지 언급했을 뿐이다.

교회 기관들의 이러한 모든 '업적'은 그것들이 아무리 가치 있다 할지라도 교회의 본질은 아니다. 그것들은 시대 상황에 따라 때로는 강력히 나타났다가 때로는 완전히 후퇴할 수도 있는 성과들일 뿐이다. 그리스도의 교회는 국가와 공적 생활에 대해 아직 어떠한 영향력도 갖지 못했던 초대교회 시내에 벌써 그것의 눈에 보이지 않는 능력 안에 존재했었다. 그 때문에 이후 박해 시대에 외적인 조직과 공적인 영향력이 마지막 찌꺼기만 남을 만큼 소멸되었을 때도 여전히 동일한 능력 가운데 존재할 수 있었을 것이다. 교회는 그 본질상 세상에 대한 모든 영향으로부터 독립적이며, 그 자체로 존재하는 기관이기 때문이다. 교회는 그리스도의 영이 거하는 몸이며, 놀랍도록 많은 지체를 가진 유기체다. 살아 계신 주님이 외부적인 형태들에 이르기까지 그의 독특한 특질을 교회에 부여해 주신다. 교회는 죄를 용서하고 사람들을 그의 왕국으로 초청하는 그리스도의 전권에 의해서만 산다. 이러한 의미에서 오늘날에도 여전히 사도신경의 신앙고백은 가치가 있다. "나는 거룩한 공교회와 성도의 교제를 믿습니다."

주

I 가톨릭교회의 매력

1 '가톨릭'catholic의 어원은 그리스어 kath' holou('전체로 보아')이다. 이 말이 라틴어 'catholicus'로 발전되었으며 '지리적으로 전 세계, 연대기적으로 전 시대, 인종적으로 전 인류를 포함하는'이라는 의미로 확장되었다. 전 세계에 흩어진 교회를 '가톨릭교회'라고 지칭하며 신학적으로 의미심장한 의미를 부여하기 시작한 것은 4세기 예루살렘 주교 키릴의 교리문답인 것으로 추정된다(알리스터 맥그래스, 『신학이란 무엇인가?』, 김기철 옮김[서울: 복 있는 사람, 2014], 964-968).

2 인지학人智學, anthroposophy은 인간 지성이 영적인 세계와 접촉 능력을 가지고 있다고 믿는 철학으로서 '영靈접촉학' 혹은 '영학'靈學이라고 할 수 있다. 인도-브라만 계통에서 나온 뉴에이지 영성도 인지학의 일부이며 모든 종교에는 어느 정도 인지학적 요소가 들어 있다. 근대 인지학은 오스트리아 철학자 루돌프 슈타이너Rudolf Steiner, 1861-1925가 창안했다. 그는 훈련받고 고양된 의식은 영적 세계들을 인식할 수 있다고 보았기 때문에, 감각과 독립된 정신적인 지각능력을 계발하려 했고 이를 위해 1912년 '인지학회'를 설립했다. 대안학교로 유명한 '자유 발도르프' 학교도 인지학적 교육학에 기초를 둔 것으로 보인다.

3 1909년에 개종한 알베르트 폰 루빌1855-1934이 쓴 고백록의 전체 제목은 『거룩한 교회로 돌아오라! 한 개종자의 경험과 고백』Zürück zur heiligen Kirche: Erlebnisse und Erkenntnisse eines Convertiten이다.

4 로마 가톨릭교회를 가리킨다.

5 신구교가 하나가 되어 구성하는 이상적인 교회를 함의한다.

6 존 헨리 뉴먼1801-1890은 권위 있는 영국성공회 사제요 옥스퍼드 대학 교수였다가 1845년에 로마 가톨릭교회로 개종해 세계인들을 놀라게 했다. 자신의 개종 변명기인 『나의 종교적 정신사』(1864)는 개종에도 불구하고 그가 여전히 진실한 그리스도인임을 보여

주는 역작으로 꼽힌다.

7   페터 로제거1843-1918는 오스트리아의 작가로 향토적 방언을 사용하여 알프스 등 자연을 아름답게 묘사했다.

8   『승천』(Berlin: S. Fischer, 1916)은 오스트리아의 작가 헤르만 바르1863-1934의 소설이다. 엄격한 가톨릭 사상을 드러내고 있는 이 작품은 주인공이 영혼의 실향감 속에서 안식처를 구하다가, 가톨릭신앙에 귀의해 안식을 찾는 과정을 그렸다.

9   한스 바이힝거1852-1933는 칸트 연구로 유명한 독일 철학자다. 임마누엘 칸트와 프리드리히 니체의 영향을 받아 감각들과 느낌들은 실재적이지만 나머지 모든 인간적 지식들은 실용적으로만 정당화될 수 있을 뿐인 허구들로 구성되었다고 주장했다. 종교와 형이상학적 교리들의 경우 객관적으로 진실되지는 않을지라도 그것들이 사실인 것처럼 행동하면 유용한지 그렇지 않은지를 물어야 한다고 주장한다. '무엇이 마치……인 것처럼' 철학을 참조하려면, Hans Vaihinger, *Die Philosophie des Als Ob*(Leipzig: Felix Meiner, 1922)을 보라.

10 Gertrud von Zezschwitz, *Warum katholisch?: Begründung meines Übertritts*(Berlin: Herder, 1922), 14. 게르트루트 폰 쳇슈비츠1825-1886는 가톨릭으로 개종한 루터교 신학자다. 독일어로 된 이 개종 고백록은 '왜 가톨릭인가?: 내 개종의 근거'로 번역할 수 있다.

11 F. Heiler, *Das Wesen des Katholizismus*(München: Verlag von Ernst Reinhardt, 1923). 하일러1892-1967는 20세기 초 로마 가톨릭의 종교사적 연구로 가톨릭에 대한 독일인의 재발견을 촉발시켰다.

12 플로티누스204-270는 3세기 로마제국 시대에 플라톤 철학을 부흥시킨 신플라톤 철학의 대표자로서 영적 상승을 통해 신과의 합일을 추구하려는 가톨릭 영성에 철학적 배경을 제공했다.

13 하나님과의 합일을 위해 자신의 영성을 고양시키려는 신인합일 욕망을 가리킨다.

14 아레오바고의 디오니시우스는 5세기 말과 6세기 초에 활동한 신비주의 영성가로서 중세 신비주의자들(마이스터 에크하르트 등)에게 영향을 끼쳤다. 영성적 수련을 통해 신과의 합일을 추구하는 신비주의적 영성을 정립했다.

15 버나드 끌레르보1091-1153는 중세 중기의 가톨릭 수도원 개혁운동가로서 거친 노동으로 유명한 시토Citeaux 수도회를 개창했다. 그는 카타리파 이단에 대한 거룩한 전쟁을 독려했다. 1830년에 교황 비오 8세에 의해 가톨릭교회 공인 신학박사로 공포되었다.

16 마이스터 에크하르트1260-1328는 독일의 신비주의 사상가로서 루터의 양심 이해에 영향을 끼쳤다. 특히 루터가 하나님의 영이 개인의 양심에 작용하는 개인주의적이고 유명론적 구원론을 착상하는 데 영향을 미쳤다.

17　헨리 수쏘1295-1366(독일어 이름 Heinrich Seuse)는 14세기 도미니코 수도회 소속의 독일 수도사로 1329년에 이단으로 정죄된 마이스터 에크하르트의 제자이며 그의 신학적 유산을 옹호했다. 1831년에 가톨릭교회에 의해 시성諡聖되었다.

18　요하네스 타울러1300?-1361는 독일의 도미니코 수도회 수도사로서 에크하르트의 제자이며 수쏘와 함께 '하나님의 친구들Gottesfreunde의 지도자' 영성운동을 주도했다.

19　Père Augustin-Francois Poulain, *Des Graces d'Oraison*(1901; 10th ed., Paris: Beauchesne, 1922). 영어판은 *The Graces of Interior Prayer: A Treatise on Mystical Theology*, trans. Leonora L. Yorke Smith(St. Louis: B. Herder, 1950)이다.

20　성 아빌라의 테레사1515-1582는 16세기 스페인 갈멜 수녀원의 신비주의 영성가로 가톨릭교회의 반종교개혁운동기에 활동했다. 관상생활의 발전에 기여했고 갈멜 수녀원 종단 개혁을 주도했으며 십자가의 성 요한St. John of the Cross에게 영향을 미쳤다. 죽은 지 40년 후인 1622년에 가톨릭교회에 의해 시성되었다. 그의 신비주의 영성의 특징 중 하나는 신인합일에 이른 황홀경 체험이다.

21　F. Heiler, 같은 책, 504.**
에크하르트는 '작은 불꽃'scintilla 을 '영혼의 불꽃'scintilla animae 으로 칭하는데 이것은 하나님과의 연합에 이르게 되는 통로로 여겨진다.

22　노발리스1772-1801는 독일의 초기 낭만주의 시인이자 철학자다.

23　횔덜린1770-1843은 독일의 낭만파 시인으로 고대 그리스 운문 형식을 가져와 독일 시에 적용했다.

24　로코코Rococo 양식은 18세기 중반 프랑스에서 생겨난 예술 형식을 총칭하는 말이다. '로코코'라는 말은 프랑스어 'rocaille'(조개무늬 장식, 자갈)에서 왔다. 로코코는 바로크 시대의 호방한 취향을 이어받아 경박함 속에 표현되는 화려한 색채와 섬세한 장식, 건축 유행을 말한다.

25　표현주의Expressionism는 20세기 초 독일을 중심으로 일어난 문예사조로 자연 그대로 재현하는 것을 거부하고 감정과 감각을 직접적으로 표현하는 것을 중시했다.

26　Peter Rosegger, *Mein Himmelreich*(München: L. Staackmann, 1914), 98.

27　F. Heiler, 같은 책, 385쪽과 비교하라.**

28　로마노 구아르디니1885-1968는 가톨릭 사제이자 신학자로 베를린 대학교, 튀빙엔 대학교 등에서 가르쳤다.

29　F. Heiler, 같은 책, 395.**

30　독일의 청년운동Jugendbewegung은 1896년에 시작된 문화 및 교육 운동으로 야외활동을 장려하는 청년들의 연합체를 가리키며, '청년 도보여행 장려회'Wandervogel 등을 포괄하

는 명칭이기도 하다.

31   프리드리히 쉴러1759-1805는 독일의 질풍노도 시기의 대표적 작가다. "믿음의 세 가지 말"은 그의 책 『믿음의 말』 *Die Worte des Glaubens*, 1797에 나오는 표현이다.

32   헤르만 카이저링1880-1946은 독일 철학자로 세계의 많은 곳을 여행하여 『철학자의 여행일기』라는 책을 남겼다. Hermann Keyserling, *Das Reisetagebuch eines Philosophen*(Darmstadt: O. Reichl, 1920).

33   칼 하제1800-1890는 독일 개신교 신학자이자 교회사가였다. *Handbuch der protestantischen Polemik gegen die Römisch-katholische Kirche*(Leipzig: Breitkopf & Härtel, 1862).

34   아티스는 소아시아 프리기아 신화에 나오는 초목의 신으로, 그리스 신화를 통해 널리 알려졌다. 또한 아티스 숭배도 여러 곳으로 전파되었다.

35   미트라스는 1-4세기에 유행한 로마의 컬트 종교로서 황소숭배 제의, 피로 씻는 제의 등을 행했다.

36   세라피스는 이집트의 혼합신으로, 프톨레마이오스 왕조 통치 시절에 이집트인들과 그리스인들이 모두 숭배했다.

37   아그리파BC 63-AD 12는 악티움 해전(BC 31)에서 승리한 후 로마의 집정관이 되어 BC 27년에 만신전을 건립했다.

38   역대 교황 중 다마수스라는 이름을 가진 사람은 다마수스 1세366-384 재위와 2세1048년 24일 동안 재위밖에 없다. 칼 하임은 604년에 다마수스 1세가 만신전을 성모 마리아와 모든 순교자에게 봉헌했다고 하는데, 604년 당시 교황은 그레고리우스 1세Gregory I, 590-604 재위와 사비니아누스Sabinian, 604-606 재위였다. 또한 '로마 가톨릭위키'에 따르면, 만신전이 마리아에게 봉헌된 시기는 609년이다(http://romanchurches.wikia.com/wiki/Santa_Maria_ad_Martyres). 609년 당시의 교황은 보니파키우스 4세Boniface IV였다. 칼 하임이 연대를 착각한 것으로 보인다.

39   F. Heiler, 같은 책, 602.**

II 교회 분열의 원인

1   알브레히트1490-1545는 마인츠 선제후이자 대주교이며 마크데부르크 대주교도 겸했다. 당시 교구를 하나 이상 관장하는 것은 교회법 위반이었는데, 교황 레오 10세의 교구 겸직 재가를 얻기 위해 로마의 성 베드로 성당 개축에 막대한 돈을 기부했다. 푸거Fugger가家

에서 빌려 온 이 기부금을 갚기 위해 면죄부 판매에 전력을 다했다. 면죄부 판매 수익의 절반은 자신이 차지했고 나머지 절반은 교황 레오 10세에게 바쳤다. 루터는 95개 조항의 논제에서 이 관행을 비판했다.

2 얀 후스1370-1415는 체코의 종교개혁가로서 루터보다 100년 먼저 종교개혁의 불을 붙였다. 보헤미아(체코)인을 위해 라틴어가 아닌 모국어로 성서를 번역하고 모국어로 설교했다. 성서와 달리 '교황을 우상시'하고 부패한 가톨릭교회를 비판한 죄로 1415년 7월 독일 콘스탄츠에서 화형을 당했다. 자신을 거위(후스는 '거위'라는 뜻)에 비유하면서 '지금은 가톨릭교회가 거위를 죽이지만 100년 뒤에는 결코 죽일 수도 파괴할 수도 없는 백조가 나타날 것'이라고 경고하며 죽었다는 전설이 있다.

3 존 위클리프1320-1384는 영국의 스콜라 철학자, 종교개혁가, 성경번역가였다. 라틴어 성서를 영어로 번역하고 가톨릭교회를 비판했다.

4 알렉산더 6세1492-1503 재위는 사생아들을 많이 낳아 제후들로 임명했다. 호색과 족벌주의, 탐욕 등의 문제로 역사상 최악의 교황으로 손꼽힌다.

5 푸거은행은 종교개혁 당시 독일 경제를 좌지우지하던 푸거 가문이 세운 은행이다. 푸거 가문은 14세기 말부터 16세기 말까지 약 200년 동안 정경유착, 독점과 착취를 통해 막대한 부를 축적한 이탈리아 상인 가문으로, 르네상스 시대를 풍미했던 메디치 가문의 5배가 넘는 재산이 있었다고 전해진다. 푸거 가문은 15-16세기 유럽의 상업계를 독점하며 자본주의 경제 개념을 발전시키고 유럽 정치에 막대한 영향력을 행사했다.

6 레오 10세1513-1521 재위는 성 베드로 대성전 건축기금을 마련하려고 재위 기간 동안 전대사(죽은 사람과 산 사람의 죄를 모두 사해 주는 것) 반포를 승인했으며, 이것은 루터의 95개 조항의 논제 게시와 종교개혁을 촉발시켰다.

7 호엔촐레른가는 호엔촐레른, 브란덴부르크, 프러시아, 독일제국, 루마니아 지역을 통치하던 왕실 가문이었다.

8 Heinrich Böhmer, *Luther im Lichte der neueren Forschung*(Leipzig & Berlin: Teubner, 1918), 86쪽과 비교하라.**

9 두카텐Dukaten은 베네치아 공화국이 발행한 주화다. 이탈리아어인 두카트Ducat는 베네치아 공화국에서 처음 만들어져 1284년부터 1차 세계대전 이전까지 유럽 각국에서 통용된 금화 또는 은화 단위를 말한다. 1554년부터 1559년까지 발행된 베네치아 두카트는 체키노Zecchino라고 불리기도 했다.

10 츠비카우 출신의 급진적 개혁주의자 세 명을 일컫는 말로 1522년에 비텐베르크 근처에서 일어난 소요의 주동자들이다.

11 Heinrich Böhmer, 같은 책, 120쪽 이하와 비교하라.**

12 데니플레1844-1905는 오스트리아의 고문서학자이자 역사가이며 도미니코 수도회 수도사였는데 루터를 맹렬히 비판했다.

13 하인리히 뵈머1869-1927는 루터교 신학자로서 *Luther im Lichte der neueren Forschung*(1906), *Luthers Romfahrt*(1914), *Luthers erste Vorlesung*(1924), *Der junge Luther*(1925) 등 많은 루터 연구서를 남겼다.

14 아인하르트는 하인리히 클라스Heinrich Claß, 1868-1953의 필명으로 『독일사』*Deutsche Geschichte*, Leipzig: Diederich, 1909를 쓸 때 이 이름을 썼다.

15 울리히 폰 후텐1488-1523은 독일의 학자요 풍자시인이었다. 르네상스 인문주의자들과 루터의 종교개혁 사이에 가교가 되는 인물로 가톨릭교회의 부패를 비판했다.

16 토마스 뮌처1489?-1525는 종교개혁 시기에 활동한 독일의 급진개혁가이자 재세례파 지도자였다. 민중이 압제자에게서 해방된 신정정치를 실현하려고 농민 반란을 이끌었다.

17 한스 작스1494-1576는 독일 종교개혁기 최대의 시인이자 극작가였다. 뉘른베르크의 구두장인으로 평생을 본업인 제화업을 유지하면서 격언시인이자 마이스터징어(극중 중심가수), 극작가로 활동했다. 6,170편의 시를 썼는데, 그중 대부분은 종교시였다. 루터의 개신교 복음 교회파를 지지했고 계몽시인으로서 시민의 교양과 도의를 이끌어 내려 힘썼다. 루터의 종교개혁운동을 일찍부터 옹호했으며, 루터를 비유한 「비텐베르크의 나이팅게일」*Die Wittenbergisch Nachtigall*, 1523이라는 시는 즉시 유명해졌고 뉘른베르크의 종교개혁을 촉진했다.

18 바디스쿠스는 '고대 로마의 집정관'을 의미한다. 『바디스쿠스』는 후텐이 1520년에 남긴 담화집으로, 그는 이 책에서 로마 집정관인 바디스쿠스의 입을 빌려 로마를 비판했다.

19 루터와 동시대인이었던 요하네스 플렉1559-1628 박사는 스타인라우직(지금의 물덴슈타인) 소재 프란치스코 수도회의 수도원장이며 비텐베르크 대학 창립일에 설교했던 인물이다(1502). 플렉은 루터가 95개 조항의 논제를 붙인 직후 루터에게 편지를 써서 그를 격려했다(Smith and Charles Michael Jacobs, trans. and ed., *Luther's Correspondence and Other Contemporary Letters*, Philadelphia: Lutheran Publication Society, 1913, 569).

20 원서에 표기된 'Moskowiten'은 '모스크바 대공국' 사람들을 지칭하는 듯하다. 뒤러의 일기 영어번역본(*Memoirs of Journeys to Venice and the Low Countries*, New York: New York Graphic Society, 1971)에는 'Muscovites'라고 번역되어 있다.

21 크론베르크의 하르트무트1488-1549는 루터의 초기 추종자들 중 한 사람으로 독일 남부 지역 종교개혁 개척자요 확산자였다.

22 비오 10세1903-1914 재위 교황은 기독교 교리를 현대적으로 재해석하는 것을 거부하며, 전통적인 해석 및 관습을 유지하기를 장려했다. 그는 "교회의 신앙은 시간이 흐르면서 발전해 왔으며, 따라서 시대가 변하면 그 시대에 맞게끔 교회도 변화되어야 한다"라는 현대

주의자들의 주장에 반대하고 현대주의를 '모든 이단의 총집합'이라고 규정했다.

23   반현대주의 맹세칙령은 1910년에 공포된 교황 비오 10세의 반현대주의 맹세명령이다. 이것은 모든 성직자에게 현대주의를 명백하게 반대하게끔 서약하도록 했다.

24   밀라노 주교 임명권을 둘러싸고 신성로마 황제 하인리히 4세가 교황 그레고리우스 7세에게 반기를 들자 교황이 하인리히 4세를 파문했다. 이에 하인리히 4세가 이탈리아의 북부 카노사에 가서 교황에게 참회하며 용서를 빌고 성직임명권을 교황에게 양도했다. 이것을 '카노사의 굴욕'(1077)이라고 부른다. 칼 하임은 독일인들이 신성로마제국 황제 하인리히 4세의 굴복을 독일 교회가 교황에게 굴복했다고 느꼈다고 해석한다.

25   교황 비오 10세의 '반현대주의 칙령'의 공포를 가리킨다. 이 칙령은 개신교도들에게 일말의 개방적인 태도도 보이지 않은 수구적 완고함을 드러냈다.

III "너는 베드로라. 내가 이 반석 위에 내 교회를 세우리라"

1   엥겔베르트 크렙스1881-1950는 20세기 초중반에 활동한 독일 가톨릭 신학자다.

2   Engelbert Krebs, *Die Protestanten und Wir: Einigendes und Trennendes*(München: Theatiner-Verlag, 1922).

3   마하가섭 존자, 아난타, 사리불, 목련, 아나율, 수보리, 부루나, 가전면, 우바리, 라훌라 등 석가모니의 가르침을 인도 지역의 여러 왕국에 전했던 초기 제자들을 가리킨다.

4   정확하게 누구를 가리키는지 분명하지 않으나 부처의 대표적인 여제자 담마딘나를 지칭하는 것처럼 보인다(참조. 권기종, "경전인물열전-담마딘나," 「불교신문」 1996년 7월 23일).

5   Ossendowski, *Tiere, Menschen und Götter*의 티벳 불교에 대한 서술과 비교하라.**

6   이것은 칼 하임이 『카라마조프가의 형제들』 중 일부를 자유롭게 인용한 것을 옮긴이가 다시 사역한 글이다. 도스토예프스키, 『카라마조프가의 형제들 1』, 김연경 옮김(서울: 민음사, 2007), 2부 5편 "Pro와 Contra" 중 '대심문관', 524쪽과 비교하라.

7   "로마가 말하였으므로 그 일은 결정적이다"라는 말은 히포의 감독 아우구스티누스가 남긴 것이다. 펠라기우스는 411년 카르타고 공의회에서 이미 단죄되었으나 415년 팔레스타인의 디오스폴리스 교회회의에서 사면되었다. 그러나 카르타고와 밀레비스의 공의회는 펠라기우스를 다시 단죄한 후 416년 그 결정을 로마로 보냈다. 그들은 교황 인노첸시오 1세에게 펠라기우스의 문제점을 지적한 서신을 보내어 로마 가톨릭교회의 개입을 청하고 그를 로마로 소환하여 파문할 것을 촉구했다. 인노첸시오 1세는 417년 1월 27일 카르타고 공의회의 결정을 지지한다는 내용의 답신을 보낸 동시에 밀레브의 누미디아 공의회에 참석한

주교들에게도 비슷한 논조의 서신을 보냈다. 당시 교회회의에 참석한 주교들 가운데 한 사람이었던 히포의 아우구스티누스는 이 서신을 받아 읽어 본 후 "로마가 말하였으므로 그 일은 결정적이다"라는 유명한 말을 남겼다.

8 Joseph Schnitzer 1859-1939, *Das Papsttum eine Stiftung Jesu?*(Augsburg: Lampart, 1910); Fritz Tillmann 1874-1953, *Jesus und das Papsttum: eine Antwort auf die Frage: "Hat Jesus das Papsttum gestiftet?"*; Joseph Schnitzer, *eine erneute dogmengeschichtliche Untersuchung Fritz Tillmann gewidmet.***

9 에프라임 306?-373은 성서적 근원을 밝히는 비중 있는 저서를 비롯하여 성서주석, 교의 및 수덕생활에 관한 수많은 글을 시리아어로 남겼다. 또한 이단, 특히 아리우스 이단과 영지주의를 공격하는 중요한 글들을 서술하였고, 최후의 심판에 대해서도 훌륭한 저작을 남겼다.

10 『디아테사론』은 타티아누스가 4복음서를 하나의 이야기로 편집한 저작물을 가리킨다. '디아테사론'이라는 그리스어는 "네 [복음서]로부터"를 의미한다. 그 후에 에프라임이 『디아테사론』에 대한 주석을 저술했다. 동방 시리아 교회에서는 오래전부터 200여 년 간 정경正經으로 읽어 왔으며, 4세기 초쯤 복음서가 분리될 때까지 복음서의 표준적인 대본 구실을 했다. 원본이 그리스어였는지 시리아어였는지는 알 수 없으나, 1933년에 그리스어 역본 단편이 이라크의 바그다드 근처에서 발견되었다.

11 판 언덕은 빌립보 가이사랴 부근에 있는 그리스의 목동신 판Pan 신전 유적이 남아 있는 암벽 언덕을 가리킨다. 판의 이름을 따 파니아스Paneas라고 부르다가 바니아스Banias로 부르게 됐다.

12 헤르마스는 유대인이거나 유대적 교양교육을 받은, 2세기 초 로마 교부였다. 그는 환시적幻視的인 개심改心을 권하는 묵시문학적인 책 『헤르마스의 목자』를 그리스어로 저술했다. 『헤르마스의 목자』는 5편으로 된 묵시,visions 12편으로 된 경계,mandata 10편으로 된 비유Similitudines로 나뉘어 있다. 1부에서는 처음에 노부인老婦人이 교회를 대표하는 헤르마스에게 묵시를 이야기하고, 5편의 묵시에서는 노부인 대신 한 목자가 회전悔悛의 천사로 등장한다. 이 책의 이름도 이 목자에게서 딴 것이다. 2부에서는 유일신에 대한 신앙·성실·자선 등 그리스도교 도덕을 가르치고, 3부에서는 여러 가지 그리스도교 원리를 제시하고 있다. 이 책의 주요 목적은 한 번은 죄를 용서받을 가능성이 있음을 말하려는 데 있다.

13 프랑스의 가톨릭 성모 순례지인 루르드Lourdes를 가리키는 듯하다.

14 마태복음 23:8.

IV 가톨릭교회의 그리스도 이해와 프로테스탄트 교회의 그리스도 이해

1   오스발트 슈펭글러1880-1936는 20세기 독일의 문화철학자다. 브란덴부르크에서 출생하여 수학·역사·미술을 공부했다. 2권으로 된 그의 저서 『서구의 몰락』은, 1차 세계대전 후의 사상계에 큰 영향을 주었다. 그는 『서구의 몰락』에서 인간의 역사와 문명을 인간 생애의 주기로 표현한 바 있다. 즉 인간의 역사(출생기, 유아기, 청소년기, 청년기, 장년기, 노년기, 사망)로 이해했다(*Der Untergang des Abendlandes*, Band 2, München: Beck, 1963, 814).

2   이시스Isis/Aset는 고대 이집트 신화에 나오는 여신으로 이집트의 아홉 주신 중 하나다. 이시스는 세트Seth 신에게 살해당한 오시리스의 아내이자 여동생이며, 태양신 호루스의 어머니이자 게브의 딸이다. 세트의 위협을 피해 호루스를 낳아서, 신성한 어머니의 모습으로 숭배되었다. 이시스 여신은 알렉산드리아의 그리스인들 사이에 모성, 마술, 생산의 신으로 널리 숭배되었으며, 나중에 로마제국에서도 이시스 여신숭배와 유사한 여신숭배가 유행했던 것으로 기록되어 있다.

3   오시리스Asar, Aser는 고대 이집트 신화에 나오는 신으로 풍요를 상징하며, 저승세계를 믿는 고대 이집트의 종교에서 죽은 사람을 다시 깨운다고 믿어졌다. 즉 사후세계를 관장하는 신으로 숭배했다. 오시리스를 둘러싼 신화는 특히 아내이자 누이인 이시스 그리고 세트와의 싸움으로 잘 알려져 있다. 파라오는 오시리스의 화신으로 받들어졌다.

4   요한 페터 에커만1792-1854은 독일의 시인이자 작가로 『괴테와의 대화』*Gespräche mit Goethe*, 1836-1848를 저술한 작가로 유명하다.

5   게르하르트 하우프트만1862-1946은 20세기 독일의 희곡 작가로 1912년 노벨문학상을 수상했다. 그는 독일 자연주의 연극의 형성과 발전에 기여했다(*Der narr in Christo, Emanuel Quint*, Berlin: S. Fischer, 1910).

6   리하르트 데멜1863-1920은 19-20세기에 활동한 독일 시인이다.

7   칼 하임에 따르면, 리하르트 데멜이 「올림푸스 산의 그리스도」라는 시를 쓴 것으로 되어 있는데, 실은 막스 클링거Max Klinger가 동일한 제목의 그림을 그렸고(Christus im Olymp), 데멜은 이 그림에서 영감을 얻어 「예수와 프쉬케」Jesus und Psyche라는 시를 쓴 것으로 보인다. 참조. Richard Dehmel, "Jesus and Psyche—Phantasie bei Klinger," in *Aber die Liebe*. Vol. 2 of *Gesammelte Werke*(Berlin: S. Fischer, 1907).

8   칼 하임은 사죄권이 하나님께 속한 권세이므로 '사죄대권'이라고 부른다.

9   마가복음 10:45.

10   마가복음 14:24.

11   마가복음 2:5.

12   마가복음 2:7.
13   신약에서 여든아홉 번 정도 사용되는 예수의 자기 호칭인 "인자"의 구약적 전거典據는 다니엘서 7:13이다.
14   마태복음 16:22.
15   요한복음 6:15.
16   마태복음 12:39.
17   마가복음 8:33.
18   마태복음 27:42.
19   「마호멧의 노래」는 괴테가 1773년에 발표한 시다. 이 시에서 괴테는 마호멧은 인류의 정점이라고 칭송한다(the best of the mankind/Oberhaupt der Geschöpfe).
20   요한복음 6:67.
21   요한복음 18:36.
22   Oswald Spengler, *Der Untergang des Abendlandes*, Band 2(München: Beck, 1963), 263.**
23   1870/71년 이후는 프로이센-프랑스 전쟁普佛戰爭 직후 상황을 가리킨다. 프로이센-프랑스 전쟁은 프로이센-오스트리아 전쟁에서 오스트리아 제국을 패배시킨 독일 재상 비스마르크Otto von Bismarck가 독일 통일의 마지막 걸림돌인 프랑스를 제거하여 통일을 마무리하고자 했던 목적으로 일으킨, 프랑스 제2제국과 프로이센 왕국 간의 전쟁이다. 이 전쟁은 1871년 1월, 파리 교외에 위치한 베르사유 궁전의 거울방에서 독일제국의 성립을 선포하고, 프로이센 국왕이었던 빌헬름 1세가 독일제국 초대황제로 추대되는 것으로 마무리되었다. 그 외에 독일은 알자스로렌 지방을 획득하였으며 많은 전쟁 보상금을 받았다. 그러나 이 전쟁을 계기로 독일-프랑스 관계는 2차 세계대전 종전 직후까지 적대적인 사이가 되었다. 1871년 1월 프로이센의 빌헬름 1세가 독일제국의 황제가 되었으며, 비스마르크는 19년간 제국의 총리로 통치했다. 이 기간 동안 독일은 프랑스를 대신하여 대륙의 중심국가로서 외교상의 중심국이 된다.
24   프란츠 오버벡1837-1905은 19세기 독일인 개신교 신학자다.
25   로마제국 황제 마르쿠스 아우렐리우스161-180 재위 재위 기간인 177년에 프랑스의 리용과 비인 지역에서 심한 기독교인 박해가 일어났다. 당시 그리스도인 사이에 오고간 편지에는, 핍박을 당하는 그리스도인들의 참을성과 용기가 혹시 끊어지지 않을까 염려하여 고난에 동참한 형제들이 많았다고 나와 있다. 무지한 증오심으로 인하여 그리스도인을 미워한 폭도들은 사람이 많이 모이는 유흥지나 시장과 거리로 그리스도인들을 붙들고 가 심문을 하고 소동을 피웠다. 그러다 관원이 와서 다시 심문하여 기독교신앙을 포기하는 사람은 용서해 주고 포기를 거부하는 사람은 목을 베어 죽이거나 짐승에게 던져 버렸다.

26 폰티쿠스와 블란디나는 177년에 일어난 박해로 순교한 순교자들이다. 블란디나는 노예 신분의 소녀, 상투스라는 집사, 폰티쿠스라는 15세 소년, 90세의 폰티누스 감독을 비롯해 이름도 모르는 신도들이 수없이 순교했다. 짐승에게 던졌을 때 짐승들도 그들을 가까이하려 하지 않았고, 물려 죽은 시체는 개에게 주려고 묻지도 않고 병사들이 지켰다고 한다. "몸이 허약한 그리스도인 숙녀인 블란디나는 원형극장에 끌려가 말뚝에 매달린 채 야수의 밥이 될 위기에 처했다. 그 순간에도 블란디나는 정성스러운 기도로 다른 이들을 격려했다. 그런데 어떤 야수도 블란디나를 건드리지 않는 바람에 다시 감옥에 갇혔다. 블란디나가 마지막이자 세 번째로 다시 극장에 모습을 드러냈을 때는 열다섯 살 난 폰티쿠스와 함께였다. 그들의 한결같은 신앙을 보고 몹시 화가 난 군중은 블란디나의 성적 존엄성이나 소녀의 연소함 따위는 조금도 고려하지 않고 온갖 형벌과 고문을 가하라고 소리쳤다. 블란디나로부터 힘을 얻은 폰티쿠스는 죽을 때까지 버틸 수 있었고, 블란디나는 모든 고통을 견딘 끝에 칼로 살해당했다"(존 폭스, 『순교자 열전』, 홍병룡 옮김[서울: 포이에마, 2014], 42-48).

27 윌리엄 오컴1285-1347은 영국 프란치스코 수도회의 수사이자 철학자로서 지극히 청빈한 삶을 살았다. 유명론의 선구자로서 일반적으로 근대철학의 아버지로 인정받고 있다. 방법론적 원리인 '오컴의 면도날'로 유명하며 신앙문제를 개인의 문제보다 자유주의적으로 생각하였고 종교개혁기에 루터가 좋아했던 유일한 스콜라 철학자였다. 교회에 관해서는 탁발승단托鉢僧團과 같은 완전한 무소유가 이상이라고 말하며 교황을 비난했다.

V 하나님을 향한 두 개의 대립된 길

1 마태복음 25:40.

2 '필리푸스 아랍'이라는 별명을 가진 마르쿠스 율리우스 필리푸스Marcus Julius Philippus, 204-249는 244년부터 249년까지 로마 황제로 재위했다. 출생지가 시리아 근처의 아라비아 페트라였기에 이런 별명이 붙었다. 그는 예외적으로, 콘스탄티누스 황제의 밀라노 칙령 이전에 기독교신앙에 호의적이었던 황제였다. 유세비우스의 증언에 따르면 알렉산드리아 교부 오리게네스와 교분이 있었다.

3 루드비히 빈트호르스트1812-1891는 19세기 독일 가톨릭중심당의 지도자요 비스마르크의 최대 정적이었던 정치가였다. 그는 1851-1862년에 프러시아의 법무부 장관을 역임했다(Margaret Lavinia Anderson, *Windthorst: A Political Biography*, 1981, 3).

4 토마스 토르퀘마다1420-1498는 스페인 카스틸랴 도미니코 수도사이며 최초의 종교재판 심문관이었다. 이 강압적인 종교재판으로 많은 무슬림들과 유대인들이 어쩔 수 없이 가

톨릭으로 개종했다.
5   요한복음 18:36.
6   Paul von Hoensbroech, *Das Papsttum in seiner sozial-kulturellen Wirksamkeit*(Leipzig: Breitkopf and Härtel, 1901), 1부, 1쪽 이하와 비교하라.**
7   후고 폰 호프만슈탈1874-1929은 19세기 말과 20세기 초에 활동한 오스트리아의 작가, 극작가, 그리고 서정시인이다.
8   게르트루트 폰 쳇슈비츠는 그녀의 교훈적 논문 "그치지 않는 논쟁"(1925년 8월 20일의 「아우크스부르크 포스트」와 1925년 10월 16일의 「한가로운 시간, 독일 민중 신문의 문학적 부록」)에서 모든 가톨릭적 경건의 본질은 "도취 상태" 혹은 "마취상태"라고 말했다. 그녀는 가톨릭적 경건이란 "완전한 무지 혹은 의도된 기만"을 증거해 준다고 말한다. 확실히 오늘날 가톨릭교회의 '평균적 경건유형'은 이러한 특별한 현상들과는 아무런 관계도 없다. 그럼에도 가톨릭 생활의 정점들에서는 도처에서 '관조적인 신에의 도취'가 명백한 목적으로서 나타난다.
9   보름스 의회는 신성로마제국 황제 칼 5세에 의해 1521년(1월 27일-5월 26일)에 소집되었다. 칼 5세는 루터에게 책과 논문 등으로 발표한 그의 입장을 철회하라고 요구했으나 루터는 자신의 양심이 하나님의 말씀에 포획되어 있기에 어떤 종교개혁적 입장도 철회할 수 없다고 맞섰다.
10 이 말이 과연 루터가 보름스 의회에서 진술한 발언인지에 대해서는 항상 논란이 있어 왔다. 칼 하임도 출처 없이 인용한다. 참고로 Roland Herbert Bainton, *Here I Stand*(Lion Publishing Co., 1978), 185쪽에 이 발언의 자세한 맥락이 소개되어 있다.

VI 신령과 진리로 드리는 예배

1   「파르지팔」은 리하르트 바그너에 의해 작곡된 3막짜리 오페라다. 이것은 성배를 찾아 나서는 12세기 아더 왕의 기사 파르치팔Parzival에 관한 13세기의 서사시(볼프람 폰 에센바흐 작)를 각색한 오페라다.
2   기초가 되는 다음 두 권의 책들과 비교하라. Emil Brunner, *Die Mystik und das Wort*(Tübingen, 1924); Ferdinand Ebner, *Das Wort und die geistigen Realitäten*(Innsbruck, 1921).**
3   트리엔트 공의회는 1545년 12월 13일부터 1563년 12월 4일까지 이탈리아 북부 트리엔트와 볼로냐에 소집된 로마 가톨릭교회의 세계 공의회를 가리킨다. 이것은 개신교운

동을 막고 단죄하기 위한 반反종교개혁적 공의회였다. 프로테스탄티즘을 이단으로 정의하고 공식적으로 규탄하였으며, 그에 대한 응답으로 교회의 교리와 가르침에 대한 주요 성명을 천명했다. 성경을 비롯하여 성경의 경전, 성전, 원죄, 의화, 구원, 성사, 미사, 성인 공경 등 광범위한 주제를 다루었다(Joseph F. Kelly, *The Ecumenical Councils of the Catholic Church: A History*, Collegeville: Liturgical Press, 2009, 126-148).

4   로만어는 라틴어와 현대 이탈리아어와는 달리 로마제국 변방에서 발전된 라틴어 방언계열 언어다. 현재는 이탈리아 북부와 북동부, 스위스 산간지방에서 사용된다. 로만어군은 로마제국의 군인, 개척자, 노예 등이 쓰던 말인 통속 라틴어에서 비롯되었다.

5   반反종교개혁은 대체로 프로테스탄트 종교개혁과 같은 시기에 일어났지만, 실제로는 마르틴 루터가 95개 조항의 논제를 비텐베르크성 교회 벽에 내걸기(1517) 직전에 시작된 가톨릭 내부의 자체 부흥운동이다. 르네상스 시대 교황들과 많은 성직자들의 세속적 생활태도 및 정치에 대한 비판에서 가톨릭 내부의 반종교개혁운동이 촉발되었다. 테아티노 수도회, 카푸친 수도회, 우르술라 수녀회, 그리고 특히 예수회 등이 가톨릭 내부의 개혁운동 과정에서 만들어졌다. 특히 16세기 말 십자가의 성 요한과 아빌라의 테레사는 갈멜 수도회 개혁을 촉진하고 신비주의 전통이 발전하는 데 영향을 주었다. 프란치스코 살레시오François de Sales는 평신도의 경건생활에 이와 비슷한 영향을 미쳤다. 교황 파울루스 3세1534-1549 재위는 1545년에 트리엔트 공의회를 소집해 반종교개혁을 확산시키고 반개신교운동으로 방향을 잡았다. 이 회의에서 채택된 교리는 믿음과 은총의 역할에 관한 루터의 강조점과 성례전의 수효와 본질에 관한 프로테스탄트의 교리를 반박했다. 또한 평신도의 성경읽기를 금지했다.

6   베네딕투스 14세1675-1758는 재위 기간(1740-1758) 동안 과학적 지식습득, 바로크 예술, 토마스 아퀴나스 사상 부흥 등을 장려했다.

7   F. Heiler, *Das Wesen des Katholizismus*(München: Verlag von Ernst Reinhardt, 1923), 517쪽 이하와 비교하라.**

8   19세기 영국 소설가 찰스 킹슬리가 쓴 『히파티아』는 철학자 히파티아의 일생에 대한 허구적 기록으로, 이집트의 알렉산드리아에 여행을 갔다가 그곳에서 정치와 종교전쟁들에 연루된 젊은 수도사 필라몬의 이야기를 들려준다. 가톨릭 사제들과 수도사들에 대한 작가의 편견이 반영된 이 작품은 반가톨릭 소설로 읽힌다. 교부 알렉산드리아의 키릴과 성직자들의 분파주의와 타락상에 대한 묘사는 19세기 가톨릭교회를 비판할 의도를 가진 것으로 읽힌다. 그러면서도 그는 유대교에 대해 기독교가 갖는 도덕적 우월성을 주장하는 데는 열심을 낸다.

9   가톨릭교회는 '함축적 신앙'과 '명시적으로 이해된 신앙'을 구분하면서 전자는 평신

도에게 기대되는 신앙이요 후자는 성직자들에게 요구되는 신앙이라고 말한다. 평신도들은 가톨릭교리를 이해할 필요가 없다는 것을 함의할 수 있기에 칼빈은 이 교리가 평신도의 신앙성장을 방해한다고 보았다.

10   성 이그나티우스 로욜라1491-1556는 예수회를 창설한 스페인 수도사였다. 예수회는 교황에 대한 순종서약으로 해외선교를 허가받았으며 반종교개혁 시기 동안에 교황 지지 세력으로 활약했다(Donald Nugent, *Ecumenism in the Age of the Reformation: The Colloquy of Poissy*, Cambridge, MA.: Harvard University Press, 1974, 189). 그는 예수회의 영적 훈련 규칙을 제정했다(1548).

11   알퐁소 로드리게스1532-1617는 40세에 예수회에 들어간 스페인의 평신도 수도사로서 교육을 거의 받지 못한 채 예수회에 입교했다. 그러나 46년 동안이나 짐꾼으로 일하는 동안 큰 영향력을 끼치는 수도사로 성장했다.

12   스스로의 영적 지각력과 판단력을 포기하고 영적 상급자의 말에 맹목적으로 순종하는 행위를 가리킨다.

13   Paul von Hoensbroech, *14 Jahre Jesuit*, 민중판, 제1권, 152쪽 이하와 비교하라.**

Ⅶ 양심의 종교

1   Karl Holl, *Gesammelte Aufsätze zur Kirchengeschichte*. Ⅰ. Luther, 2. und 3. (Tübingen, 1923).**

2   F. Heiler, *Das Wesen des Katholizismus*(München: Verlag von Ernst Reinhardt, 1923), 261쪽 이하.**

3   Karl Holl, 같은 책, 18쪽 주석.**

4   헨릭 입센1828-1906은 19세기 노르웨이 극작가로서 1865년에 쓴 희곡 『브란트 목사』의 주인공은 의지의 자유를 신봉하고 자신의 선택이 초래하는 결과들을 기꺼이 받아들이는 개신교 목사다. 그는 '전부 아니면 전무'라는 신념으로 매사를 결정하고 살아가기 때문에 자신의 죄와 상관없이 가해지는 고난과 역경에 대해 욥처럼 하나님께 항변한다. 그는 세계를 구원하고 사람들의 영혼을 구원하려는 야심을 가진 이상주의적 목회자이지만 자신과 타인에게 엄격하고 가혹한 심판자로 행동한다.

5   Karl Holl, 같은 책, 21쪽 주석.**

6   Karl Holl, 같은 책, 23쪽.**

7   토마스 아퀴나스에 의해 구분된 개념으로서 가톨릭교회가 채택해 사용하고 있다. '가

치공로'란 신자들이 거듭 태어난 이후 행한 선한 행위들로 보상을 받을 만한 내재적 가치가 있다고 여겨지는 공로를 말한다. '타당공로'는 거듭나기 이전의 선한 행위나 태도들로 하나님께서 은혜의 선물로 보상하기에 타당하다고 여겨지는 공로를 말한다.

8   십자가상에 달린 예수의 좌우편에 달린 두 행악자를 염두에 둔 비유처럼 보인다(눅 23:39-42). 한 사람은 예수를 비방했고, 다른 한 사람은 하나님을 두려워하며 예수의 구원을 간청했다.

9   고린도후서 5:18-20, 옮긴이 사역.

10   히브리서 7:17.

11   게오르크 슈펜라인1486-1563은 메밍겐의 아우구스티누스 수도원 수도사다.

VIII 제사장직의 종말

1   F. Heiler, *Das Wesen des Katholizismus*(München: Verlag von Ernst Reinhardt, 1923), 337.**

2   아모스 7:10-17.

3   이사야 1:11-15.

4   아모스 5:23-24.

5   조르다노 브루노1548-1600는 도미니코회 수도사였다가 칼빈주의 개신교로 개종한 16세기 말의 철학자요 사상가다. 코페르니쿠스의 지동설을 옹호하며 가톨릭교회와 맞서 이단죄로 화형당한 것으로 알려져 있으나 이단으로 단죄된 정확한 이유는 알려져 있지 않다.

6   미카엘 세르베투스1509/1511-1553는 16세기 스페인의 신학자요 의사였는데 삼위일체론과 기독론에 대한 자신의 교리 때문에 이단자로 단죄되어 제네바 시의회에 의해 화형당했다(1553). 이 제네바 시의회의 화형 명령은 칼빈의 사주에 따른 것이었다고 알려져 있다. 그는 칼빈의 교리들에 대해 모욕적 비판을 담은 개인서신들을 보냄으로써 칼빈을 격분시켰다.

7   필리포 보나니1638-1725는 17-18세기 이탈리아의 예수회 소속 학자였다. 『로마 교황의 동전들』은 1696년에 시작해 1702년에 완성된 두 권짜리 책으로 수 세기 동안 교황들에 의해 주조된 동전들의 역사를 다루었다. 이 작품은 교황 인노첸시오 12세에게 헌정되었다.

8   성 바돌로매는 열두 제자 중 하나로서(마 10:3; 침쯔. 요 1:45-49, 나다나엘과 동일시되는 제자) 아르메니아에서 살가죽이 벗겨진 채 십자가에 달려 죽었다는 전설이 있다. 그를 기리는 축일인 1572년 8월 24일부터 10월까지 프랑스 가톨릭교도들이 프랑스 개신교도들

인 위그노들을 대량으로 학살했다. 이 사건을 성 바돌로매 축일 대학살Massacre de la Saint-Barthélemy이라고 부른다. 교황 그레고리우스 13세는 이 학살의 날을 축하하여 특별 감사의 미사를 집전하였다. 그뿐만 아니라 이날을 기념하여 기념 메달을 주조하였다.

9 '세속적인 팔'Secular Arm을 의미한다. 교회 내 문제를 해결하는 데 동원되는 세속 정부나 사법 권력을 지칭한다.

10 안토니우스 다이아나1586-1663는 16세기 이탈리아 가톨릭 도덕신학자였다. 그는 교황 우르바누스 8세, 인노첸시오 10세, 그리고 알렉산더 7세 재위 동안 주교들의 도덕적 감찰자로 일했다. 하지만 블레즈 파스칼은 다이아나가 개인 간의 적의해소를 위한 결투제도를 합법화했다는 이유로『레프로방시알』에서 신랄하게 비판했다.

11 BC 4세기 시칠리아의 도시국가 시라쿠스 참주僭主였던 디오니소스 2세는 아첨하기 좋아하는 자신의 궁정 신하 다모클레스에게 왕의 자리가 얼마나 위태롭고 위험한지를 이해시키기 위해 그를 왕좌에 앉혀 놓고, 그 위에 언제 떨어질지 모르는 날카로운 칼을 가느다란 말꼬리 털에 매달아 두었다. '다모클레스의 칼'은 고위직 사람들에게 언제든지 닥칠 수 있는 임박한 위험을 은유한다.

12 Paul von Hoensbroech, *Das Papsttum in seiner sozial-kulturellen Wirksamkeit*(Leipzig: Breitkopf and Härtel, 1901), 민중판, 제1부, 21쪽 이하와 비교하라.**

13 게르하르트 슈네만1829-1885은 19세기 독일 예수회 수도사였다.

14 반현대주의 선서Anti-modernism는 교황 비오 10세가 가톨릭신앙에 반대된다고 생각되는 모든 상대주의적인 사상과 신학사조를 단죄하는 칙령이다. 비오 10세는 모든 가톨릭 사제, 사목자들, 고백자들, 설교자들, 종교적 고위직분자들, 그리고 철학과 신학을 가르치는 신학대학원 교수들에게 1910년에 선포된 이 칙령(*Sacrorum antistitum*)을 준수할 것을 서약하게 했다.

15 F. Heiler, 같은 책, 228쪽과 비교하라.**

16 요하네스 카트슈탈러1832-1914는 19-20세기 오스트리아의 가톨릭 고위 성직자였다(추기경).

17 출애굽기 33:19=로마서 9:15.

18 고린도전서 7:23, 옮긴이 사역.

19 베드로전서 2:9.

20 그리스 신화에 등장하는 이카루스는 미로를 설계하고 만든 장인匠人 다이달로의 아들이었다. 그는 아버지가 만들어 준 밀랍 날개를 달고 태양에 가려다가 태양열에 밀랍이 녹는 바람에 추락해 죽었다. 인간이 감히 넘을 수 없는 경계를 넘으려는 교만이 자초한 비극이었다.

21   칸트의 이러한 프로테스탄트적인 견해는 에밀 브루너의 논문에 가장 명료하게 표현되어 있다. *Das Grundproblem der Philosophie bei Kant und Kierkegaard*(Zwischen den Zeiten, 1924), 제6권 31쪽 이하.**
22   갈라디아서 1:18.

IX 개신교 윤리

1   Karl Holl, "3. Der Neubau der Sittlichkeit," *Gesammelte Aufsätze zur Kirchengefchichte*. Ⅰ. Luther(Tübingen, 1923), 155쪽 이하와 비교하라.**
2   Karl Holl, 같은 책, 184.**
3   요한 제바스티안 바흐는 쾨텐1685-1750에서, 자신의 아이들을 칼빈의 개혁파 학교 대신 새로 세워진 루터파 학교에서 수학하게 했다. 루터의 작품들이 그의 서가를 차지했다.**
4   Albert Schweitzer, *Johann Sebastian Bach*(Leipzig: Breitkopf & Härtel, 1922), 55쪽 이하와 비교하라.**
5   니콜라우스 루드비히 본 친첸도르프1700-1760는 18세기 독일의 경건주의자요 보헤미안들의 신앙공동체인 모라비안 공동체의 옹호자였다.
6   파울 게르하르트1607-1676는 17세기 독일 루터교 목사이며 찬송가 작시자였다.
7   신성로마제국의 선제후 요한 게오르게John George, 1611-1656 재위 재위 기간인 1618-1648년 30년 동안 신성로마제국을 중심으로 일어난 신구교 대표 세속제후들과 왕들 사이에 일어난 전쟁이다.
8   게르하르트 테르슈테겐1697-1769은 18세기 독일 경건주의 작가였다.
9   프리드리히 폰 보델슈빙1831-1910은 19-20세기 독일 사회복지 분야의 지도자였다.
10   사두 썬다 싱1889-1929은 인도 브라만 계급 출신의 기독교 개종자로 히말라야 고산지대의 선교사로 살다가 히말라야의 설산에서 죽은 것으로 전해진다.
11   아우렐리우스 아우구스티누스가 411년에 서고트족의 로마 유린을 보고 충격을 받아 쓴 저작으로 11년여에 걸쳐 완성했다(423). 모두 22권으로 된 이 책은 1-10권까지는 로마제국의 국가주의적 다신교 숭배 체제의 어리석음과 무기력을 논하고 11권부터는 하나님의 도성의 역사와 병행하는 인간 도성의 역사를 추적했다. 이 책은 기독교신앙에 대한 가장 포괄적인 변증서다.
12   토마스 아퀴나스1225-1274의 『신학대전』은 사도신경 해설서로서 삼위일체 하나님에 대한 묵상과 성찰이 아주 정교하게 전개된 기독교신학의 고전이다(1265-1274 저술). 기독

교신앙의 근본바탕을 해설한 책이지만 평신도 초신자는 물론이요 당대의 신학도가 읽기에도 매우 어려웠다. 3부로 구성된 미완성 저작인 이 책의 1부는 하나님의 존재와 성품에 관한 119가지 질문을 다룬다(창조, 천사, 인간, 7일 창조, 하나님의 정부). 2부는 303개의 질문을 제기하고 인간의 본성, 목적, 율법, 악덕과 미덕, 영성적 품성들을 다룬다. 3부는 90개의 질문을 중심으로 그리스도의 구속, 성육신, 성례전, 부활을 다룬다. 이 외에 99가지의 질문들이 있는데 그것은 다소 느슨하게 연결된 주제들, 즉 파문, 용서와 면죄, 고백, 결혼 등을 다룬다. 아퀴나스는 창조-타락-구속순으로 1, 2, 3부를 구성했다.

13 클레멘스 폰 메테르니히 1733-1859는 19세기 오스트리아 보수정치의 거두로서 나폴레옹이 가져온 변혁과 자유의 서구질서를 봉건적 구체제로 되돌리려고 애쓴 외교가였다.

14 과학적 생활을 촉진시키고 자극하기 위한 목적으로 만들어진 독일의 학제적 과학 학술원이다.

15 『그리스의 신들』을 쓴 프리드리히 쉴러 1759-1805는 독일 낭만주의 문학의 질풍노도 기풍을 주도한 시인이자 극작가였다.

16 빌헬름 폰 카울바흐 1805-1874는 19세기의 독일의 유명한 벽화가이자 삽화가였다.

17 프리드리히 슈트라우스 1808-1874는 19세기 독일 개신교 신학자로서 예수의 신성을 부인한 채 역사적 예수를 복원한다는 야심으로 기획한 역사적 예수 복원연구(『Das Leben Jesu』, 1827)로 유명하다. 복음서의 예수 관련 기적 사화들은 유대인들의 메시아 대망감정을 충족시키기 위해 비의도적으로 날조된 신화들이라고 보았다. 이런 입장은 후의 역사적 예수와 신앙의 대상인 그리스도를 구분한 마르틴 켈러 M. Kaehler와 프리드리히 바우어 F. C. Baur 등 튀빙엔 학파의 역사적 예수 연구 그리고 궁극적으로 불트만의 비신화화 방법론의 예수 연구를 촉발시켰다. 그는 신약학계의 역사적 예수 연구의 선구자였다.

18 야곱 뵈메 1575-1624는 종교개혁 시기의 독일 개신교 신학자이자 신비주의적 철학자였다.

19 거룩한 공간이나 피안을 설정한 형이상학이 붕괴되고 오히려 거룩한 공간에서 멀리 떨어져 있다고 생각된 이 세상이 인간이 찾던 그 형이상학적 공간을 대신하는 거룩한 공간이 되었다는 것이다. 루터의 만인제사장설의 세계관적 근거가 되는 방향전환이다.

20 누가복음 9:58.

21 토마스 아퀴나스가 설정한 중세의 단일문화는 산상수훈의 신적 요구들은 은총이라는 상층부 세계를 관장하는 사제들에게 적용하고 세상의 정치와 경제활동이라고 불리는 하층부 세계는 평신도들로 하여금 관할하게 했다. 상층부는 은총의 관할 영역이며 하층부는 자연의 관할 영역이었다.

X 개신교 교회

1 그라티아누스375-383 재위는 로마 황제 발렌티니아누스 1세의 아들로서 재위 기간 동안 기독교에 우호적인 정책들을 실행했다. 재위 후반기에는 밀라노 주교 암브로시우스의 영향을 많이 받았다. 당시까지 로마 황제의 직함에 존재하던 '폰티펙스 막시무스'Pontifex Maximus ('국가를 대표하는 대제사장'이라는 뜻)의 칭호를 제거했으며, 보수적인 원로원의 반대에도 불구하고 빅토리아 여신 제단을 철거했다. 또한 베스타 신전의 재산과 제녀들을 국고에 귀속시켰다.

2 발렌티니아누스 2세의 전체 이름은 플라비우스 발렌티니아누스 아우구스투스Flavius Valentinianus Augustus, 371-392이며 375년부터 392년까지 로마제국의 황제였다.

3 테오도시우스347-395는 테오도시우스 대제라고 불리며 379년부터 395년까지 로마제국의 황제였다. 그는 동서 로마제국을 모두 통치한 마지막 황제였다.

4 신성로마제국의 황제선출권을 가진 영지로서 상부上部 작센으로 불리기도 했다.

5 프리드리히1712-1786 대제는 18세기 프러시아의 왕1740-1786 재위으로 호엔촐레른 왕조 가운데 가장 오래 재위한 왕이었다. 그는 프러시아의 예술과 계몽주의운동을 후원했다.

6 에른스트 모리츠 아른트1769-1860는 19세기 독일 민족주의적 역사가요 작가, 시인이었다. 농노제도 폐지를 위해 싸웠고 나폴레옹의 독일지배에 저항하는 투쟁에 참여했다.

7 슈타인1757-1831은 독일 지방자치의 아버지로 불린다.

8 F. Heiler, *Das Wesen des Katholizismus* (München: Verlag von Ernst Reinhardt, 1923), 180.**

9 이것을 사효론事效論이라고 하는데, 성례의 효력은 성례집행자의 미덕과 인격에서 나오는 것이 아니라 성례 자체에 내재한다고 보는 입장이다. 성례집행자의 인격과 영성이 성례의 효력을 발생시키는 데 중대한 영향을 끼친다고 보는 견해를 인효론人效論이라고 한다. 4세기 카르타고에서 배교했던 사제들이 나중에 회개하고 나서 다시 성례를 집행하려고 했을 때 도나투스Donatus는 이 성례의 효력을 부인했고 반면에 성 아우구스티누스는 이 성례도 유효하다고 본다. 가톨릭은 아우구스티누스의 전범을 따라 사효론을 따르고 개신교는 이것을 비판적으로 본다.

10 학자들은 루터의 성만찬 교리를 공재설consubstantiation theory, 共在說이라고 부른다. 이것은 로마 가톨릭교회의 화체설transsubstantiation theory, 化體說과 가깝다. 화체설은 사제의 강복선언을 받은 빵과 포도주는 그 자체로 그리스도의 몸과 피로 바뀐다고 주장한다. 빵과 포도주는 그리스도의 몸과 피의 실체라는 것이다. 이에 비해 공재설은 믿음으로 성만찬을 받을 때 그리스도가 그 순간에 함께하신다고 주장한다. 칼 하임은 루터의 성만찬 교리가 츠

빙글리의 성만찬 교리에 비해 성서적 근거가 좀 더 약하다고 평가한다.

11 3세기 카르타고의 주교 키프리아누스Cyprianus의 말로 알려져 있다. 이 말이 반드시 제도적 교회를 다녀야 구원을 받을 수 있다는 경직된 교리를 주장한다기보다는 '모든 구원은 교회의 몸이 되시고 머리가 되신 그리스도의 유일합법적인 중보사역(대신적-대표적 죽음과 우리를 의롭다 하기 위해 부활하심, 그리고 성령을 보내 주심)으로 온다'는 기독교의 근본진리를 압축한 말로 간주되어야 한다.

12 갈라디아서 3:28, 옮긴이 사역.

13 Otto Dibelius, *Das Jahrhundert der Kirche*(Berlin: Furche Verlag, 1927)와 비교하라.

14 게오르크 폰 폴렌츠1478-1550는 작센 가문 출신으로 독일 잠란트와 포메사니엔 주교를 지냈다. 최초의 루터파 교회 주교였다.

15 에르하르트 폰 크바이스1490-1529는 루터와 동시대인으로서 프러시아의 종교개혁을 주도했으며 포메사니엔 주교를 역임했다.

16 신학자들은 세상 한복판에서 믿음의 순례를 계속하며 신앙을 지키기 위해 선한 싸움을 감수하는 교회, 즉 영화롭게 되지 못한 교회를 '투쟁 중인 교회'라고 부르고(요한계시록의 일곱 교회), 지상의 모든 선한 싸움을 다 마치고 부활하신 주님과 함께 승리의 찬가를 부르는 교회, 즉 영화롭게 된 교회를 '승리한 교회'church triumphant라고 부른다.

17 요한 엑크1486-1543는 독일 잉골슈타트 대학교 신학부 교수로서 가톨릭 신학자였으나 루터의 친구였다. 면죄부를 둘러싸고 루터와 논쟁했다.

18 크리스토프 폰 쇼일1481-1542은 종교개혁 시기의 독일 법률가, 외교가, 그리고 인문주의자였으며 마르틴 루터와 요한 엑크 사이에 인간적 교제와 우정을 터 주었다.

19 중세 때 만연했던 일종의 재정융통제도로서 고리대금업이 끼어든 연금제도와 유사했다. 친스카우프는 구매자(연금가입자에 해당)가 판매자(연금을 지급하는 금융회사)에게 구매가격으로 일정한 돈을 지급하고 판매자는 구매가격의 일정비율을 환급해 주는 제도다. 되돌려 주는 이 일정량의 돈을 친첸(독일어로 '이자')이라고 불렀다. 구매가격은 일시불로 지불하는 납부금으로 일시불 보험료 같은 셈이었다. 판매자는 구입자에게 돈을 빌려 무한히 조금씩 약간의 이자를 덧붙여 갚아 나간다. 매년 지급되는 연금이 바로 이자인 셈이다. 그래서 이 제도는 대부업의 일종이었다. 루터는 이 제도를, 거래를 가장한 고리대금업이라고 불렀다. 루터는 교회법에 따라 4-6퍼센트의 이자만 허용된다고 보았다(석승훈, 『경영학 무엇을 말해야 하는가?: 경영학 신화에 질문을 던지다』, 서울: 위즈덤하우스, 2014).

20 1524-1525년에 독일 남서부의 슈바벤 지방에서 시작되어 중부독일(티롤, 튀링엔, 작센)로 확산된 농민저항운동이다. 농민들은 부역과 공납 경감, 농노제 폐지 등 12개조 요구를 내걸고 농촌을 지배하던 제후들에게 저항했다. 농민반란이 가장 격렬했던 곳은 북독일

의 튀링엔 지방이었다. 중심도시인 뮐하우젠을 거점으로 농민반란을 주도한 사람은 루터의 인도로 종교개혁에 동참했던 토마스 뮌처였다. 뮌처는 루터의 종교개혁운동을 지지하긴 했지만 루터의 개혁이 미온적이고 타협적이라고 비판하며 땅에서 실현되는 하나님나라를 주창했다. 뮌처는 농민봉기군을 강력한 군대로 조직한 뒤, 제후와 영주들을 완전히 배제하고 봉기자들에 의한 공동사회(지상에서의 하나님나라)를 만들자고 역설했다. 루터는 갈수록 난폭해지는 농민전쟁에 실망해 제후들에게 하나님을 불경하게 악용하는 자들을 철저히 진압하라고 권고했다. 루터의 설복에 제후들은 1525년 5월에 뮌처의 반란군과 결전을 벌여 농민저항군을 패퇴시켰다. 독일 농민전쟁은 약 10만 명의 농민이 살육당하고 패배로 끝나 한층 더 농노적인 압제 치하로 들어갔다.

21 여기에 열거된 사실들과 통계들은 J. Schneider, *Was leistet die Kirche dem Staat und dem Volk?*(Gütersloh, 1918)에서 인용한 것이다.**

22 J. Schneider, 같은 책, 31.**

23 '긴급피난 보금자리쉼터'는 '고향에 있는 호스텔'Herbergen zur Heimat이라는 의미의 긴급 주거시설을 제공하는 사회보호 시설이다. 1888년에 창설되어 모든 인간은 공동체에 대한 연대감과 존경을 누릴 필요가 있으며 최대한 독립적으로 살 수 있으려면 공동체의 지지가 있어야 한다는 기독교적 복지철학을 운영신조로 삼고 있다.

24 요한 힌리히 비헤른1808-1881은 19세기 독일 국내사회복지 선교Innere Mission의 창시자였다(D. C. Peck, H. T. Colby, F. M., eds., "Wichern, Johann Heinrich," *New International Encyclopedia*, New York: Dodd & Mead, 1905).

25 토마스 바나도1845-1905는 영국의 의사이자 사회개혁가였다. 그의 이름을 딴 '바나도'는 1866년 창설된 취약아동 및 청소년 보호 사회복지기관으로, 현재 영국 최대 아동복지기관이다.

역자 후기

독일어 고어체^{古語體} 알파벳으로 인쇄된 1929년판 칼 하임의 『개신교의 본질』을 역자에게 처음 소개하고 번역을 부탁한 사람은, 순복음신학대학교 구약학 교수였으며 아람신학연구원장을 역임한 장국원 교수다. 그는 독일 뮌스터 대학에서 고대근동학 박사 과정을 마치고 귀국해 일찍이 한국 교회에 칼 하임의 경건복음주의 신앙과 신학을 소개한 신학자다. 이 책을 소개할 즈음에는 칼 하임의 주요 저서 및 설교가 『표적의 피안』, 『세계의 완성자 예수님』, 『기독교신앙과 자연과학』 등의 제목으로 번역이 되어 있었다.[1]

칼 하임의 저작들은 세계 교회와 신학에 끼친 그의 심대한 발자취에 비해 한국 독자들에게 낯설다. 어려운 독일어 때문에 영어권에 덜

---

1 지금까지 한국어로 번역된 칼 하임의 대표적 책들은 다음과 같다. 1) 『예수의 산상설교』(서울: 종로서관, 1960), 2) 『성서의 신앙세계』(서울: 대한기독교서회, 1980), 『성서의 세계관』(서울: 한국신학대학, 1980), 『성경의 세계상』(서울: 홍성사, 2012), 3) 『기독교신앙과 자연과학』(서울: 대한기독교출판사, 1977), 4) 『용서의 위력』(서울: 대학생성경읽기선교회, 1988), 5) 『세계의 완성자 예수님』(서울: 대학생성경읽기선교회, 1988), 6) 『표적의 피안』(서울: 성광문화사, 1984), 7) 『하나님의 향연』(서울: 성광문화사, 1985), 8) 『사랑의 자력』(서울: 성광문화사, 1987), 9) 『현대문제와 영원의 좌표』(서울: 대학촌, 1990), 10) 『세계신학의 전개와 경건복음주의』(서울: 기독교문서선교회, 1992).

알려졌고 그 여파인지 한국에도 잘 알려져 있지 않다. 1980년대 초 대한기독교서회와, 장국원 박사, 1980년대 후반기 대학생성경읽기선교회[UBF] 간사들이 칼 하임의 저작들을 산발적으로 번역·출간했다. 그런데 이 책들도 절판되거나 품절되어 한국 교회에 칼 하임의 사상이 소개되기는 어려운 실정이다. 한국 교회에 알려진 것보다 훨씬 더 영향력 있고 비중 있는 신학자인 칼 하임의 저작들이 한국 독자들에게 자세히 읽히지 않는 것은 안타까운 일이다. 자연과학적 지식이 모든 형이상학까지 다 점령해 하나님의 자리를 더 이상 내주지 않는 범자연주의적 자율적 무신론의 시대에 칼 하임의 저작들은 반드시 주목되고 연구되어야 한다.

그동안 한국의 독자들에게 칼 하임은 자연과학과 기독교신앙, 특히 기독교 형이상학을 연결시킨 신학자 내지는 독일의 경건복음주의적인 노선의 신학자 정도로 알려졌다. 확실히 칼 하임은 경건주의의 아버지인 아우구스트 헤르만 프랑케(August Hermann Francke, 1663-1727)를 사숙(私淑)하면서 일생 동안 경건주의 신앙을 체현하려고 노력했다. 경건주의 신앙은 믿음으로 말미암은 죄 사함과 중생의 확신을 신앙과 신학의 출발점으로 삼는다. 17세기 경건주의 신학은 루터의 종교개혁 신학의 정신과 진수를 창조적으로 계승해 형식주의로 고착된 종교개혁교회를 재각성시키는 데 기여했다.

이 책은 칼 하임의 경건복음주의 신학과 신앙이 집약된 역작이다. 최근 한국 교회에서 복음주의 신앙과 신학에 대한 논의가 활발한데, 이 책은 오늘날의 복음주의가 바로 종교개혁에서 출발되었음을 설득력 있게 논증한다. 좀 더 구체적으로 말하자면, 마르틴 루터의 종교개혁을 통해 탄생한 프로테스탄트 교회의 본질이 무엇인지를 신학적으로 깊이 있게 분석하고 있다. 역자는 이 책을 번역하면서 이제껏 우리 한국 교회를 성장시켜 온 것이 귀한 신앙의 열정이었다면, 이제는 한국 교회가 믿음의 본질을 면밀하게 검토해 보고 그것의 신학적 의미를 깊이 있게 성찰해야 할 시점에 이르렀다고 확신하게 되었다. 즉 믿는다는 것의 중요성을 강조하는 데서 나아가 믿음의 내용 자체를 성찰해 보는 것이 필요한 것이다. 이런 의미에서 신학이란 단지 신학자들만의 학문적 과제가 아니라 모든 믿는 자의 실천적인 자기 검증의 과정이라고 말할 수 있다. 신학함은 교회공동체가 올바른 신앙고백 위에 세워지고 그 고백에 신실한 삶의 열매가 맺혀지기 위해 반드시 필요한 작업이기 때문이다.

이 책은 우리가 무의식적으로 답습하는 신앙행위들과 일상적인 신앙생활이 신학적으로 어떤 함축적 의미를 지니고 있는지를 보게 한다. 특별히 종교개혁의 '오직 믿음으로 말미암은 칭의'와 '만인제사장설'의 교리를 교회사적 배경에서 깊이 있게 다루고 있다. 서로 밀접한 연관성 속에 있는 이 두 교리는 종교개혁의 가장 핵심적인 교리다. 그러나 이 교리들은 한국 교회에서는 지나치게 피상적으로 이해되고 남용되고 있다. 특히 이신칭의의 교리는 '값싼 은혜의 바겐세일 교리'로 남용되고, 만인제사장설은 한국 개신교회에서 거의 자취를 감추어 가는 듯 보인다. 오늘날 한국 교회 내에서 날로 가중되는 목회자의 제사장화는 로마 가톨릭교회의 사제 중심주의를 지나쳐 구약 제사장 시대로 역행하는 인상을 강하게 풍긴다. 이 책은 이러한 오류를 바로잡는 데 도움이 될 것이다. 오늘날 우리가 꿈꾸고 소망하는 한국 교회의 개혁은 새로운 교리를 만들어 내는 데 있는 것이 아니라, 우리가 뿌리내리고 있는 교회사의 귀한 영적 유산들을 새롭고 깊이 있게 이해하는 데서 시작될 수 있을 것이다.

저자는 독일 남부에 있는 튀빙엔 대학교의 신학부 학과장으로 은퇴할 때까지 오랜 세월 그 학교에서 가르쳤다. 잘 알다시피 튀빙엔 대학교는 가톨릭신학과 개신교신학을 동시에 가르치는 에큐메니컬 노선의 대학이다. 그는 20세기 초, 특히 1920년대 독일 개신교 신자들 사이에서 일어나고 있던 가톨릭교회로의 역개종과 가톨릭교회의 풍부한 예전, 영성 등에 막연한 향수를 느낀 나머지 종교개혁의 근본정신을 망각해 가는 현실을 염두에 두고 이 책을 저술했다. 따라서 가톨릭교회의 신앙의 현대적인 변모와 개선에 대한 민감한 이해가 이 책에는 결여되어 있는 듯 보일 수도 있다. 특히 제2차 바티칸 공의회 전에 저술되었기 때문에 이러한 한계를 벗어날 수 없을지도 모른다. 그러나 놀랍게도 가톨릭교회와 신앙에 대한 어떤 감정적인 비신학적인 비판은 조금도 보이지 않는다. 역자는 이 번역서가 우리 한국 교회 신자들이 종교개혁의 신학적 깊이를 재발견하는 데 도움이 되기를 간절히 희망한다. 아주 오래전 초역을 마쳤을 때 장국원 박사께서 보내 주신 격려와 성원에 대해 이 기회를 빌려 감사드린다.

고전 독일어로 된 이 책 원서 번역은 정선희가 맡았다. 학부와 대학원에서 독일문학과 독일어를 전공하고 프린스턴 신학대학원에서 기독교교육학을 공부하면서 얻은 신학적 지식을 바탕으로 이 책의 독일어 번역을 감당했다. 김회권은 이 책의 독일어 원서와 정선희의 번역을 영어판 『The Nature of Protestantism』(trans. John Schmidt; Philadelphia: Fortress, 1963)과 자세히 대조하며 중역^{重譯}했다. 한국어판의 소제목들은 영어판에서 일부 취했으나 대부분 김회권이 삽입했다. 아울러 모든 옮긴이 주와 "해설의 글"도 김회권이 덧붙였다. 김회권은 옮긴이 주를 위해 『브리태니커 백과사전』(온라인), 『Catholic Encyclopedia』(온라인), 『Martin Luther's Basic Theological Writings』(ed. Timothy F. Lull; Minneapolis: Fortress, 1989), 『Encyclopedia of Early Christianity』(Garland, 1990), 『The Oxford Illustrated History of Christianity』(ed. John McManners; Oxford University 1990), 알리스터 맥그래스의 『신학이란 무엇인가?』(복 있는 사람, 2014), 그리고 김영한의 『바르트에서 몰트만까지』(대한기독교서회, 2003)를 참조했으며, 루터와 칼 하임의 신학적 역정에 대한 세부정보를 얻기 위해 독일어 위키피디아, 구글 등을 활용했다.

끝으로 역자는 이 책이 오늘날 한국 교회의 현실을 분석하는 데 많은 영적 통찰력을 제공하기를 바란다. 아울러 이 책을 읽는 독자들이 부디 종교개혁의 정수를 감동적으로 공감하고 납득해 루터의 종교개혁을 오늘에 되살려 가는 데 앞장서 주기를 기대한다.

2018년 2월

김회권, 정선희